rowohlt
POLARIS

MICHAELA VON BARGEN

WELTWUNDERN

Vom Glück, die Orientierung zu verlieren

ROWOHLT POLARIS

Originalausgabe
Veröffentlicht im Rowohlt Taschenbuch Verlag,
Hamburg, Juli 2023

Illustrationen im Innenteil Lotta von Bargen
Karte S. 7 © Peter Palm, Berlin
Umschlaggestaltung und -illustration
Alexander Hanke / Zum Heimathafen
Satz aus der Quadraat, InDesign
Gesamtherstellung CPI books GmbH, Leck
ISBN 978-3-499-01155-9

Die Rowohlt Verlage haben sich zu einer nachhaltigen Buchproduktion verpflichtet. Gemeinsam mit unseren Partnern und Lieferanten setzen wir uns für eine klimaneutrale Buchproduktion ein, die den Erwerb von Klimazertifikaten zur Kompensation des CO_2-Ausstoßes einschließt.
www.klimaneutralerverlag.de

FSC
www.fsc.org
MIX
Papier | Fördert gute Waldnutzung
FSC® C083411

INHALT

Für Timm, Lotta, Paula, Carl und Max

Hudson Bay
KANADA
Prince George
Bella Coola
Jasper
Williams Lake
Port Hardy
Banff
Calgary
Regina
Winnipeg
Vancouver Island
Vancouver
Forks
Seattle
Olympic Peninsula
Mt. Rainier
Portland
Thunder Bay
Témiscouata-sur-le-Lac
Rivière-du-Loup
Brathurst
Québec
Sudbury
Moncton
Ottawa
Digby
Halifax
Lunenburg
Chester
Nova Scotia
1 Pleasant Bay
2 Ingonish
3 Baddeck
4 Port Hood
5 New Glasgow
6 Wolfville
7 Annapolis Royal
8 Port Hawkesbury und Aulds Cove
USA
Mendocino
San Francisco
Berkeley
Santa Cruz
Carmel Valley
Death Valley
Bakersfield
Las Vegas
Los Angeles
Mohave Valley
Joshua Tree
San Diego
Tijuana
Atlantischer Ozean
Baja California
Bahía de Concepción
Golf von Mexiko
MEXIKO
La Paz
Todos Santos
Cabo Pulmo
Cabo San Lucas
Mazatlán
Acaponeta
Nördl. Wendekreis
San Blas
León
Tequila
Guanajuato
Guadalajara
Oxkintok
Campeche
Valladolid
Playa del Carmen
Tulum
Teotihuacán
Mexiko-Stadt
Veracruz
Bacalar
Chetumal
Villahermosa
Fortín de las Flores
Corozal
BELIZE
San Andrés Tuxtla
Belmopan
Placencia
Karibisches Meer
Cobán
El Chol
Antigua
GUATEMALA
Santa Teresa
San Salvador
Barranquilla
Granada
NICARAGUA
Santa Marta
Atenas
Puerto Lindo
Cartagena
COSTA RICA
Colón
Osa Peninsula
Panama City
Playa Las Lajas
El Salado
Medellín
PANAMA
Santa Bárbara
Santa Rosa de Cabal
Salento
Calí
KOLUMBIEN
Popayán
Pasto
Ibarra
Quito (Cumbayá)
ECUADOR
9 Lago Catemaco
10 Coatzacoalcos
11 Palenque
12 ATM Cave
13 Tikal
14 Sayaxché
15 San-Blas-Archipel
Äquator
Galápagos-Inseln
Puerto Ayora
Pazifischer Ozean

PANIK

El Salvador: San Salvador, Juni 2019

Ich ersticke. Jedes Einatmen kostet Willenskraft, bei jedem Ausatmen überkommt mich Brechreiz. Mein Magen flimmert, mein Herz wummert, mein Hals wird eng, und vor den Augen verschwimmt der Computerbildschirm zu Wortnebel. Ich schließe die Augen, versuche, die Panik zu beherrschen, klare Gedanken zu fassen.

Es ist Nacht. Still. Keine Sirenen, kein Verkehr, keine Stimmen. Nur ein leises, regelmäßiges Klicken vom Elektrozaun auf der anderen Seite des Bürgersteigs. Orangegelbe Straßenlaternen erhellen den Innenraum unseres Campingtrucks. Es ist sicherer, im gleißenden Licht zu stehen. Seit gestern parken wir vor der Notaufnahme des Krankenhauses. Die Sicherheitsleute bewachten die Kinder, während ich drinnen zwischen weinenden, teils blutverschmierten Verwandten anderer Patient:innen auf Neuigkeiten wartete.

Später habe ich stundenlang schlaflos den Atemzügen der Kinder gelauscht. Ein vertrauensvolles Tiefschlafatmen. Was würde ich dafür geben, auch Timms Atem lauschen zu können. Irgendwann habe ich seine Abwesenheit nicht mehr ausgehalten und bin aus dem Bett geklettert. Jetzt sitze ich wieder wie den ganzen Tag zuvor am Rechner und versuche, eine Entscheidung zu treffen.

Der letzte Monat war die bisher aufregendste, die erschöpfendste und forderndste Zeit unserer Reise. Belize war abenteuerlich, abwechslungsreich und anders als erwartet. Guatemala hat uns tief berührt, den Kindern eine neue Sprache geschenkt, uns die Navigationsinstrumente gekostet und vor Herausforderungen gestellt, die jede:r Langzeitreisende einmal zu verkraften hat: fürchterliche Straßen, medizinische Probleme, einen Einbruch. All das war zu bewältigen, nicht unbequemer als ein Stein im Schuh. Jetzt allerdings ist ein ganzes Bein nicht mehr funktionsfähig. Ich habe das erste Mal das Gefühl, an meine Grenzen zu stoßen. Bewegungsunfähig in einem der gefährlichsten Länder der Welt zu stranden, ist ein Albtraum. Ich fühle mich verletzlich, ausgeliefert, habe Angst. Angst, die mich nicht schlafen lässt. Die mich aber nicht lähmen darf, weil jemand die Stellung halten muss. Zu sehen, wie der Mensch, den man am meisten liebt, leidet und nur unter Morphium bestehen kann, schmerzt. Mich gleichzeitig um die Kinder zu kümmern, meine Angst vor ihnen zu verbergen, all die Arztgespräche hier und in Deutschland, die vielen Telefonate mit der Versicherung, das Homeschooling, Kochen und Einkaufen überfordern mich komplett.

Vielleicht hatten sie recht. All jene, die meinten, es wäre unverantwortlich, in einem Campingtruck mit vier Kindern von Kanada nach Argentinien zu reisen. Vielleicht ist es so weit, vielleicht ist der Moment gekommen, an dem wir uns geschlagen geben müssen. Vielleicht ...

TEIL 1

AUF UND DAVON

Kanada und die USA

RICHTIGE ZEIT, FALSCHER ORT

Auf dem Atlantik, Kurs auf Halifax/Kanada, Juli 2018

Wer in Norddeutschland aufgewachsen ist, dem kriecht ein grauer Tag nicht so schnell in die Seele. Manches ist in Grau sogar am allerschönsten: das Meer zum Beispiel. Blauer Himmel und friedliche See sind nett, schäumende Wellen, Wolkenfetzen und Wind, der einem den Kopf frei pustet, sind heilsam.

Das dachte ich bisher. Bisher allerdings habe ich das Meer meist vom Land aus betrachtet, in Gedanken beim nächsten Heißgetränk. Die letzten Tage waren ein Perspektivwechsel. Ich kenne das Meer nun auch von obendrauf, von mittendrin und ein kleines bisschen von untendrunter, dann nämlich, wenn gierige Wellenzungen über dem Bug der Atlantic Sea brechen. Einmal kurz habe ich gestern ein anderes Schiff gesehen, einen Punkt am Horizont. Ansonsten Wasser und Himmel in allen Schattierungen von Grau und Blau. Unter uns endloses Schwarz, aber daran mag ich nicht denken.

Hinter uns liegen anstrengende Wochen, ein Abschiedsmarathon, all die Vorbereitungen, die man trifft, wenn das Leben zu Hause für achtzehn Monate ohne einen weitergehen muss. Ein paar Tage auf See, der Seele Zeit geben hinterherzukommen, dachten wir, sei eine gute Idee. Darum befinden wir uns nun mit vier Kindern auf demselben Containerschiff wie unser Campingtruck, mit Kurs auf Kanada.

Für Schiffe sei der sicherste Ort der Hafen, doch dafür wären sie nicht gemacht, soll Einstein gesagt haben. Auch wir scheinen nicht für Häfen gemacht. Ein kurzer Stopp im Trockendock, eine Generalüberholung und dann wieder in See stechen – so verlief unser Leben in den letzten zwanzig Jahren. Nie waren wir länger als vier Jahre an einem Ort, immer wieder zog es uns raus in die wilde Welt. Der Atlantik ist heute alles andere als wild, und doch hat mein innerer Seebär weiche Knie. Das Grau des Himmels schleicht mir ins Gemüt, im Schlepptau all die Zweifel und Fragen, die ich in den letzten Wochen erfolgreich weggewuselt habe.

Ein Containerschiff ist nicht der richtige Ort für Kinder, findet unser Kapitän. Er hatte bisher nie Kinder an Bord. Wie er denken viele: Kinder wollen Sicherheit und Stabilität, sie brauchen Klassenkameraden, Reitstunden, Geburtstagspartys, ein eigenes Zimmer als Rückzugsort. Sie ihrer Freunde zu berauben, um sie mit der Familie als einzigem konstanten Sozialkontakt um die Welt zu schleifen, ist ein Verbrechen. Wir sind Egoisten, die den Kindern unsere Lebensweise aufdrücken. Als nicht ausgebildete Lehrer riskieren wir die Bildung und die Zukunft unseres Nachwuchses, wenn wir uns anmaßen, sie selber zu unterrichten. Kinder müssen eigene Wege gehen können, selbstständig werden dürfen, sich abnabeln. Wir hingegen pferchen vier Kinder in einen Campingtruck, gerade so groß wie der heimische Vorflur, nehmen ihnen all ihre sozialen Kontakte, die gewohnte Stabilität, karren sie durch die Schurkenstaaten Lateinamerikas.

Jetzt, wo ich zum Stillhalten gezwungen bin, sickern wie ein stetiger Nieselregen die Zweifel in meine zuvor betonharte Zuversicht, weichen sie auf. Richten wir Schaden an, anstatt wie erhofft unser aller Leben zu bereichern? Im Alltag stoße ich als Mutter oft an meine Grenzen. Schaffe ich es, meiner Rolle unter den erschwerten Bedingungen einer Reise gerecht zu werden? Werden Timm und ich genug Freiraum haben, es schaffen, ein Paar zu bleiben, oder werden wir zum Versorgungsteam? Können wir vielleicht nicht die Tragweite dessen überblicken, was wir den Kindern abverlangen? Freuen sie sich wirklich so sehr auf die Reise, oder ist es unser Enthusiasmus, der sie ansteckt? Ist es einfach nur ihr grenzenloses Vertrauen in unsere Entscheidungen, das sie antreibt?

Dies ist nicht unsere erste Reise dieser Art: Vor vier Jahren machten wir, erschöpft, schmutzig und erfüllt von einer neunmonatigen Reise durch Afrika, eine Vollbremsung vor dem Tor eines idyllischen Hofs in Norddeutschland. Der Hof, das war der Ort, auf den wir uns seit dem Aufbruch in Kapstadt gefreut hatten. Nach ein paar Jahren Leben in Südafrika hatten wir damals beschlossen, zurück in die Heimat zu ziehen, besser: zu fahren, um den Übergang vom einen in den anderen Lebensabschnitt so weit wie möglich zu strecken. Bevor Timm bei unserer Ankunft aus dem Defender stieg, um den heimischen Boden zu küssen, gaben wir sechs uns ein Versprechen: In vier Jahren, komme, was wolle, würden wir von Kanada nach Argentinien reisen. Die Zeit der Afrikareise war die intensivste und schönste Zeit, die wir als Familie bis dahin hatten erleben dürfen. Von Afrika aus zu starten, fühlte sich anders an, als jetzt in Deutschland aufzubrechen. Wir waren damals unerschütterlicher. Die letzten Jahre in Deutschland haben uns wider Willen gezähmt, den Pioniergeist mit deutschem Sicherheitsdenken vernebelt. Und das, obwohl wir nach der Zeit in Afrika geschworen hatten, uns nicht wieder einsaugen zu lassen. Weder von Ängsten noch vom Alltag. Das Familienleben sollte an allererster Stelle stehen. Wir haben vom Landleben geträumt, vom Selbstversorgen, von krähenden Hähnen und glücklich im Garten tollenden Kindern, von Apfelernte und Kaminfeuer. Vieles konnten wir verwirklichen. Wir haben einen 200 Jahre alten Hof restauriert, Timm hat für seine Firma gearbeitet, unseren Campingtruck «Roger» geplant und gebaut. Ich hab mich um die Kinder gekümmert, um eine schnell wachsende Schafherde, um Hühner, Kaninchen, Meerschweinchen, Pfauen, Katzen, Schweine, ein durchgeknalltes

Pony. Ich habe einen Garten angelegt, Timm hat mir ein Gewächshaus gebaut, jeden Abend sind wir todmüde von all der frischen Luft und der körperlichen Arbeit ins Bett gefallen. Zeit, all das zu genießen, haben wir uns nicht genommen.

Im Frühling haben wir die Gartenliegen unter dem Walnussbaum aufgestellt, das Ruderboot aus der Scheune geholt und am Steg festgemacht. Im Herbst dann haben wir die Liegen wieder eingelagert, das Boot zurück in die Scheune gebracht – ohne einmal bewundert zu haben, wie die Sonne durch das Blätterdach des Walnussbaumes blinzelt, ohne jemals in der Abenddämmerung geangelt zu haben.

Wir haben viel geschafft, unseren Landlebentraum gelebt – leider im Zeitraffer. Die Zeit scheint in den letzten Jahren wieder schneller zu vergehen, und die Kinder werden in Lichtgeschwindigkeit groß. Ich möchte die Zeit anhalten, einfrieren und so viel Jetzt wie möglich konservieren. Ich will nicht, dass die Kindheit meiner Kinder an mir vorbeirast, spüre einen extremen Wunsch nach Überschaubarkeit, nach Reduktion, nach Besinnung auf das Wesentliche. Die Magie des Elternseins, nämlich die Welt durch die Augen unserer Kinder zu entdecken, ist in letzter Zeit zu kurz gekommen. Wir suchen nach einem Weg, der Zeit ihr Tempo zu rauben. Vielleicht finden wir ihn auf und mit dieser Reise.

Entschleunigung und Familienzeit aber sind nicht die einzigen Gründe, die unseren Wunsch nähren, auf Reisen zu gehen. Orte, egal wie perfekt sie scheinen, fühlen sich für uns nie langfristig gut an. Irgendwann, meistens dann, wenn es gemütlich wird, überkommt Timm und mich ein unstillbares Verlangen nach der Welt vor dem heimischen Gartenzaun. Während diese Eigenschaft unseren Vorfahren das Überleben sicherte, ihnen neue Jagdgründe und Siedlungsgebiete bescherte, stoßen wir mit dieser Sehnsucht heute auf Widerstände. Unsere Gesellschaft ist auf Bleiben programmiert. Erkundungsverhalten, wie Verhaltensbiologen das Eindringen eines Lebewesens in zuvor nicht besuchte

Areale bezeichnen, steht aus Sicht der Entwicklungspsychologie im Gegensatz zur Fähigkeit, sich zu binden. Was – und das ist eine meiner größten Ängste – ist, wenn wir den Kindern diese Unruhe einpflanzen? Gibt es Eigenschaften, die genauso wichtig sind wie die, Kontinuität pflegen zu können? Flexibilität, Neugier, Entdeckergeist, Resilienz, Offenheit, Kreativität, Mut – sind das nicht vielleicht Qualitäten, die zukünftige Generationen eher brauchen werden als die Fähigkeit, an Gewohntem festzuhalten?

Forscher haben herausgefunden, dass circa 20 Prozent der Weltbevölkerung Träger des Gens DRD4–7R sind. Es ist vermehrt in Nomadenvölkern und Kulturen zu finden, deren Ursprung auf Migrationsbewegungen zurückzuführen ist. Träger dieses Gens zeichnet eine ausgeprägte Neugier, erhöhte Risikobereitschaft und eben eine verstärkte Sehnsucht, Neues zu entdecken, aus. Wie weit verbreitet war das Gen wohl unter den Passagieren der Titanic?

Heute in den frühen Morgenstunden haben wir in etwa die Stelle überquert, an der sie gesunken ist. Mein Herz klumpt. Kurz. Dann beginnt es zu hüpfen. Ein schüchterner Sonnenstrahl zaubert Lichtreflexe auf die stahlgrauen Wellen, der Horizont eine klare dunkelgraue Linie, weit und breit ist kein Eisberg in Sicht. Wir werden nicht sinken. Nicht mit dem Schiff, nicht auf andere Art. Wir sind nicht mehr zur richtigen Zeit am falschen Ort, wir sind auf dem Weg.

NEUE WELT

Kanada: Halifax, August 2018

Ich schrecke aus dem Tiefschlaf, bin in Sekunden hellwach. Irgendetwas stimmt nicht, aber ich erkenne nicht, was es ist. Alles scheint normal. Das Bett vibriert leicht unter dem Brummen der Motoren. Ich setzte mich auf, meine Augen tasten sich durch die Finsternis, suchen das Bullauge, finden den Weg hinaus aufs Meer. Aus der Dunkelheit blinkt es mir rot entgegen. Kurz vergesse ich zu atmen, dann fluten Endorphine meinen Körper: Es ist die Fahrwassermarkierung – Land in Sicht!

Wenige Minuten später stehe ich angezogen an Deck. Es ist 4 Uhr 30, auf dem Schiff ist es noch ruhig. Über mir funkeln die Sterne, vor mir und auf der Wasseroberfläche die Lichter von Halifax. Unendlich klein fühle ich mich zwischen all dem Gefunkel und gleichzeitig unbesiegbar: Wir haben die erste Etappe unserer Reise geschafft, wir haben Kanada erreicht.

Zwischen uns und der Heimat liegt der Atlantik. Ich nehme einen tiefen Atemzug, merke, wie das Gefühl von Freiheit den letzten Zipfel meiner Lungenflügel erreicht. Zum ersten Mal verstehe ich, warum es Lungenflügel heißt. Mit dem Atem durchdringt mich die Erkenntnis, wie sehr ich mich in den letzten Jahren an das Gefühl zu ersticken gewöhnt habe.

Die Zeit in Afrika hat mich mehr verändert, als ich erwartet hatte. Es fühlte sich an, als passe die Lücke, die ich hinterlassen hatte, nicht mehr und als müsste ich mich mit Gewalt wieder hineinzwängen. Ständig drückte und zwackte es an einer Stelle. Ich habe einige blaue Flecken davongetragen.

Zunächst dachte ich, das sei eine Übergangsphase und ich bräuchte Zeit, mich wieder auf die neue alte Umgebung einzustellen. Ich hatte schließlich schon so oft neu angefangen, warum sollte das nicht auch an einem vertrauten Platz gelingen? Alles Einstellungssache, dachte ich. Auch an einem Ort, an dem man vieles kennt, kann man, davon war ich damals überzeugt, das Gefühl von Abenteuer am Leben erhalten.

Timm und mir war der Abschied von Kapstadt nicht leichtgefallen. Wir hatten gerne dort gelebt. Für die Kinder aber, das war uns bei einem Sommerurlaub in Deutschland klar geworden, wurde Kapstadt zu einem goldenen Käfig. Es ist ein wundervoller Ort, solange Kinder klein sind. Wachsen aber die ersten zarten Flügel, ist Südafrika beengend.

Kinder, besonders die der weißen Oberschicht, stehen unter Dauerbeobachtung. Sie leben hinter Mauern, manchmal zusätzlich von einem Elektrozaun geschützt. Selbst in der norddeutschen Kleinstadt aufgewachsen, wünschten Timm und ich unserem Nachwuchs mehr Freiheit. Drei Monate nach dieser Erkenntnis saßen wir im Geländewagen auf dem Weg Richtung Deutschland.

Die erste Zeit in der Heimat dann war ich total berauscht von den physischen Freiheiten, die uns das Leben dort bot. Vieles, was in Südafrika nicht denkbar gewesen wäre, war plötzlich möglich. Die Kinder blühten auf, genossen ihren neuen Bewegungsradius, und von mir fiel eine Anspannung ab, von der mir nicht klar war, dass sie nicht Teil von mir ist. Aber es dauerte nicht lange, da verlor diese vordergründige Freiheit ihren Glanz. Die physische Freiheit hatte einen hässlichen Zwilling: mentale Enge. Ich fühlte mich gefangen in dörflichen Strukturen, mir fehlten Abenteuer und Input. Ich hatte Sehnsucht nach Menschen, die an mir rüttelten, mich aus gewohnten Gedankenschleifen holten, mich inspirierten, zwangen, über mich hinauszuwachsen. Obwohl unser Leben von außen betrachtet perfekt war, wir uns mit dem Landleben einen lang gehegten Traum erfüllten, blieb eine große Sehnsucht ungestillt.

Diesem Gefühl von Leere trat ich entgegen, indem ich immer wieder an mir rüttelte. Ich schrieb Listen, nahm mir vor, täglich eine Gewohnheit zu brechen, jede Woche ein Buch zu lesen, mich einmal im Monat einer Sache zu stellen, vor der ich Angst hatte. Das Lernen und Neues zu erleben, dachte ich, sei der Schlüssel zum Sich-lebendig-Fühlen. Unser Landleben-Projekt bot mir hierfür Tausende Möglichkeiten. Mit den Händen in der Erde, knöcheltief in Hühner- oder Schafsmist, schreibend, mit der Nase in Büchern und den Gedanken auf der nächsten Reise konnte ich mich kurzfristig ablenken.

Die innere Leere aber kam immer wieder zurück, und das schlechte Gewissen, sich trotz eines privilegierten Lebens gefangen zu fühlen, erdrückte mich. Warum konnte ich mich nicht an unserem schönen Haus am See, am friedlichen Kleinstadtleben erfreuen, an all der Ordnung, Struktur und Sicherheit, von der ich in Südafrika dachte, ich würde sie vermissen?

Ich sprach außer mit Timm mit kaum jemandem darüber. Wenn ich eines gelernt hatte, dann, dass das Bekunden von Unzufriedenheit über ein Leben, von dem viele träumten, mich noch mehr ins Abseits katapultieren würde. Immer wieder verhedderte ich mich in den Zuschreibungen und Rollen, die mein Umfeld für mich bereithielt. Mit kaum einer konnte und wollte ich mich identifizieren. Was aber genau ich wollte und wer ich war, wusste ich auch nicht. Umgeben von Menschen, von denen viele behaupteten, «angekommen» zu sein, fühlte ich mich dauerhaft fehl am Platz.

Ich beneide viele um ihre Zufriedenheit, um ihre Überzeugung, genau dort zu sein, wo sie sein wollten. Und im selben Moment misstraue ich dieser Ansicht. Entspringt sie möglicherweise mangelnder Vorstellungskraft? Habe ich aber das Recht, ihre Zufriedenheit zu hinterfragen? Ich empfand mich wie ein Sandkorn im Getriebe, das durch sein ewiges Geknarze den anderen die Freude am Bleiben verdarb. Mein ganzes Leben schon wünsche ich mir, endlich irgendwo Wurzeln zu schlagen, und doch reiße ich sie jedes Mal, wenn ihre zarten Ausläufer sich in der Erde verankern wollen, wieder aus und ziehe weiter. Es ist, als schlügen zwei Herzen in meiner Brust, die völlig unterschiedliche Bedürfnisse haben. Manche Freunde glauben, unsere Wanderlust sei ein Weglaufen vor uns selbst. Ich glaube, es ist ein Weglaufen vor dem Selbst, das einem aufgestempelt wird, sobald man länger an einem Ort bleibt.

Ich weiß, dass ich in spätestens achtzehn Monaten wieder einen Weg zurück in dieses Leben finden muss, und hoffe, dass ich ein Rezept entdecke, das mir Zufriedenheit in diesen Strukturen ermöglicht.

Jetzt aber, da zwischen uns und zu Hause endlich ein Meer liegt, kann ich aufatmen. Solange wir in Europa waren, schien es mir oft, als grabsche das alte Leben mit langen Armen nach uns. Von Liverpool aus war Timm sogar noch einmal nach Hause geflogen, weil die Arbeit es verlangte. Das wäre nun nicht mehr so leicht möglich. Zwischen uns und zu Hause liegt ein Ozean und vor uns die Freiheit: achtzehn Monate Zeit für eine Reise, die uns auf mindestens 26 000 Kilometern durch alle Klimazonen der Welt, von Alaska bis an die Südspitze des amerikanischen Kontinents, nach Feuerland führen wird. Nun verwischt das Wasser unsere Spuren. Diese Erkenntnis haut mich fast aus den Flipflops.

Zehn Stunden später liege ich erschlagen von unserem ersten Tag in Halifax im Bett unseres gemieteten Hauses. Unser Campingtruck Roger ist noch nicht entladen, muss am nächsten Tag vom Zoll freigegeben werden. Das Bett quietscht bei jeder Bewegung, die Matratze hängt durch, sämtliche Federn des Kerns bohren sich mir wahlweise in den Rücken oder in die Seite. Es ist heiß, feuchte Luft wabert, von krächzenden Ventilatoren in Bewegung gesetzt, durchs Haus. Aus dem Küchenschrank riecht es nach inkontinenter Katze, aus den Badezimmerfugen wachsen Pilze. An keinem Ort der Welt wäre ich gerade lieber.

In nur wenigen Stunden hat Halifax mein Herz erobert. Wenn man nach sieben Tagen auf dem Meer endlich wieder Land erblickt, ist man automatisch verliebt. In den puren Anblick von greifbarem Horizont, in Grün, daran, wieder Boden unter den Füßen zu haben. Es ist aber nicht alleine die Erleichterung, wieder auf festem Boden zu stehen, die mich Kanada schon nach einem Tag lieben lässt.

Wir hatten keine Vorstellung von Halifax gehabt. Ohne einen kanadischen Dollar in der Tasche waren wir heute nach einem tränenreichen Abschied von der philippinischen Crew, die während der Überfahrt ihre gesamte aufgestaute Liebe und Sehnsucht nach ihren Familien über Max und Carl ausgeschüttet hatte, benommen von Bord gestolpert. Wir waren zu warm angezogen, hatten nicht daran gedacht, uns mit Sonnenschutz einzucremen, suchten die erste Stunde nach einem Geldautomaten, der unsere Kreditkarte akzeptierte. Die Zollbeamten hatten angeboten, uns das Gepäck nach Feierabend zu unserem gemieteten Airbnb zu bringen, zumindest mussten wir so nicht schwer schleppen.

Fünfzehn Kilometer waren wir vom Hafen zu unserem Haus gewandert, froh, nicht mehr im Kreis laufen zu müssen. Unterwegs legten wir einen Limonade-und-Burger-Stopp ein, und eine entzückende Kellnerin heilte den Kindern das gebrochene Herz über den Verlust der philippinischen Crew. Am Boardwalk entlang der Waterfront tanzten wir auf einem Volksfest. Überall Menschenschlangen: an den Hüpfburgen, den Verkaufsständen, an den Eisbuden. Und anders als sonst genossen wir das Gewusel. Niemand drängelte, alle lächelten. Der Hipster am Kiosk grinste durch seinen Vollbart, gratulierte uns zur «beautiful family». Glück perlte durch die kleinsten Adern, sammelte sich im Herzen und ließ es fast platzen. Ich konnte mich nicht sattsehen an den zuckergussbunten Holzhäusern, an den Veranden mit Schaukelstühlen, in denen Menschen saßen, die Bücher und Zeitung lasen, die uns, wenn sie aufblickten, zuwinkten. Meine Augen schlemmten sich durch die bunten Vorgärten, die schattigen, breiten Straßen, die Namen wie «Bliss Street» tragen und die man nicht über Zebrastreifen, sondern über einen Regenbogen überquert. Autofahrer stoppten, lange bevor wir diesen erreichten, lächelten, als Max auf halbem Weg über die Straße noch einmal umdrehte, um eine Glasmurmel aufzuheben.

Nach einer unruhigen ersten Nacht fährt Timm am nächsten Morgen zeitig zum Hafen, um Roger aus dem Zoll auszulösen. Ich bin nervös. Zu viele Geschichten anderer Reisender sorgen in meinem Kopf für Aufruhr. Sie handeln von aufgebrochenen Fahrzeugen, von fehlenden Navigationsinstrumenten, zerstörten Schlössern, eingeschlagenen Fenstern. Im Schiffsbauch hatten wir Roger ein paarmal besuchen dürfen, hatten die roten Zollsiegel inspiziert, die über jede Klappe, Tür, über jeden Fensterrahmen geklebt worden waren. Immer war alles in Ordnung gewesen.

Nur schwer können die Kinder und ich uns auf den Schulmorgen konzentrieren, springen erleichtert auf, als draußen endlich das geliebte Motorengeräusch dröhnt. Die Straße vor unserem Haus ist breit, wir können direkt vor dem Eingang parken und den unversehrten Roger dort für die Weiterreise vorbereiten.

Kanadier:innen lieben es groß. In den Kloschüsseln könnte man einen Bernhardiner baden, Trockner und Waschmaschine sind für die Wäsche des weitesten Familienkreises nebst Cousine dritten Grades ausgelegt, Kühlschränke sind Kühlhäuser. Die Lieblingsfahrzeuge der Kanadier:innen – Pick-up-Trucks – sind brüllende Monster. Der unseres Nachbarn hat 650 PS, und damit cruist Timm einen ganzen Vormittag von Baumarkt zu Baumarkt, um Einkäufe zu erledigen und unsere Gaszylinder wieder aufzufüllen, die wir aus Sicherheitsgründen für die Verschiffung leeren mussten. Im Minutentakt machen Jogger, Rad- oder Autofahrer eine Vollbremsung, fragen Omis mit Hund, Opas mit Gehstock oder die Müllabfuhr nach Rogers, nach unserer Geschichte. Und während Roger für deutsche Straßen und Gemüter häufig zu groß, zu hoch, zu laut erschien, sind Kanadier:innen versessen nach ihm, machen Fotos, posten sie auf Social Media. Am dritten Tag in Halifax haben wir einen neuen Status: Ausflugsziel.

Roger, das sagt uns der Briefträger nach einer Führung durch den Truck, sei ein kanadischer Mann in Fahrzeugform: robust, unerschütterlich und ohne unnötigen Schnickschnack.

Als wir vor vier Jahren von Kapstadt nach Kiel fuhren, war unser Reise-Set-up deutlich simpler. Wir schliefen zu sechst neun Monate in einem Dachzelt. Um annähernd auf der Kingsize-Matratze Platz zu finden, reihten wir uns wie die Löffel im Besteckkasten auf: einer mit dem Kopf, der Nächste mit den Füßen zum Eingang. Wir hatten keine Dusche, unsere Toilette war der nächste Busch, und gespielt, gekocht und gelernt wurde unter freiem Himmel. Unser Kühlschrank war den Einkaufsmöglichkeiten entsprechend klein, oft aßen wir tagelang Reis mit Ketchup. Uns fehlte es an nichts.

Dieses Mal aber haben wir vier statt zwei Schulkinder, ihre Bedürfnisse haben sich geändert. Ohne persönliche Rückzugsorte, ohne die Möglichkeit, sich erst mit geputzten Zähnen der Welt zu stellen, sie bei Bedarf auszusperren, wollten wir alle nicht noch einmal so lange unterwegs sein.

Als wir begannen, Roger zu planen und zu bauen, ließ Timm jedes Familienmitglied notieren, was ihm bei unserem neuen Reisegefährt wichtig wäre. Für die kleinen Jungs waren es vor allem dicke Monsterreifen, eine Winde, Allrad und ein starker Motor. Die großen Mädchen wollten eine Dusche, ein Klo und einen Schlafplatz, den sie nicht erst umbauen müssten und der ausreichend Privatsphäre böte, sich den Blicken der anderen zu entziehen. Für mich war es wichtig, drinnen kochen zu können und Platz zu haben, vier Kinder im Trockenen zu unterrichten. Timm wollte möglichst lange autark fern der Zivilisation unterwegs sein können. Und wir alle wollten nicht mehr auf unseren Lieblingsplatz des Afrikaautos verzichten: die Dachbank. So wurde Roger im Laufe eines Jahres in der heimischen Scheune und mit der Hilfe einiger Freunde zu dem, was er heute ist: unser fahrendes Tiny House. Von innen schwedisches Ferienhäuschen, von außen extremer Expeditionscamper, wie unser Vermieter in Halifax feststellt.

Vier Tage in Halifax vergehen wie im Flug. Obwohl die Hummeln im Hintern Amok laufen, fällt es uns schwer, uns loszureißen. Es gab eine Zeit, da hatte ich die Hoffnung, dass ich, wenn ich alle Orte auf meiner Sehnsuchtsliste abarbeite, irgendwann zur Ruhe würde kommen können. Das Gegenteil, befürchte ich, ist der Fall. Es kommen immer mehr Orte hinzu, die ich nicht abhaken kann, nachdem ich dort war. Stattdessen möchte ich wiederkommen, sie zu einer anderen Zeit, in einem anderen Licht, unter anderen Umständen erleben. Ich möchte wissen, wie es sich anfühlt, in Halifax eines der Holzhäuser zu renovieren, will über Farbmuster gebeugt entscheiden, ob die Fassade minzgrün, papayagelb oder lieber puderrosa sein soll. Ich möchte auf meiner Veranda sitzen, Marianna Leky lesen und die weißhaarige Oma mit dem fetten Cockerspaniel zum Kaffee einladen. Ich wünsche mir, dass unsere Kinder mit den Nachbarskindern Freundschaft schließen. Ich würde gerne Steinchen auf der dünnen Eisdecke des Chocolate Lake flitschen lassen, den Strand im Licht der ersten Frühlingsstrahlen sehen und mich dort gegen den Novemberwind stemmen. Ich möchte regelmäßige Spaziergänge auf dem Fairview-Friedhof unternehmen, die Gräber der Titanic-Opfer, um die sich niemand mehr kümmert, von Unkraut befreien. Es wäre verführerisch, zu bleiben – wäre da nicht diese brennende Neugier, die uns auch dieses Mal zwingt weiterzuziehen.

ES BRAUCHT EIN DORF …

Kanada: Nova Scotia, August 2018

Ich sitze auf der Dachbank, der Dampf meines Morgenkaffees kitzelt mich wach. Ich blinzele in die aufgehende Sonne, auf das spiegelglatte Wasser der Bucht, in dem friedlich die Segelboote an ihren Moorings dümpeln. Eine schwache Stimme reißt mich aus meinen Gedanken. An der Fahrertür steht eine winzig kleine Oma mit riesiger Sonnenbrille und einem Stoffbeutel, auf dem in bunten Buchstaben «Bahamas» prangt. Sie spricht so leise, dass ich von der Dachbank herunterklettere, um sie besser zu verstehen. Wie viele vor ihr möchte sie wissen, woher wir kommen und wohin wir fahren. Ich genieße es so sehr, wieder von einer anderen Sprache als Deutsch umgeben zu sein. Es fühlt sich an, als wären in meinem Kopf die Fensterläden aufgerissen worden, als fege ein frischer Wind hindurch, der alten Ideen neue Namen gibt. Auch die Idee, mit unseren Kindern die Welt zu bereisen, trägt hier in Kanada eine neue Überschrift: «Your kids are the luckiest people on earth!»

Die Oma ist begeistert von unserem Plan, bis an die Südspitze des amerikanischen Kontinents zu fahren, und findet, dass die Kinder ein Riesen-Glück haben, diese Erfahrung machen zu können. Zu Hause dachten viele anders. Ähnlich unterschiedlich waren die Meinungen, als wir 2013 in Südafrika Richtung Heimat aufbrachen. Während in Deutschland besorgte Töne, Zweifel und Ablehnung dominierten, war unser südafrikanisches Umfeld begeistert, interessierte sich hauptsächlich für technische Details, für die Route. Nicht einmal versuchte dort jemand, uns davon abzuhalten, mit dem Auto von Kapstadt nach Kiel zu fahren. Entweder bekamen wir Hilfe, Tipps oder ein ermunterndes Schulterklopfen. Vielleicht liegt es daran, dass Pioniergeist zur Grundausstattung vieler Südafrikaner:innen gehört, Komfortzonen extrem elastisch sind. Sicherlich findet man in Ländern wie Südafrika, Kanada oder den USA, deren Gesellschaftsstruktur anteilig aus mehr Einwanderern besteht, eine größere Dichte des Wanderlust-Gens. Dort fühlen mehr Menschen wie wir. Oft hat mich dieses eingeschränkte Verständnis von dem, was in Deutschland möglich und vorstellbar ist, verunsichert. Nicht immer ist unsere Zuversicht unerschütterlich. Manchmal haben wir Angst, zweifeln. Aber geht es nicht genau darum, es trotz Angst und Zweifeln zu versuchen, sich nicht im Vorfeld von eventuellen Hindernissen abhalten zu lassen?

Hindernisse, die wurden uns in Deutschland zuhauf vor die Füße geworfen. Zum Beispiel die Unwilligkeit der Schulen, unsere Kinder für ein Jahr zu beurlauben und uns so die Möglichkeit zu geben, die Kinder mit den deutschen Schulgesetzen konform zu unterrichten. Anders als in vielen Ländern ist in Deutschland Homeschooling illegal, es herrscht Anwesenheitspflicht in der Schule. Man will sicherstellen, dass jedes Kind die bestmöglichen Bildungschancen bekommt, dass sozial benachteiligte Kinder nicht durchs Raster rutschen. Einleuchtend – und doch würde ich mir mehr Elastizität im Regelwerk wünschen. Ein Homeschooling-Unterricht in Zusammenarbeit mit der Schule ist nur in wenigen Fällen möglich. Unsere einzige Möglichkeit ist, uns in Deutschland abzumelden, um der Schulpflicht zu entgehen. Wir werden kreativ sein müssen, wenn wir den Kindern den Stoff der jeweiligen Klassenstufen vermitteln wollen. Dafür haben wir ein Netz aus Jokern und Nachhilfelehrer:innen, die wir virtuell dazuholen, wenn es hakt. Ich habe eine Heidenangst vor dem Unterrichten, weiß aber, dass darin eine große Chance liegt.

Lotta hatte im Jahr vor unserer Abreise kein einfaches Schuljahr, hat sich oft überfordert gefühlt. Dem Aufruhr der Hormone fiel jeder Lernwille zum Opfer. Schule war eine blöde Pflicht, und hauptsächlich ging es ihr darum, sich mit wenig Aufwand durchzumogeln. Carl empfand, trotz netter Mitschüler:innen und verständnisvoller Lehrer:innen, Schule oft als Zeitverschwendung, war gelangweilt. Zur Schule ging er wegen der Pausen. Max ist zwar gern zur Schule gegangen, hätte aber spätestens jetzt einen ziemlichen Rückschlag einstecken müssen. Ihm fällt Lesen und Schreiben schwer, sich lange zu konzentrieren, überfordert ihn schnell. Er wäre sicher zum Klassenclown mutiert.

Drei von vier Kindern fällt es trotz guter Noten und Cleverness schwer, im Schulalltag glücklich mitzuschwimmen. Woran liegt das? Ich glaube, dass unser Schulsystem nicht darauf ausgerichtet ist, jedem Kind sein eigenes Entwicklungs- und Lerntempo zuzugestehen. Der Lehrplan und die Klasse geben Tempo und Lerninhalt vor, Mithalten ist Schülerpflicht. Klappt es nicht, trägt je nach Sichtweise jemand die Hauptschuld. Unfähige Lehrer:innen, faule oder dumme Schüler:innen, lasche oder überehrgeizige Eltern. Ein Zustand, der für alle Beteiligten nicht zufriedenstellend sein kann.

Lösungen habe ich leider noch keine. Ich wünsche mir vor allem mehr Freiheiten – für Lehrer:innen, für Eltern, aber vor allem für Schüler:innen. Die Freiheit, Dinge auszuprobieren. Das deutsche Schulsystem lässt dies leider kaum zu. Für mich fühlt es sich oft so an, als würden die Erwachsenen von morgen statt zu selbstständigem Denken auf Gleichschritt programmiert. Wir sind keine Outschooler, keine Systemkritiker, merken aber, dass für uns irgendetwas nicht funktioniert. Was genau das ist, hoffen wir auf der Reise und mit dem Abenteuer, die Kinder selbst zu unterrichten, herauszufinden. Vielleicht scheitern wir, vielleicht auch nicht. Auf jeden Fall werden wir am Ende schlauer sein.

Als ich noch von der heimatlichen Komfortzone aus auf dieses Unterfangen geblickt habe, war ich deutlich mutiger. Immer wieder frage ich mich in den letzten Wochen sorgenvoll, ob es uns gelingen wird, jede Lücke zu schließen oder sie erst gar nicht aufkommen zu lassen. Was wird es mit uns machen, wenn wir gleichzeitig Lehrer:in und Eltern sind, werden wir es schaffen, zwischen diesen Rollen zu springen? Werden wir genug Geduld aufbringen, den Bedürfnissen von vier Kindern auf verschiedenen Lern- und Entwicklungsstufen gerecht zu werden? Timm macht sich weniger Sorgen als ich, sieht das Unterrichten als Chance, auch sein eigenes Schulwissen aufzupolieren. Am Abend sehe ich ihn häufig in Schulbücher vertieft, um sich für den nächsten Tag vorzubereiten. Bei mir, die in Physik, Chemie und Mathe eher zu Dekozwecken im Unterricht anwesend war, könnte man polieren, wie man wollte, da würde nichts glänzen. Zum Glück ergänzen Timm und ich uns, und jeder hat da Schwächen, wo der andere seine Stärken hat. Wir werden alle viel Disziplin aufbringen und uns immer wieder neu justieren müssen.

In Kanada ist es nicht ungewöhnlich, seine Kinder selbst zu unterrichten, und viele gehen deutlich entspannter mit der Thematik um. Als ich der Oma von den Sorgen berichte, die mich in Bezug auf das Homeschooling quälen, winkt sie ab. Sicher werden die Kinder andere Dinge lernen, als in Deutschland gefordert sind, vielleicht werden sie ein Schuljahr wiederholen müssen. Stattdessen aber werden sie vieles gelernt haben, dessen Bedeutung wir erst in der Zukunft verstehen werden. Ein Jahr früher oder später seinen Abschluss zu machen, was bedeute das schon, wenn man ein ganzes Leben betrachtet? Das aus dem Mund einer Achtzigjährigen zu hören, ist tröstlich. Die Kinder, da ist sich die Oma sicher, werden mehr lernen, als ihnen ein Jahr in der Schule vermitteln kann.

«You must enjoy every moment of your adventure.» Sie hätte sich als junger Mensch gern die Welt angesehen, hatte aber nie die Möglichkeit. Die letzten Jahre habe sie versucht, all das nachzuholen, sie zeigt auf ihre Tasche mit dem «Bahamas»-Schriftzug. Es sei jedoch nicht dasselbe als alter Mensch. Vieles von dem, was sie gerne erleben würde, erlaube ihr Körper nicht mehr. Fallschirmspringen zum Beispiel. Und darum, davon ist sie überzeugt, wäre es eine Sünde, die Möglichkeiten, die uns das Leben bietet, auszuschlagen. Gott meine es gut mit uns, wir sollten das Geschenk annehmen, vertrauen, dass alles gut gehen wird. Ich hauche ein leises «Danke» durch meinen zugeschnürten Hals. Sie breitet die Arme aus, drückt mich mit einer Kraft an sich, die vermuten lässt, dass ein Fallschirmsprung sehr wohl im Rahmen der Möglichkeiten wäre.

Ein afrikanisches Sprichwort besagt, dass es ein Dorf braucht, um ein Kind großzuziehen. In unserem Fall hat sich das nicht bewährt. Das Dorf war uns zu eng. Wir brauchen die Welt. Welch ein Glück, dass dies im Rahmen unserer Möglichkeiten liegt.

Bevor sie geht, greift die Oma in ihre Bahamas-Tasche, holt eine kleine, gestrickte Puppe mit hellgrünem T-Shirt, dunkelgrüner Hose und Mütze hervor. Sie stricke jeden Tag eine davon und verschenke sie an Menschen, die ihr auf ihrem Spaziergang begegneten. Diese hier, sie reicht sie mir, solle uns beschützen und daran erinnern, dass wir großes Glück haben. Und ein bisschen, und dabei tippelt sie von links nach rechts, ein angedeuteter Tanz, würde ein Teil von ihr auf diese Weise doch die Welt bereisen. Ich bedanke mich, verspreche, die Puppe ins Cockpit zu setzen, dorthin, wo wir sie immer sehen können.

Einen Namen bräuchte sie noch, findet die Oma, und wir beschließen, sie Chester zu nennen – nach diesem wunderhübschen Ort, an dem wir uns getroffen haben.

Während ich der alten Dame hinterherblicke, beginne ich zu glauben, dass unsere Kinder vielleicht wirklich die gesegnetsten Kinder der Welt sind. Denn egal, ob wir in achtzehn Monaten das deutsche Klassenziel erreicht haben, sie werden sicher gelernt haben, auf unbekannte Menschen zuzugehen und sich in einer fremden Sprache zu unterhalten. Sie werden sich in Gegenden zurechtgefunden haben, die ganz anders als ihre gewohnte Umgebung sind. Sie werden fremdes Essen probiert und gelernt haben, wie wichtig es ist, Rücksicht zu nehmen, mit wenig auszukommen, und das zu schätzen, was man hat. Sie werden verinnerlicht haben, dass es nicht immer bequem sein kann und soll, dass es manchmal keinen anderen Weg gibt als mittendurch und dass die Komfortzone nicht der spannendste Platz ist.

Wir versuchen, unseren Kindern zu vermitteln, wie man es schafft, sich von der Komfortzone nicht einzäunen zu lassen. Aber – und diese Frage beschäftigt uns seit Jahren – ist es egoistisch, den Kindern unsere Unruhe einzupflanzen? Oder können wir es eh nicht vermeiden? In unserem Bekanntenkreis gibt es unzählige Beispiele dafür, dass Kinder sich automatisch für die Leidenschaften der Eltern interessieren. Der Nachwuchs fußballbegeisterter Eltern spielt oft selbst Fußball. Ist der Papa Landwirt, können die Kinder früh Trecker fahren. Egal, welche Interessen oder Leidenschaften Eltern mitbringen, oft werden die Kinder auf diese geprägt. Bei uns ist es das Reisen. Mit achtzehn Monaten war Lotta das erste Mal in Afrika, hat bis zu ihrem elften Lebensjahr mehr Zeit dort verbracht als in Deutschland. Paula ist mit zwei Wochen zum ersten Mal geflogen, Carl wurde unterwegs gezeugt, und Max hat in den ersten Jahren seines Lebens unseren Defender als sein Zuhause betrachtet. Reisen war schon immer Teil ihres Lebens, ist so normal für sie wie Treckerfahren für den Bauernnachwuchs. So wie das Bauernkind den Trecker vielleicht mal an die Scheunenwand setzt, werden auch unsere Kinder zwischendurch scheitern und hadern. Irgendwann allerdings, wenn sie erwachsen sind, werden sie hoffentlich verstehen, dass wir ihnen das Beste mitgegeben haben, was wir zu bieten haben: unsere Begeisterung für die große weite Welt.

SCHEINWERFERLICHT

Nordostkanada, September 2018

Rumms! Ein stechender Schmerz. Dieses Mal hat es mich am rechten Oberkopf getroffen. Ich versuche, Halt zu finden, drücke mein Gesicht tief in Max' Schnuffelkissen, nur um im nächsten Moment wieder gegen die Decke geschleudert zu werden. Seit einer Ewigkeit probiere ich, rückwärts aus seiner Koje zu klettern. Es ist unmöglich. Timm scheint von der Teerstraße abgefahren zu sein. Ich sehe einen holprigen Feldweg, ab und zu ein Schlagloch durch den aufgewirbelten Staub vor Max' Fenster. Roger schaukelt wie ein Schiff im Sturm, alles poltert durcheinander, es ächzt und knarzt, immer wieder werde ich in der engen Schlafkoje von Wand zu Wand, dann an die Decke geworfen. Ich ergebe mich meinem Schicksal und beschließe zu warten, bis Roger irgendwann zum Stehen kommt. Was sehr lange nicht passiert. Ich hatte nur einmal kurz eine Auszeit vom Lärm in der Fahrerkabine gebraucht, wollte mich für ein paar Minuten in Max' Bett kuscheln. Dies ist nun die Strafe.

Als ich sehr viel später lädiert aus dem Wohnkoffer klettere, sind alle bester Stimmung. Timm freut sich, Roger endlich einmal offroad gefahren zu sein, die Kinder hatten die Fahrt über auf der Dachbank gesessen – ein Sitzplatz, der nur abseits öffentlicher Straßen erlaubt ist. Sie sind noch ganz kribbelig vor Aufregung. Roger ist auf einem Kiesstrand zum Stehen gekommen, um uns nichts als Wald und Meer und Sonnenuntergang. Unter meinen

Füßen knirschen die Steine, in meinem Kopf die Zähne. So geht es mir seit einer Weile häufiger. Erwartet hatte ich das nicht, nicht schon nach so kurzer Zeit.

Verglichen mit der Art, wie wir vor vier Jahren durch Afrika gereist sind, gleicht das Unterwegssein mit Roger einer Kreuzfahrt. Jeder von uns hat sein eigenes Bett, wir haben eine Küche, ein Bad, können auch während der Fahrt von der Fahrerkabine in den Wohnkoffer wechseln und müssen nicht wegen jeder Pipipause oder wegen jedem Schokohunger anhalten. Theoretisch jedenfalls, denn um unter Belastung bei Geländefahrten nicht zu brechen, ist der Rahmen, der den Wohnkoffer trägt, beweglich gebaut. Und auch die Verbindungen zwischen diesen beiden Elementen sind flexibel. Jede Unebenheit unter den Reifen wird um ein Hundertfaches verstärkt, und so gleicht ein Aufenthalt im Wohnbereich während der Fahrt einem Segeltörn bei hohen Windstärken. Ich bin nicht seetauglich, weder körperlich noch, wie ich gerade feststellen muss, psychisch.

Die ersten Wochen hatten wir in Nova Scotia gemütliche Runden gedreht. Kurze Strecken, entspanntes Wetter, Urlaubsgefühle. Nova Scotia ist so bildschön, dass oft schon nach dreißig Kilometern ein neuer Ort zum Bleiben verführte. In der Spätsommersonne leuchteten die Fassaden der Holzhäuser wie das Blaubeer-, Rhabarber- und Pfirsicheis in unseren Waffeltüten. Jede Nacht fanden wir einen Stellplatz am Meer, beobachteten Minke- und Buckelwale vom Frühstückstisch aus. Über uns kreisten Fischadler, abends sangen uns die Brandung, manchmal das Schnaufen der Wale in den Schlaf. Wir umrundeten die Nordspitze Nova Scotias auf dem Cabot Trail, einer der schönsten Panoramastraßen der Welt, stachen das erste Mal mit unserem Faltboot Motte in See, fuhren durch den Sonnenuntergang zum Abendessen in das nächste Hafenrestaurant. In Annapolis Royal, der ersten europäischen Siedlung auf kanadischem Boden, ließen wir uns von Geschichte berühren, wurden von morgendlichen Kirchgänger:innen mit Frühstück beschenkt, von anderen Reisenden mit Geheimtipps versorgt. Zum Abendtee gab's Lagerfeuer, zum Morgenkaffee Sonnenaufgang und das, ganz ungewöhnlich dieses Jahr, ohne die sonst übliche Mückenplage. Die kurzen Strecken erlaubten uns entspannte Schulmorgen und am Nachmittag genügend Zeit, um die Umgebung zu erkunden. So hätte es bleiben können.

Nun aber verabschiedet sich mit dem Ende der Sommerferien in Deutschland und Kanada auch bei uns ein wenig die Sommerleichtigkeit. Reisen fühlt sich nicht mehr an wie Urlaub, auch in Roger zieht der Alltag ein. Jetzt, wo sich in Deutschland wieder alle Freund:innen der Kinder regelmäßig in der Schule sehen, überfällt unseren Nachwuchs manchmal die Angst, etwas zu verpassen. Heimweh schiebt sich bei den Kindern als dunkle Wolke vor die Frühherbstsonne. Es fühlt sich an, als stünden wir nach einer grandiosen Party plötzlich allein auf der Tanzfläche, benommen, gebadet in gleißendes Scheinwerferlicht, das keinen Raum für Illusionen mehr lässt. Hindernisse, die unsere Sommerlaune in den letzten Wochen weichgezeichnet hat, werden nun gnadenlos beleuchtet, erscheinen auf einmal fast unüberwindbar.

Auf unserem Weg nach Westen kommen wir nur sehr langsam voran, viel langsamer als erwartet. Das liegt vor allem an der Zeit, die wir jeden Tag für die Schule einplanen müssen. Vier Kinder zu unterrichten und gleichzeitig die Strecke zu absolvieren, die notwendig ist, um voranzukommen, scheint unmöglich.

Bevor wir unterwegs waren, hatte ich fantasiert, dass wir Fahrtzeit mit dem Unterricht würden verbinden können. Schule im Schleudergang allerdings funktioniert nicht, und so besteht ein Durchschnittstag im Moment aus drei Stunden Schule am Morgen und zwei Stunden Fahren am Nachmittag. Gerecht werden wir mit dieser Art des Reisens niemandem. Nicht den Kindern, nicht uns, weder dem Schulunterricht noch der Reise. Wir hängen wieder im Hamsterrad fest. Eines, das von außen betrachtet aufregend aussieht, sich von innen aber genauso erschöpfend anfühlt wie unser Alltag in Deutschland. Wir sind alle unausgeglichen, und die Enge in Roger wird immer öfter zur Herausforderung. Manchmal kann ich den Lärmpegel in der Fahrerkabine nicht mehr aushalten, es kostet mich Kraft, mir das nicht anmerken zu lassen. Der Motor brummt nicht, er brüllt, ebenso die 30 Jahre alten Lautsprecher und die Kinder auf der Rückbank, wenn sie gehört werden wollen. Der Einzige, der nie brüllt, ist Timm. Er hat die beneidenswerte Fähigkeit, die Funktion seiner Ohren durch puren Willen einzuschränken, cruist gedankenverloren durch seine eigene Welt. Um zu ihm durchzudringen, brülle auch ich immer öfter. Und immer häufiger verderben mir nicht nur akustische Reize, sondern auch visuelle den Tag: Die ersten Blätter beginnen sich zart rot und orange zu verfärben, kündigen den Herbst an und fordern uns mit Nachdruck auf, uns zu beeilen. Bis nach Alaska liegt eine Strecke von mindestens 7000 Kilometern vor uns, bei unserem derzeitigen Tempo eine nicht bezwingbare Distanz.

Wir wollten der Zeit ihr Tempo rauben, uns treiben lassen, Raum für Überraschungen erlauben. Und nun merke ich schon nach wenigen Wochen, wie naiv dieser Wunsch war. Wie konnte ich denken, dass mit einem Ortswechsel automatisch die Freiheit bei uns einzieht?

In Deutschland war Zeit eine Ressource, die wir mit Aktivität und Ergebnissen gefüllt haben. Mit der Reise wollten wir uns aus diesem Muster befreien. Auf den ersten Blick tanzen wir jetzt zwar zu einer anderen Musik, der Takt aber ist derselbe geblieben: Wochentag, Werktag, Schultag. Wir messen Zeit bloß in anderen Einheiten, rauben ihr aber nicht das Tempo. Wir wollten dringend dem Alltag entfliehen und schaffen uns gerade das nächste Gefängnis, die Wärter sind Kilometer, Ziel und Perfektionismus.

Auf keinen Fall, das hatten wir uns vorgenommen, sollte die Schule zu einem Stressfaktor werden. Wie aber soll das möglich sein, wenn wir auf der anderen Seite auch bei der Schulbildung keine Abstriche machen wollen? Selten stand ich einer Aufgabe so hilflos gegenüber und durfte es mir auf keinen Fall anmerken lassen. Alle vier Kinder wollen unbedingt ihr Klassenziel erreichen, bei unserer Rückkehr wieder in derselben Stufe eingeschult werden. Sie darin zu unterstützen, darauf habe ich mein Wort gegeben, voller Vertrauen in meine Fähigkeiten als Lehrerin, die, so muss ich gerade feststellen, ähnlich ausbaufähig sind wie meine Kenntnisse in Astrophysik.

«Fake it till you make it», einfach so lange so tun, als hätte man alles unter Kontrolle, bis man selbst dran glaubt, funktioniert bei mir leider nicht. Statt von begeisterungswilligem Publikum wird der Zuschauerraum in meinem Hinterstübchen von einer Horde graugesichtiger Männer mit schlecht sitzenden zweireihigen Anzügen bevölkert, die, noch während sie sich hinsetzen, die Schlösser ihrer Aktenkoffer schnappen lassen, um keine Sekunde meines Versagens zu verpassen. Sie schreiben mit, ihnen entgeht nichts, und ohne mit den Mundwinkeln zu zucken, ballern sie mir in monotonem Zweivierteltakt meine Unzulänglichkeiten um die Ohren. Ich bin ihnen hilflos ausgeliefert, und so verführerisch der Gedanke auch ist, aber an der Schulzeit, das machen sie mir gnadenlos deutlich, können wir keine Abstriche machen.

Also bleiben uns als flexible Größen nur die «Fahrtzeit» und «zu fahrende Kilometer». Sosehr es schmerzt, entscheiden Timm und ich, den Loop über Alaska zu streichen. Für uns als reisende und homeschoolende Familie sind die Distanzen einfach zu groß. Es wird Zeit für eine Abkürzung. Wir beschließen, lieber wenige Orte intensiv zu erleben, als der Vollständigkeit halber überall nur durchzuhuschen und Orte auf unserer Liste abzuhaken, ohne dass sie Spuren hinterlassen können. Statt jeden Tag ein bisschen zu fahren, wollen wir versuchen, auf einen intensiven Fahrtag zwei «Entdeckertage» folgen zu lassen, so den Kindern und uns Raum geben, individuellen Bedürfnissen zu folgen. Vielleicht, das hoffe ich sehr, kann ich dann auch mit der Enge und der Lautstärke im

Truck gelassener umgehen. Vielleicht ist der eigentliche Wahnsinn, dass wir uns für die Strecke von Kanada bis Argentinien nur achtzehn Monate Zeit genommen haben.

ZEIT FÜR SONNENUNTERGÄNGE

Kanada: Lake Superior, September 2018

Die ganze Nacht hat der Regen aufs Dachfenster getrommelt. Donner, Blitz und dieser eine Gedanke hielten mich wach: Bitte kein Regen morgen! Jeden anderen Tag, aber bitte nicht morgen! Vergessen ist mein in Afrika gefasster Vorsatz, Regen immer dankbar anzunehmen.

Draußen ist es bleigrau, dichter Nebel verschluckt den Lake Superior, den größten Frischwassersee der Welt. Dieser Ort ist uns gerade speziell genug, um einen besonderen Tag zu feiern: Paulas 12. Geburtstag.

Geburtstage auf Reisen stellen uns jedes Mal vor besondere Herausforderungen. Freund:innen und Familie, die wichtigste Zutat für eine schöne Feier, sind weit weg, die Geschenke fallen deutlich sparsamer aus, müssen irgendwann heimlich besorgt, dann auf kleinstem Raum versteckt werden und den Kriterien «Haben wir Platz?» und «Ist es reisekompatibel?» standhalten. Der Tag soll sich vom normalen Reisealltag unterscheiden und das jeweilige Kind in dem Gefühl baden, das Allerwichtigste in unserem Leben zu sein. Unter keinen Umständen fallen Geburtstage auf einen Schultag, niemals auf einen Fahrtag. Das bedeutet, dass der Ort, an dem wir feiern, besonders schön sein muss.

Wir haben alles gegeben, sind gestern den ganzen Tag gefahren, um diesen Platz zu erreichen. Paulas Wunschliste war zwar bescheiden, aber explizit, und sie hat uns schon vor einigen

Wochen mit detaillierten Zeichnungen gebrieft. Sie wünscht sich ein knielanges Kleid mit kurzen Ärmeln. Blau-weiß gestreift soll es sein, und unter keinen Umständen darf es Rüschen, Stickereien oder einen Schriftzug haben, Glitzer ist auf ihrer Zeichnung mit einem Totenkopf und Ausrufezeichen versehen. Es soll aus weichem Jersey sein, die Art Jersey, die sich kühl auf der Haut anfühlt, und auf keinen Fall dürfe der Stoff nach dem Waschen Knötchen bilden. Außerdem wünscht sie sich eine Werkzeugkiste mit eigenem Werkzeug, Farben, Nägeln, Schrauben, einem Cuttermesser, Panzertape, Kleber, Schnur, mit Pinseln in verschiedenen Stärken, und einen Stapel Bauholz hätte sie gerne. Und wenn es ginge, noch eine Überraschung. Die Überraschung haben wir bereits in Liverpool besorgt, Timm hatte sich schnell die Werkzeugkiste reserviert, in meinen Verantwortungsbereich fiel das Kleid. Es ist nun beige-weiß geringelt, sieht aus wie ein überlanges T-Shirt, und ich hoffe sehr, dass es noch in Paulas Toleranzbereich fällt.

Um fünf Uhr flüstert der Wecker mich wach. So leise es geht, backe ich einen Geburtstagskuchen, Timm packt die Geschenke ein. Zusammen blasen wir Luftballons auf und schmücken das große Fenster mit der «Happy-Birthday»-Girlande, die bisher jeden Geburtstag der Kinder verziert hat, seit sie geboren wurden. Als wir fertig sind, springen Timm und ich beobachtet von einem Seeadler in den See und steigen gerade noch rechtzeitig ans Ufer, bevor der angrenzende Abhang dem Regen nicht mehr standhält, in den See saust und das glasklare Wasser in eine durchfallfarbene Brühe verwandelt.

Paulas Augen leuchten. Die Dekorationen, die Geschenke, der Kuchen, die Kerzen – alles scheint perfekt. Den Regen blenden wir aus, beginnen den Morgen kuschelig. Wir frühstücken Croissants mit Nutella, hören *Die drei Fragezeichen*, die Kinder malen, basteln, lesen. Ab und zu öffnen wir ein Fenster, lassen die feuchtwarme Luft heraus und etwas kühlen Nebel herein. Bis plötzlich

Max sich beschwert, weil seine Stifte immer Richtung Fenster rollen.

«Stell sie in einen Becher, dann ... Moment, warum rollen die Stifte Richtung Fenster?»

Mit einem Satz ist Timm, nur mit Unterhose bekleidet, draußen im Regen, flucht. Wir stehen an einer kleinen Böschung. Vom Regen aufgeweicht, ist der zum Wasser abfallende Teil abgebrochen und hat Roger in eine Schieflage gebracht. Es wird hektisch. Wir können nie sofort losfahren, der Motor muss immer eine Weile laufen, um genügend Druck auf dem Bremssystem aufzubauen.

Damit wir mehr Platz haben, hat Timm unsere Esstischeinheit so konzipiert, dass sie wie eine Schublade nach außen aufgezogen werden kann. Gerade befindet sich unser Esstisch auf der dem See zugewandten Seite; und um die Schieflage nicht noch weiter zu verschlimmern, müssen wir das Gewicht im Truck anders verteilen. Alle Kinder verlassen ihren Platz und gehen nach draußen in den Regen, während Timm und ich versuchen, den «Cube», wie wir diese Einheit nennen, einzuschieben. Immer wieder rutscht Timm, während er von außen schiebt, den Abhang hinunter, also müssen wir gemeinsam von innen ziehen.

Als wir ein paar Minuten später wieder auf festem Untergrund stehen, ist klar, dass wir hier nicht bleiben können. Wir müssen weiterfahren, trotz Geburtstag. Paula ist enttäuscht, es kullern Tränen, und ich verfluche das Wetter, das Reisen und das Leben im Allgemeinen.

Nur eine Stunde später reißt der Himmel auf, die Sonne macht einen zaghaften Versuch, ebenfalls zu gratulieren. Berge krabbeln aus dem Nebel, vor uns sattgrüner Wald so weit das Auge reicht. Der Highway windet sich am Ufer entlang, bietet Bilderbuchblicke auf den See. In ihm spiegeln sich alle Farben des Himmels von norddeutschgrau bis südseeblau. Wir wollen uns nicht wegbewegen von diesem wundervollen Ort, beschließen, trotz der Notwendigkeit voranzukommen, ein paar Tage zu bleiben. Um uns nur Menschen, denen es nichts ausmacht, dass die Abende schon kühl sind. Überall brennen Lagerfeuer, jemand spielt Gitarre, alle feiern den Sonnenuntergang.

Auch Paulas Geburtstag feiern wir noch drei weitere Tage. Wir hängen ihre Luftballons und die «Happy-Birthday»-Girlande in den Baum über dem Picknicktisch. Angelockt vom bunten Geflatter, kommt immer wieder jemand vorbei, um zu gratulieren, einige bringen sogar Geschenke mit.

Am zweiten Tag nach Paulas Geburtstag bestehe ich, angetrieben vom Aktenkoffergeschnappe der Herren in meinem Kopf, darauf, dass es ein Schulmorgen sein wird. Und bereue es nach wenigen Minuten: Lotta fühlt sich von Max' lautem Lesen gestört, Carl hat nicht genug Platz am Tisch und Paula Probleme mit einer Matheaufgabe, die auch ich nicht lösen kann. Sie ist frustriert, weil ich mich immer nur um Max kümmere, Lotta wütend, weil es zu laut ist, Carl, weil ihn die Enge nervt. Max fühlt sich schuldig, weil er es nicht schafft, leise zu lesen. Er beginnt zu weinen, was Lotta wegen des Geschniefes stört und Paula weiterhin die Aufmerksamkeit vorenthält, die sie gerade dringend bräuchte. Ich bin überfordert, Timm kommt zu Hilfe, um Paula aus der Matheverzweiflung zu retten. Sie sprechen, was Lotta schließlich explodieren lässt. Türen knallend verlässt sie den Truck. Der Windzug bringt Carls Papiere durcheinander, auch er flucht, stürmt nach draußen. Ich tröste den heulenden Max, der fest davon überzeugt ist, dass alles seine Schuld ist, und implodiere von allen unbemerkt. Niemand von uns findet zurück in die passende Gemütslage für einen reibungslosen Schulmorgen. Stattdessen verstreuen wir uns gereizt auf dem Gelände des Campingplatzes.

Ich gehe am Ufer entlang, bücke mich, hebe eine Handvoll Steine auf, um sie in den See zu flitschen und mit jedem Wurf einen neuen Fluch zu versenken. Als ich zurückkomme, sehe ich, dass

Carl und Max während meiner Abwesenheit eine riesige Stadt aus Sand, Steinen, Moos, Stöckchen und Blättern gebaut haben, die nun von ihren Matchboxautos befahren wird. Paula und Timm sind dabei, zwei Aufklapptische zu zimmern, die man in der Fahrerkabine am Armaturenbrett anbringen kann, damit wir an lauten Schulmorgen auch dorthin ausweichen können. Lotta zeichnet. Alle sind wieder glücklich, bis auf die staubgrauen Männer in meinem Kopf, die verweisen auf den Lehrplan. Dieses Mal bringe ich sie zum Schweigen. Was sollte in diesem Moment wichtiger sein, als die innere Unruhe mit einer Tätigkeit zu bezwingen, die einen wieder erdet?

Lotta hat schon immer viel gezeichnet. Es ist ihre Form, mit sich in Verbindung zu treten, ein Stück ihres Innenlebens auch für uns sichtbar zu machen. In der Schule hat bisher selten jemand genauer hingesehen. Dort schien es immer wichtiger zu sein, Schwächen auszubügeln, als Talente oder Fähigkeiten zu honorieren. Ich verstehe, dass Lehrer:innen verhindern wollen, dass ein Kind den Anschluss verpasst. Nur leider verhindert der Fokus auf das Klassenziel oft ein Erkunden und Anerkennen von Interessen und Begabungen jenseits akademischer Bereiche. Eine Niete in Mathe zu sein, wiegt schwerer als eine Begabung für Basketball. Ich träume von einer Schule, in der eine gute Schwimmerin genauso gefeiert wird wie ein Physikfreak. Allerdings gelingt es auch uns im Alltag oft nicht, den Leidenschaften unserer Kinder genug Raum zu geben. Genau das wollten wir auf dieser Reise ändern. Wir wollten dem Druck, dem Zwang entfliehen, wollten den Kindern die Möglichkeit geben, sich ihrer Talente und Interessen bewusst zu werden. Jetzt, da ich selbst in der Lehrerinnenrolle stecke, bekomme ich eine Ahnung davon, wie einfach es ist, auf das Schulsystem zu schimpfen, und wie schwierig, es besser zu machen.

Ein wenig später fragt mich eine Spaziergängerin nach einem Blick auf Carls und Max' Stadt, ob unsere Kinder auf eine Waldorfschule gehen würden, weil sie so schön mit Naturmaterialien spielten.

«Sie haben nicht viele Alternativen», antworte ich und plumpse vor den Augen der Dame sofort vom pädagogischen Thron und flattere als Rabenmutter davon. Tatsächlich haben die Kinder nicht viel Spielzeug dabei. Ein Sack Lego, ein Beutel Matchboxautos und Bastelutensilien, Fahrräder und Bälle. Oft ist den Kindern langweilig. Dann sitzen sie frustriert und lustlos in der Ecke, jeder Funken Lebendigkeit in ihren Gesichtern erloschen. Bis, meist nach nur wenigen Minuten, eine Idee aus ihren Augen leuchtet, sie aufspringen und die nächsten Stunden beschäftigt sind.

Langeweile hat einen schlechten Ruf, gilt als Ursprung vielen Übels. Für uns ist Langeweile ein Geschenk. Auch an unsere Kinder. Langeweile ist der Nährboden, den großartige Ideen brauchen, um sprießen zu können. Immer wieder bin ich erstaunt, was aus den Kindern erwächst, wenn wir ihnen Langeweile schenken. Wenn wir nicht erlauben, das Gefühl von Leere mit dem Griff zum Handy, der Fernbedienung oder der Spielekonsole zu betäuben. Indem wir Langeweile zulassen, geben wir den Kindern die Möglichkeit, eine wichtige Fähigkeit zu erlernen – Selbstregulation. Und mit der Fähigkeit, sich selbst aus dem dunklen Loch der Langeweile zu befreien, erscheint ihnen die Welt plötzlich bunt und voller Möglichkeiten. Alles wird zum Wunder.

Mehrmals am Tag gehe ich am Strand spazieren, sitze immer wieder auf meiner Lieblingsbank am Ufer des Sees. Ein kleines Schild an ihrer Rückenlehne verrät, dass sie das Geschenk eines Mannes an seine Frau ist:

To my wife Tracy
So that others may feel the love we share
and witness the beauty of a superior sunset

Warum, frage ich mich, haben wir im Alltag so wenig Zeit für Sonnenuntergänge? Warum haben wir überhaupt so wenig Zeit? Oder glauben, sie nicht zu haben? Warum habe ich Zeit, den Kühlschrank zu sortieren, nicht aber, das Muster zu beobachten, das Regentropfen auf die Scheiben malten? Warum glauben wir, Zeit nutzen zu müssen? Wer erlaubt sich, sinnlos und ohne Ergebnis vor Augen einfach der Freude zu folgen? Das meiste, was wir tun, erfordert als Resultat einen Mehrwert. Wir joggen, um fit zu werden, wir gärtnern, um zu ernten, lesen, um zu lernen. Ziellos etwas zu tun, erscheint vielen eine Zeitverschwendung. Oft sind wir mit den Gedanken im Gestern und Morgen verheddert, und das Jetzt rauscht unerlebt an uns vorbei. Kein Wunder, dass wir das Gefühl haben, keine Zeit zu haben. Wir erleben sie ja nicht mehr. Wann habe ich zum letzten Mal eingehend ein Blatt betrachtet, einen Kuss geschmeckt, so richtig mit allen Sinnen gefühlt? Kinder können das. Wenn ich sie beim Spielen beobachte, sehe ich vor allem, dass ein großes Glück darin liegt, völlig in einer Tätigkeit aufzugehen und sich zu verlieren.

Wir aber gewöhnen es ihnen ab, schnellstmöglich, damit sie in unserer Welt reibungslos mitmarschieren. Auch ich bin immer wieder nicht fähig, den Dingen die Zeit zu geben, die sie brauchen. Ich werde ungeduldig, wenn die Kinder mehr Zeit benötigen, als mein Plan erlaubt. Aber sind wir nicht genau darum unterwegs? Um nicht mehr funktionieren zu müssen? Um wieder fühlen zu können?

ENDLOSES NICHTS

Kanada: Die Prärien, September 2018

Im Herzen Kanadas sei nichts. Nichts von Bedeutung, hier müsse man einfach aufs Gaspedal treten, durchrauschen. Das sagte man uns jedes Mal, wenn wir die geplante Reiseroute verkündeten. Kann ein Ort, dessen Namen ich drei Wochen lang üben muss, um ihn auszusprechen, wirklich langweilig sein?

«Sas-ka-tche-wan» – der Klang jedenfalls erzeugt in mir Bilder, die alles andere als langweilig sind: sanft im Wind wogende Graslandschaften, endloser Himmel, auf dem die Wolken ihre Muster malen, Büffelherden am Horizont.

So war es vielleicht, bevor die weißen Farmer kamen, die Büffelherden abschlachteten und das Grasland in Weizenfelder verwandelten. Was geblieben ist, sind unendliche Weiten. Dramatischer Horizont. Während Saskatchewan die Größe von Frankreich, der Schweiz und den Beneluxstaaten umfasst, ist es so dünn besiedelt wie Tibet. Die meisten Bewohner:innen dieser Provinz leben im Süden, innerhalb eines 500 Kilometer breiten Streifens zur Grenze der USA. Die Waldgebiete des Nordens sind kaum bewohnt, zu unwirtlich ist hier das Klima, zu unerschlossen das Gebiet. Selbst hier im Süden der Provinz erscheint das Wetter wie eine rachsüchtige Diva. Die kurzen Sommer sind tagsüber heiß und trocken, nachts können die Temperaturen auf den Gefrierpunkt sinken. Es hagelt im August, und bis zu zwanzigmal im Jahr fressen Tornados weite

Schneisen durch die Landschaft. Ab September ist Herbst, und die Temperaturen fallen schnell auf zweistellige Minusgrade.

Immer wieder verlassen wir den Highway, fahren auf Alternativstrecken, die uns mehr über das Leben der Menschen hier verraten. Hier in Saskatchewan wohnen, gemessen an der Gesamtbevölkerung Kanadas, mit dreizehn Prozent anteilmäßig die meisten Indigenen. Uns fällt auf, dass Siedlungen der indigenen Bevölkerung, oder zumindest die, die wir als solche erkennen, rumpeliger, manchmal verwahrlost erscheinen. Am Straßenrand stehen plötzlich Plakate, die verkünden, dass Gewalt und Alkohol keine Lösung seien.

«Dass Indigene besonders naturverbunden sind, davon sehe ich hier nichts!», sagt eines der Kinder.

Meine Alarmglocken schrillen. Die größte Gefahr auf Reisen ist nicht, einem Überfall oder wilden Tier zum Opfer zu fallen, sondern den eigenen Vorurteilen zu erliegen. Unterwegs stürmt tagtäglich so viel Neues auf uns ein, dass es unmöglich erscheint, ohne Kategorisierungen auszukommen, will man einen Systemkollaps vermeiden. Sich aus dem Vielen, das man manchmal nur kurz zu sehen bekommt, seine eigene Wahrheit zusammenzuspinnen, es unkommentiert, unbeleuchtet und aus dem Kontext gerissen stehen zu lassen, schürt Vorurteile und schafft Stereotype, die zunächst das eigene Weltbild ordnen, aber niemals gerechtfertigt sind. Niemals!

Die unbedingte Notwendigkeit, das neu erschaffene Weltbild immer wieder zu hinterfragen, ist es, was Reisen zu einer solchen Grenzerfahrung macht. Immer wieder kämpfen wir gegen frisch verkrustete Vorurteile an, versuchen, sie weich zu halten wie einen Klumpen Ton, den man stetig mit Wasser begießt, damit er formbar bleibt. Zu unterscheiden, was echte Erkenntnisse sind und was sich als diese verkleidet, ist unendlich schwierig und gelingt uns oft nicht. Als reisende Eltern aber ist genau das unsere Verantwortung: aufzupassen, dass Erlebtes nicht zu Vorurteilen führt, und trotzdem Erkenntnisse und daraus resultierende Meinungen zuzulassen.

Ich denke an eine Situation in Äthiopien, wo die Menschen uns häufig sehr nah kamen. Sobald wir parkten, kletterten die halbstarken Jungen auf unserem Wagen herum, rüttelten an den Türen, klopften an die Fenster, starrten uns an, manchmal warfen sie faustgroße Steine in unsere Richtung. Die Kinder hatten Angst, und irgendwann sagte der damals dreijährige Max: «Ich mag keine braunen Menschen.» Er meinte diese Menschen, genau diese, die uns in diesem Augenblick, an diesem Ort das Leben schwer machten. Aber wie schnell verfestigt sich ein solcher Satz im Kopf, wird daraus eine allgemeingültige Wahrheit.

Wie damals in Afrika stelle ich mir auch jetzt wieder die Frage, wie ich es schaffen soll, mich nicht mit einem vordergründigen Eindruck zufriedenzugeben. Das Reisen wirkt wie ein Tornado, der immer wieder alle Ablagesysteme durcheinanderfegt, uns zwingt, sie neu zu ordnen. Das für sich alleine zu tun, ist fordernd. Wenn man zusätzlich die Verantwortung für die Ordnung in vier Kinderköpfen trägt, scheint die Aufgabe unerfüllbar. Können wir überhaupt objektiv sein, macht es generell Sinn, sich dieses Ziel zu setzen? Das einzige Mittel, was mir seit Afrika hierzu zur Verfügung steht, sind Fragen. Immer wieder Fragen stellen. Sich selbst und seinen Mitmenschen.

Warum also, fragen wir uns, erscheinen die indigenen Siedlungen, die wir bisher als solche erkannt haben, so desolat, so trist? Und warum leben die Menschen hier scheinbar unter anderen Voraussetzungen als in den anderen Teilen Kanadas, die wir bisher kennengelernt haben?

Die Antworten, die wir bekommen, als wir beginnen, Fragen zu stellen, greifen mit kalten Händen nach meinem Herzen. Sie quetschen und kneten, wringen dabei jeden Tropfen Glück heraus.

Mit der Verabschiedung des «Indian Acts» wurden seit 1876 die Kinder indigener Kulturen von ihren Familien getrennt und, um sie zu assimilieren, in Internaten, den sogenannten «Residential Schools», untergebracht. Den Kindern sollten in diesen vom kanadischen Staat und der Kirche betriebenen Einrichtungen ihre kulturellen Wurzeln ausgetrieben werden. Unter schweren Strafen war es ihnen verboten, indigene Bräuche und ihren Glauben zu praktizieren. Sie durften ihre Sprache nicht sprechen. Sie wurden in chemischen Substanzen gebadet, um die Haut zu bleichen. Sie hatten meistens bis zu ihrer Entlassung, sofern sie diese erlebten, keinen Kontakt zu ihren Familien. Viele tausend Kinder starben an Mangelernährung, an Misshandlung oder an unbehandelten Krankheiten. Friedhöfe waren ein selbstverständlicher Bestandteil der Geländeplanung von Residential Schools. Erst 1997 wurde Kanadas letzte Residential School geschlossen, und erst 2008 entschuldigte sich Kanadas damaliger Premierminister für die Rolle des kanadischen Staates in diesem grauenvollen System. Der Bericht der *Indian Residential Schools Truth and Reconcilliation Commission* (TRC), die mit der öffentlichen Aufarbeitung dieser grausamen Praxis betraut wurde, kommt zu dem Schluss, dass es sich bei der Praktik der Umerziehung durch Residential Schools um einen kulturellen Genozid an den indigenen Gemeinschaften Kanadas handelt. Die Folgen dieses Genozids traumatisieren indigene Kulturen noch heute. Sie führen zu Identitätsverlust, zu sozialer Isolation, zu schweren psychischen Wunden, die in Gewalt und Alkoholmissbrauch münden.

Es wird sehr still im Truck, als ich den Kindern von den Residential Schools und ihren weitreichenden Folgen erzähle. Seit Jahren holt mich immer wieder unsere Rolle als Europäer im welthistorischen Zusammenhang ein. Jedes Mal, wenn ich mich an der Schönheit kolonialer Bauten und imposanter Kirchen erfreue, setzt sofort auch die Trauer darüber ein, was deren Existenz für die ursprüngliche Bevölkerung dieser Orte bedeutete. Beklemmung, das

Gefühl, ein Eindringling zu sein, mit Schuld an einem System zu haben, das Menschen in Rassen und in mehr oder weniger wertige Kulturen einteilt, ist schwer zu ertragen. Wir können die Geschichte nicht verändern. Wir können nur dafür sorgen, dass sie nicht vergessen wird. Indem wir sie unseren Kindern gegenüber nicht verheimlichen. Indem wir ihnen zeigen, welche Folgen es für den Rest der Welt hatte, dass wir Europäer auszogen, um den Globus zu erobern. Dass Kolumbus' Heldentum ganz davon abhängt, von welcher Seite man ihn betrachtet. Wir möchten nicht, dass unsere Kinder in dem Glauben aufwachsen, überlegen zu sein. Sie sollen ihre Meinung nicht als unumstößliche Wahrheit sehen, sondern als das, was sie ist: eine von vielen gleichberechtigten Sichtweisen auf das Leben. Ich wünsche mir, dass sie Fragen stellen und offen bleiben, dass sie Mund, Nase und Herzen aufsperren und gerne nicht immer ihren Augen trauen.

Die reizlosen Weiten der Prärien beruhigen meinen inneren Aufruhr. Es ist kühl und regnerisch, der rauchgraue Himmel zeichnet scharfe Kanten gegen das warme Gelb der Ebene. Er wirkt fast, als wolle er sie zudecken. Wer die Prärien, wie die Weiten Manitobas und Saskatchewans manchmal zusammengefasst werden, als ein Nichts bezeichnet, tut ihnen unrecht. Denn: «Es gibt keine reizlose Landschaft, nur reizunempfindliche Augen.» (J. M. M. Hofmiller)

WILDE WELT

Kanada: Rocky Mountains, Oktober 2018

Mit Erwartungen ist es so eine Sache. Man hegt sie, ohne es zu wollen, ist enttäuscht, wenn sie nicht erfüllt werden. Und werden sie erfüllt, ebenfalls, weil alles so vorhersehbar erscheint.

Dramatische, ungezähmte Wildnis hatte der *Lonely Planet* versprochen. Einsamkeit, das hatte ich mir versprochen. Ich habe uns campend an das Ufer eines tosenden Flusses geträumt. Bären und Elche auf der gegenüberliegenden Seite, Timm mit seiner Angel am Flussufer, die Kinder bis zu den Knien im Wasser, um einen Staudamm zu bauen, über uns türmen sich die Gipfel der Rocky Mountains, blauer Himmel und Sonnenschein.

Die Realität sieht anders aus. Zwar stehen wir an einem Fluss, allerdings in dritter Reihe mit zehn gemieteten Wohnmobilen. Wir sind heute mit Horden anderer Tourist:innen durch die südlichen Gebiete des Banff National Parks gefahren und haben den berühmten Lake Louise besucht. Es war klar, dass hier viele Tourist:innen sein würden. Banff und Jasper sind die Top-Highlights auf der Liste fast jedes Kanadareisenden. Trotzdem sind wir erschlagen von ihrer Anzahl, fühlen uns wie in einem Disneyland für Bergtouristen.

In dieser Nacht fallen im Rhythmus der Wanduhr Tropfen von unserem Dachfenster. Eiskalt drippelt es in mein Gesicht. Ich liege eingekeilt zwischen dem Fenster, von dem ebenfalls das Wasser läuft, und Timm. Ich versuche mich nicht zu bewegen, möchte ihn nicht wecken, nachdem er die halbe Nacht wach war, um immer wieder Holz nachzulegen. Seit einigen Tagen sitzt die Kälte in jeder Ritze, wir schaffen es nicht mehr, mit dem geöffneten Backofen gegen die drei Grad Außentemperatur anzuheizen. Rogers Holzofen war als Notofen geplant, dass wir ihn schon Anfang Oktober brauchen würden, hätten wir nicht gedacht. Sobald der Ofen abkühlt, schlägt sich das Kondenswasser an den Fenstern nieder, läuft in unsere Betten. Wir wollten keine Klimaanlage und keine Heizung, hatten uns bewusst dafür entschieden, die Ausstattung simpel zu halten – weniger ist mehr. Mehr Kälte, mehr Unbequemlichkeit, mehr Feuchtigkeit in unseren Betten.

Draußen hat es wieder geschneit, die Bäume und den Waldboden bedeckt eine Puderzuckerdecke. Die Pfützen überzieht eine dünne Eisschicht, die Gipfel der Rocky Mountains verschwinden im betongrauen Nebel. Ich drehe den Kopf zur Seite, damit mir die Tropfen in den Nacken rinnen. Da kann ich sie, da der Rücken schon nass ist, eher vertragen als im Gesicht. Ich verfluche den noch frischen Tag.

Auch den Kindern fällt heute das Aufstehen nicht leicht. Um die Jungs aus dem Bett zu bekommen, hält Timm ihnen sein Telefon mit Monstertruck-Videos auf Youtube vor die Nase, zieht sie damit, wie an einer unsichtbaren Angelschnur, aus dem Bett. Sind die Jungen erst einmal wach, steigt der Lärmpegel in kurzer Zeit, sodass auch Lotta widerwillig die Augen öffnet. Das Grau von draußen vergällt uns den Tag schon vor dem Frühstück.

Wenig später sitzen die Kinder mürrisch vor ihren Schulbüchern, der Ofen knistert, die Bäuche sind voller Pfannkuchen, und es könnte gemütlich sein, wären da nicht die Sorgen, die uns seit einigen Tagen beschweren. Roger hat deutlich an Kraft verloren, kriecht nur noch die Berge hinauf. Zeitweise läuft er auf nur vier Zylindern und rußt schwarz aus dem Schornstein. Paula ist wütend:

«Roger ist eine Verarschung! Sieht aus, als komme er überall durch und nun nicht mal den Berg hoch!» Der Gedanke, dass Rogers Motor nicht so leistungsfähig ist, wie wir dachten, lastet schwer auf uns. Wie sollen wir mit ihm die Anden bezwingen, wenn er schon in den Rockies schlappmacht? Gerade als die Stimmung von Grau Richtung Schwarz wechselt, rauscht ein Lichtstrahl in gelber Regenjacke in unser Camp. Die Jungs springen auf, zwängen sich in den Türrahmen. «Gigi, hallo Gigi!»

Gigi und Timm waren sich gestern auf dem Parkplatz eines Aussichtspunktes im Jasper National Park begegnet, hatten das übliche kurze Gespräch geführt – wohin wir fahren, woher wir kämen, was wer macht – und hatten sich dann gegenseitig einen guten Weg gewünscht. Als wir ihn aber einige Stunden später am Tor eines Campingplatzes, den weder er noch wir vorgehabt hatten anzufahren, wieder trafen, lud ich ihn zum Abendessen ein.

Gigi ist Anfang dreißig, arbeitet als Atemtherapeut in einem Krankenhaus in Montreal, im Sommer zusätzlich als Betreuer in Ferienlagern. Er liebt Kinder und Musik, verbindet beides, indem er im Krankenhaus mit und für die kranken Kinder Musik macht. Nach dem letzten Sommercamp hat er sich zwei Monate freigenommen, um durch Kanada zu reisen, bevor er beginnt, sich für die nächste große Etappe in seinem Leben vorzubereiten: Er möchte ein Kind adoptieren. Anders als in Deutschland ist dies in Kanada auch Alleinstehenden möglich. Da Gigi weiß, dass er sich nichts im Leben mehr wünscht als ein Kind, und dieses Glück nicht von einer funktionierenden Beziehung abhängig machen möchte, steht er seit zweieinhalb Jahren auf der Warteliste für eine Adoption. Fünf weitere liegen noch vor ihm, bis er endlich sein Baby in den Armen halten wird. Diese Zeit braucht er, um sein Leben so einzurichten, dass er als alleinerziehender Vater Kind und Beruf miteinander vereinbaren kann. Die letzten Tage hatte er sich einsam gefühlt, war ein wenig trübsinnig gewesen, und so war das Treffen mit unserer Familie genauso ein Glücksfall für ihn wie für uns. Die Kinder brauchten keine dreißig Minuten, bis sie ihn in ihr Herz betoniert hatten. Gigi bringt Lagerfeuer und Gitarrenmusik, Leichtigkeit und – tadaaa! – Lkw-Fachwissen in unser Trübsalgrau. Er hat viele Jahre mit John-Deere-Landmaschinen gearbeitet, kennt sich aus und hilft Timm an diesem Morgen, Rogers Problem zu ergründen. Entweder, da stimmt er unserem deutschen Autoflüsterer zu, sind nur die Dieselinjektoren verschmutzt und müssen gereinigt werden. Oder aber die Kolbenringe oder der Zylinderkopf sind gebrochen. In diesem Falle könnten wir die Zylinder auswechseln, wenn das nicht möglich wäre, müsste ein neuer Motor her.

Obwohl wir laut Eintrittskarte eine weitere Nacht und fast zwei Tage bleiben könnten, beschließen wir, Jasper verfrüht zu verlassen und Richtung Prince George zu fahren, wo wir einen Werkstatttermin bekommen haben. Der Abschied von Gigi ist traurig, der Weg nach Prince George ebenfalls. Schon im Jasper National Park war uns aufgefallen, dass große Flächen des Waldes nicht gesund aussahen. Seit Ende der Neunzigerjahre breitet sich explosionsartig der Borkenkäfer über Kanada aus, wütet besonders in British Columbia. Er gräbt sich in die Rinde, frisst von dieser nährstoffreichen Schicht und legt dort seine Eier ab. Zugleich schleppt er Sporen eines Pilzes ein, der den Wasser- und Nährstofffluss des Baumes so sehr stört, dass dieser verhungert. Durch die vielen toten Bäume reduziert sich die Gesamtmenge an verdunstetem Wasser, das von den Bäumen und vom Waldboden aufsteigt, was zur Folge hat, dass die Durchschnittstemperatur im Sommer um bis zu einem Grad Celsius ansteigt. Nahezu die Hälfte der wirtschaftlich nutzbaren Kiefernwälder in British Columbia sind von der Käferplage betroffen. Eine Besserung ist in naher Zukunft nicht zu erwarten. Ironischerweise sind es Umweltschutzmaßnahmen und verbesserter Brandschutz, die dieser Plage die Nahrungsgrundlage bieten. Der Käfer befällt hauptsächlich Bäume mit einem Alter ab achtzig Jahren. Da aufgrund eines bewussteren Umgangs mit den

Ressourcen das Durchschnittsalter der kanadischen Wälder wieder gestiegen ist, ist der Tisch für den Borkenkäfer reichhaltig gedeckt. Die Auswirkungen des Klimawandels und ausbleibende Kälteperioden tun ihr Übriges. Die einzige Möglichkeit, gegen den Käfer vorzugehen, ist es, infizierte Bäume zu fällen und zu verbrennen und kiefernfreie Zonen zu schaffen. Auf jedem Campingplatz seit Nova Scotia begegnen uns Schilder, die Camper bitten, nur lokales Feuerholz zu nutzen und keine Holzvorräte über weite Distanzen zu transportieren. Ein Umstand, der es uns nicht leicht macht, immer trockenes Holz für unseren Ofen vorrätig zu haben.

Von Jasper aus geht es bergab, die Temperaturen steigen merklich, bald sind wir unterhalb der Schneegrenze. Und je mehr wir an Höhe verlieren, desto schneller scheint Roger wieder zu fahren. Wir lassen den Nebel hinter uns, reisen vom grauen Winterwetter zurück in den sonnigen Herbst. Die Blätter leuchten in den schönsten Farben. Am Rand des Highways sitzt eine Bärenmama mit ihren Kleinen, eine Frau mit Sack auf dem Rücken sammelt Müll. Es ist unmöglich, Kanadas riesige Highways allein durch kommunale Arbeitskräfte sauber zu halten. Überall entlang der großen Straßen sieht man daher «Adopt-a-Highway»-Schilder, auf denen die Namen lokaler Vereine, Firmen oder von Privatpersonen genannt sind, die sich freiwillig darum kümmern, eine gewisse Strecke dieses Highways zu pflegen.

Um den Werkstatttermin in der nächsten Woche wahrnehmen zu können, bleiben wir das Wochenende in Prince George. Auf dem Campingplatz, so scheint es, wohnen viele der Camper dauerhaft. Die Wohnwagen haben Terrassen, Feuerholzlager und abgesteckte Hundeausläufe.

Unsere direkte Nachbarin begrüßt uns mit einer Bierdose in der Hand. Es ist ruhig um diese Jahreszeit, da freut man sich über Ablenkung. Ihr Mann arbeite als Holzfäller in den umliegenden Wäldern, daher sei sie unter der Woche viel allein. Bis vor Kurzem hatte sie einen Job, habe aber gerade gekündigt, weil die Jagdsaison begonnen hat. Jagen und Fischen seien ihre Leidenschaft, damit verbrächten sie und ihr Mann ihre gesamte Freizeit. Heute habe er einen Bären geschossen, den er gerade im Wohnwagen zerteile.

Mir wird ein wenig komisch. Ob Bärenfleisch denn schmecke und wie man es zubereiten würde, möchte ich wissen. Besonders lecker sei es nicht, man müsse Wurst daraus machen, erklärt sie. Es käme auch auf das Alter des Bären an. Dieser sei ein junger aus dem Wald gewesen und kein «Müllbär», wie man sie in der Nähe menschlicher Siedlungen anträfe. Ob sie denn auch das Fell nutzten, frage ich. Nein, sie hätten auch nicht den ganzen Bären mitgenommen, das sei zu aufwendig. Ihr Schwager wäre Tierpräparator und kenne sich super mit Fellen und allem aus, der Aufwand lohne sich nicht bei einem Schwarzbärenfell.

Sie erzählt den Kindern, dass sie ganz ähnlich aufgewachsen sei wie sie. In einem Trailer, immer draußen, schon als Teenager konnte sie Fangeisen leeren. Ich sehe, wie Lottas Mundwinkel Richtung Bauchnabel rutschen, versuche, die redselige Nachbarin zu bremsen, was sich schwierig gestaltet. Nachdem sie noch ein wenig auf den Präsidenten Kanadas geschimpft hat, der es den Holzfällern so schwer macht, lädt sie uns für den Abend zu sich in den Wohnwagen ein. Als ich auf ihre Frage, ob wir lieber Bier oder Hartes mögen, sage, dass wir keinen Alkohol trinken, ist ihr Interesse zum Glück augenblicklich erloschen.

Den Werkstatttermin am Montag sagen wir ab und fahren, nachdem Timm selbst ein bisschen an Roger rumgeschraubt hat und nun ein «sehr gutes Gefühl» hat, weiter Richtung Bella Coola. Langsam, finden wir, ist es genug mit geteerten Straßen. Wir wollen querfeldein fahren, suchen einen Weg über rumpelige Schotterstraßen, bei denen die Kinder auf dem Dach sitzen können.

Vor uns erstreckt sich die Hochebene des Chilcotin Valley – Wald, eisblaue Flüsse und Seen, Wiesen, vereinzelte Ranches, am

Horizont schneebedeckte Berge. Seit Stunden befinden wir uns auf dem Highway 20, der hier, am gefühlten Ende der Welt, längst nicht mehr geteert ist. Er führt uns durch First Nations Territorium, das eine der letzten Wildpferdpopulationen Kanadas beherbergt.

Je sagenumwobener eine Straße, desto wahrscheinlicher ist es, dass Timm sie fahren muss. Vom Chilcotin Valley schlängelt sich der Highway 20 in teils sehr engen Kurven mit Steigungen bis zu fünfzehn Prozent um 1800 Meter hinab, bis er den kleinen Ort Bella Coola erreicht. «The Hill», wie die letzten steilen fünfzig Kilometer genannt werden, sind berühmt-berüchtigt. Im Ort lacht man über Touristen, die diesen Weg, unten angekommen, nicht noch einmal fahren wollten, ihre Autos stehen ließen und mit dem Flugzeug oder Boot abreisten. Anders nämlich ist Bella Coola, das am Ende eines langen Fjordes liegt, nicht zu erreichen.

Der «Freedom Highway», wie ihn die Erbauer:innen tauften, wurde in den Fünfzigerjahren von Einheimischen angelegt, nachdem die Provinzregierung einen Ausbau abgelehnt hatte. «Zu schwierig, zu teuer, zu unwirtschaftlich» ließen die Einwohner:innen Bella Coolas nicht gelten und krempelten die Ärmel hoch.

Als wir den Fuß des «Hills» erreichen, landen wir nicht nur in einer anderen Landschaft, sondern scheinbar auch in einer anderen Zeit, fühlen uns um Millionen Jahre zurückversetzt. Mannshohe Farne kämpfen mit bemoosten Baumriesen, deren Zweige sich unter dem Gewicht grüngrauen Flechtenlamettas biegen, um das spärliche Licht. Es rauscht, tropft, gurgelt, zwitschert. Handtellergroße Schmetterlinge tanzen mit den wenigen Sonnenstrahlen, die es schaffen, durch das Blätterdach bis zu uns zu gelangen.

Bella Coola liegt mitten im Herzen des Great Bear Rainforest. Der «Regenwald des großen Bären» zieht sich entlang der Westküste Kanadas bis hinauf nach Alaska und gehört zu den wenigen übrig gebliebenen Küstenregenwäldern dieser Erde. Seinen Namen verdankt er dem nur hier vorkommenden weißen Kermode- oder

Geisterbär, das heilige Symboltier einiger indigener Völker. Noch vor wenigen Jahren stand der Wald von Abholzung bedroht kurz vor der Zerstörung. Umweltschützer:innen aus vielen Ländern der Erde, allen voran Greenpeace, standen den indigenen Völkern beim Kampf um ihre Heimat zur Seite, und 2016 wurde endlich, nach zehnjähriger Verhandlung, ein Abkommen unterzeichnet, das 85 Prozent dieses Waldes aus der wirtschaftlichen Nutzung herausnimmt.

Noch während wir, mit offenen Mündern staunend, nicht wissen, wohin wir zuerst blicken sollen, nehme ich am Flussufer rechts der Straße eine flüchtige Bewegung wahr. Obwohl es sich um Millisekunden handelt, weiß ich sofort, was das ist. «Halt an, fahr zurück, da war ein Grizzly!» Timm macht eine Vollbremsung, fährt rückwärts in einen kleinen Weg, an dessen Ende sich ein Parkplatz befindet. Und da steht er, mitten auf einer kleinen Kieselanhöhe im Flussbett und blickt zu uns herüber. Aus seinem Fell tropft Wasser, er schüttelt sich, trottet wieder Richtung Fluss, lässt sich mit unerwarteter Eleganz hineingleiten. In Sekunden sind wir aus dem Auto gesprungen, laufen, mit Kamera und Fernglas ausgerüstet, über den Parkplatz. Neben einem Infoschild begrüßt uns eine dunkelhaarige Frau. Sie ist Mitarbeiterin der British Columbia Nationalparks und kündigt uns bei einem Kollegen an: «I have a group of six coming up, path clear this side.» Und dann dürfen wir gehen.

Nach ein paar Metern nimmt uns erneut ein weiterer Parkmitarbeiter in Empfang, führt uns auf eine von Elektrodraht umzäunte Fläche, bittet, möglichst leise zu sein, keinen Blitz zu benutzen und hektische Bewegungen zu vermeiden. Ich brauche einen Moment, mich an den bestialischen Gestank zu gewöhnen. Es riecht nach verrottetem Fisch, und bevor ich verstehen kann, was diesen Geruch verursacht, erliege ich dem Feuerwerk meiner Synapsen. Vor uns am Flussufer, keine fünfzig Meter entfernt, tummeln sich drei Grizzlybären, Möwen umkreisen sie kreischend, ein Weißkopfseeadler streift uns fast im Flug.

Es ist Anfang Oktober, wir befinden uns in der Zeit der Lachswanderung. Jedes Jahr von Ende August bis Mitte Oktober begeben sich die Pazifiklachse, nachdem sie den Großteil ihres Erwachsenenlebens im Meer verbracht haben, auf ihre letzte große Reise. Sie wandern flussaufwärts zurück zu ihren Geburtsgewässern, um dort abzulaichen. Die, die es schaffen, sterben nach der Eiablage bzw. -befruchtung und dienen den sich entwickelnden Embryonen als Nahrung. Für die Bären, die sich auf die Winterruhe vorbereiten, sind sie ein Festessen. Zu Hunderten finden sie sich an den Flussläufen ein, fressen sich ihre überlebenswichtige Fettschicht an. Nachdem der erste Hunger gestillt ist, knabbern sie wählerisch die besten Stücke von den erschöpften Lachsen, lassen den Rest am Ufer liegen oder auf dem Wasser treiben, wo sich die Möwen kreischend ihren Anteil sichern. Für das Ökosystem Regenwald sind die übrig gelassenen und teils tief in den Wald verschleppten Lachskadaver ein essenzieller Nährstofflieferant.

Nicht ein einziges Mal müssen wir die Kinder ermahnen, leise zu sein. Ausnahmsweise sind sie sprachlos. Nur schwer können wir uns nach zwei Stunden losreißen, aber wir haben für den nächsten Tag eine Fähre gebucht. Die Inside Passage ist eine der schönsten Wasserstraßen der Welt, führt durch ein Fjordsystem von Alaska nach Vancouver Island. Einen kleinen Teil davon wollen wir morgen fahren, haben ihn, da das Wetter schön zu werden verspricht, extra vorverlegt.

Lange vor Sonnenaufgang klingelt am nächsten Tag der Wecker. Eine Stunde vor Abfahrt sollen wir am Anleger sein. Sicherheitshalber haben wir direkt dort übernachtet. Die Kinder sind aufgeregt, freuen sich, wieder auf einem Schiff zu sein. Paula hat seit unserer Atlantiküberquerung beim Anblick eines größeren Schiffes jedes Mal «Heimweh», vermisst das Brummen der Motoren, den grün lackierten Boden am Außendeck, den Geruch nach Motoröl und salzigem Meer.

Als die aufgehende Sonne zarte Muster in den Himmel zeichnet, vor dem sich als nebelumgeisterte Schatten die Umrisse der Berge abzeichnen, muss ich mir ein paar Tränchen verdrücken. Um uns herum sprühen Wale ihre Fontänen, alles ist in sphärisches Graublau getaucht. Hätte Frieden eine bildliche Entsprechung, dann wäre es diese.

INSELLEBEN

Kanada: Vancouver Island, Oktober 2018

In engen Kurven windet sich der schmale Pfad durch den dichten Wald. Um mich herum wachsen Farne zwischen den moosüberwucherten Baumstämmen, Beerensträucher und dichtes Gestrüpp. Nur ab und zu scheint spärlich Licht durch die Baumwipfel in diesen grünen Tunnel. Der Boden ist schwer zu erkennen, stellenweise aufgeweicht vom Regen der letzten Tage und durchzogen von Baumwurzeln. Ich muss aufpassen, wo ich hintrete.

«Bear, bear, go away, do not mess with meeee ...» – mehr, um mir selber Mut zu machen, singe ich laut vor mich hin. Als Paula noch keine zwei Jahre alt war, hat sie sich vor meinem Gesang die Ohren zugehalten und «Nein, Angst!» gebrüllt. Ich hoffe, dieselbe Wirkung hat mein Lied auf eventuell im Busch versteckte Schwarzbären. Ich weiß, dass sie hier irgendwo im Gebüsch sitzen, dutzende lila Haufen mit kleinen Körnchen verraten, dass sie hier einen reichlich gedeckten Tisch vorfinden.

Wir campen auf dem Ende einer alten Holzfällerstraße am Rande einer Lichtung. Hier erobert sich die Natur die Mondlandschaft, welche die Holzfäller zurückgelassen haben, langsam zurück. Die Brücke am Ende der Straße wurde weggespült, stattdessen türmen sich Treibholzbaumstämme übereinander, bilden ein gigantisches Klettergerüst, auf dem die Kinder stundenlang spielen und über das sie an den Strand klettern können. Es ist schwer vorstellbar, welche Kräfte hier wirken, wenn der tobende Pazifik ganze Baumriesen wie Streichhölzer übereinanderstapelt.

Ein fester Bestandteil indigener Kultur im Nordwesten Kanadas sind Totempfähle. Diese zumeist aus Lebensbaumholz geschnitzten Pfähle erzählen die Geschichte einer Familie. Den ganzen Tag haben wir am Strand einer einsamen Bucht im Raft Cove National Park an der wilden Nordspitze von Vancouver Island verbracht. Beim Anblick der vielen Treibholzstämme auf dem Strand kam den Kindern die Idee, auch einen Totempfahl aufzustellen und auf ihm und durch ihn die Geschichte unserer Familie zu erzählen. Viele Stunden haben wir mit seiner Errichtung und Bemalung verbracht. Wie bei der Einweihung des Totempfahles einer indigenen Familie sollte auch unserem Bau ein Festessen und eine Feier, ein «Potlach» folgen. Während ich vom Strand zurück zu Roger gehe, um das Abendessen vorzubereiten, genießen Timm, die Kinder und Gigi die letzten unverhofften Sonnenstrahlen. Wieder einmal hat der Mann in der gelben Regenjacke überraschend Sonnenschein in unser Leben gebracht. Eigentlich war Gigi 500 Kilometer entfernt, am südlichen Ende von Vancouver Island gewesen. Als er aber hörte, dass wir früher als erwartet auf der Insel ankommen würden, war er der Einladung gefolgt und den ganzen Weg in unsere Richtung gefahren, um mit uns ein Wochenende in der Wildnis zu verbringen und um das Gästebett einzuweihen.

Aus der Ferne trägt der Wind das Lachen und Kreischen der Kinder zu mir herüber und erinnert mich daran, dass ich mich beeilen muss, das Essen fertig zu haben, bevor es ganz dunkel ist. Ich werde dann noch einmal, mit Taschenlampen und Bärenspray bewaffnet, diesen Weg gehen müssen, um die anderen abzuholen.

Jedes Knacken, jeder Schatten scheint bedrohlich. Ich bin erleichtert, als ich den zehnminütigen Marsch hinter mir habe, endlich auf der Leiter stehe und die Tür zu Rogers Wohnkoffer aufschließe. Ein prüfender Blick über die Lichtung lässt meinen Herzschlag ein paar Sekunden aussetzen. Ungefähr 100 Meter von mir entfernt steht ein Schwarzbär auf einem quer liegenden Baumstamm und schaut zu mir herüber. Er ist groß, schon etwas weiß um die Schnauze und scheint sich in meiner Gegenwart nicht unwohl zu fühlen. Ich kann dieses Gefühl nicht erwidern. Mit Bärenhupe und Fernglas bewaffnet, bin ich in wenigen Momenten zurück. Ich hupe, bis meine Finger krampfen, den Bären stört das nicht. Gemächlich sucht er weiter nach Waldbeeren.

Ich beginne zu kochen, lass vorsichtshalber die Fenster zu, in der stillen, etwas dämlichen Hoffnung, dass ihn dann Essensgerüche nicht erreichen und er weniger versucht ist näher zu kommen. Mehrmals misst mein sorgenvoller Blick die Distanz zwischen Roger und dem Tier. Als das Essen fertig ist, steht er noch immer auf der Lichtung. Ich müsste nun Timm, Gigi und die Kinder holen, mich auf den Weg durch den inzwischen dunklen Wald machen. Ich traue mich nicht.

Wie aber soll ich die anderen benachrichtigen und warnen? Der Gedanke, dass sie den Waldpfad ohne Lampen zurückkommen, dass Timm vielleicht die Kinder vorwegrennen lässt, schnürt mir den Hals zu. Eine Weile dreht meine Fantasie panische Pirouetten. Erst als ihnen der Schwung ausgeht, kann ich wieder klar denken, klettere in Rogers Fahrerkabine und hupe. Obwohl ich auf den Lärm vorbereitet bin, erschrecke ich mich. Meine Nerven sind gespannt wie die Saiten auf Gigis Gitarre, mein Hirn hat Schwierigkeiten, seinen Zweck zu erfüllen. Die Morsezeichen für «SOS» kann ich nicht erinnern, bezweifle aber auch, dass die am Strand Gebliebenen sie entschlüsseln könnten. Den Bären stört die Autohupe wenig, doch ich hoffe, dass Timm die versteckte Nachricht versteht: Wenn ich nicht wie verabredet zum Strand komme, sondern bei Roger bleibe und hupe, gibt es dafür einen Grund. Einen, der mich davon abhält, allein zurückzukommen.

Als ich endlich, nach einer gefühlten Ewigkeit, die laut singenden Stimmen von Gigi und den Kindern nicht vom Waldpfad, sondern von den Treibholzstämmen her, die ebenfalls zum Strand führen, höre, weiß ich, dass sie mich verstanden haben. Sicherheitshalber rufe ich mehrmals «Achtung, Bär!» in ihre Richtung und gehe ihnen, nun mutiger, mit der Taschenlampe entgegen. Von Weitem leuchten zwei Treibholzfackeln, die Timm am Strand angezündet hat. Alle sechs sind mit Knüppeln und Steinen bewaffnet und nicht das reinste bisschen beunruhigt. «Mann, Mama, Papa hat doch ein Messer, du musst dir wirklich keine Sorgen machen!», sagt Carl, als ich ihn erleichtert in die Arme schließe.

Eine Stunde später blicke ich dankbar in sechs zufriedene Gesichter. Wir sind wieder zum Strand gegangen, auch dieses Mal lieber über die Treibholzstämme geklettert, statt durch den Wald zu gehen. Das Treibholzfeuer, das wegen des enthaltenen Salzes so viel gelber brennt als ein normales Feuer, schickt tanzende Schatten über den Strand, Gigi singt zu den Klängen seiner Gitarre. Obwohl ich weiß, dass Bären durch die Dunkelheit um uns herum stromern, bin ich entspannt. Der alte Bär hat sich nicht von unserem Radau verscheuchen lassen, ist aber auch nicht näher gekommen. Wir befinden uns weit entfernt von der Zivilisation, die Bären sind noch nicht daran gewöhnt, dass es bei Menschen einfach zu holendes Essen gibt. Sie sind scheu genug, um Abstand zu halten. Solange wir keinen Bären überraschen, weil wir plötzlich vor ihnen stehen, solange wir ihnen genügend Platz zum Rückzug lassen, sind wir sicher. Im Notfall haben wir nun immer das Bärenspray, ein hoch konzentriertes Pfefferspray in einem Behältnis, das aussieht wie ein Feuerlöscher, dabei.

Wir werden in den nächsten Tagen noch viele Bären sehen, da aber die Kinder jedes Mal in meiner Nähe sind und ich sicher sein kann, dass ihnen nichts passiert, kann ich die Begegnungen nun genießen.

Ein paar Tage später kriecht zäher Nebel über den Buttle Lake im Strathcona Provincial Park. An seinem Ufer windet sich seit vielen Kilometern die Straße entlang. Auf der anderen Seite ragen moosbewachsene Felsen in den Himmel, Farne filtern das Nass aus der Luft. In Rinnsalen fließt es über die Straße dahin zurück, wo es hingehört: in den See. Pilze verschiedenster Farben und Formen glänzen schleimig und feucht, rotzgelbe Blätter hängen schlaff von den Bäumen. In regelmäßigen Abständen weisen Schilder die Trucker darauf hin, den Funkkanal zu wechseln, Handyempfang hatten wir seit Tagen nicht mehr. Am Straßenrand erinnert ein vergessenes Paar Canvasschuhe an den Sommer. Ich fühle mich verlassen und allein – bis Timm rechts ranfährt und wir von einem nicht enden wollenden Autokorso überholt werden.

Täglich wird es kälter. Wir schrappen am Ende der Saison entlang, nach uns wird überall geschlossen, immer sind wir die Letzten. Obwohl uns der Entschluss, Alaska zu streichen, etwas den Zeitdruck nimmt, wir die 10 000-Kilometer-Marke überschritten haben und darum einen Grund zur Freude hätten, ist die Stimmung im Auto so matt wie das fahle Licht vor dem Fenster. Wir haben es satt, dass jeden Morgen «Grau» der erste Eindruck des Tages ist, dass das Morgenpipi in der Kloschüssel dampft. Roger scheint genau wie wir die Faxen dicke zu haben, springt am Morgen schwer an, quält sich wieder mühevoll und rußend die Berge hinauf, scheint erst versöhnt, als endlich die Sonne den Nebel besiegt und uns ein paar Tage zumindest stundenweise mit Licht verwöhnt. Meine Toleranz, was Regen betrifft, ist recht hoch, ich mag stürmisches Novemberwetter. Zu Hause. Das Wetter der letzten Reisewochen aber hat meine sonst regenfeste Laune aufgeweicht, sie in schlüpfriges Gelände verwandelt, auf dem meine Liebsten regelmäßig ausrutschen. Wir alle haben die klamme Kälte satt, sehnen uns nach ein bisschen mehr Platz, um uns und in uns. Mein Zwischenspeicher ist voll. Ich bin verstopft von Eindrücken und Emotionen, brauche dringend eine Pause, um mich leer zu schreiben, um Raum zu schaffen auf der Festplatte. In mir deinstallieren sich gerade selbstständig essenzielle Programme, was sich negativ auf die Systemperformance von «geduldiger Mutter» und «liebevoller

Ehefrau» auswirkt. Schon vor Reisebeginn hatten wir beschlossen, ab und zu ein Airbnb zu mieten, uns immer wieder ein paar Tage in einem Haus zu gönnen, um wieder aufzutanken. Eine erste längere Pause, beschließen wir, werden wir in Vancouver einlegen.

DIE LÜCKE

Kanada: Vancouver, Oktober / November 2018

In Afrika freut man sich über Regen. In vielen Teilen der westlichen Welt eher nicht. Es sei denn, man ist Fabrikant:in für Outdoorkleidung. Bei einem Ort, der als lebenswert gilt, denken die meisten Menschen an maximal schönes Wetter. Wie schafft es dann eine der regenreichsten Städte Nordamerikas immer wieder in die Top Ten der beliebtesten Metropolen der Welt? Vancouver, auch «Raincouver» genannt, gehört laut dem britischen Nachrichtenmagazin *The Economist* seit Jahren zu einer der lebenswertesten Städte der Welt. Mit durchschnittlich 22 Grad sind die Sommer allerdings eher kühl, und es regnet an bis zu 170 Tagen im Jahr, nicht selten für Wochen am Stück.

Unser Airbnb liegt in Vancouvers Stadtteil Kitsiliano. Kits, so die Kurzform, erinnert mit seinen breiten, von rot belaubten Ahornbäumen gesäumten Straßen an Halifax. Und wie auch dort können wir mit Roger direkt vor dem Haus parken.

Seit Halifax sind wir 59 Tage unterwegs. 59 Tage auf engstem Raum haben ihre Spuren hinterlassen: Wie ein frisch geborenes Rehkitz, dem mit einem Mal die schützende Enge fehlt, erkunden wir ungelenk unser Zuhause für die nächsten vier Wochen.

Die ersten zwei Tage sind Waschmaschine und Trockner im Dauereinsatz. Jedes Handtuch, unsere Kleidung, die Bettwäsche, jedes Stückchen Stoff in Roger wird vom Rauchgeruch befreit. Wir entrümpeln und reinigen jeden Winkel, entfernen Schimmel, der sich aufgrund der ständigen Feuchtigkeit an einigen Stellen gebildet hat. Timm repariert ein paar Kleinigkeiten, macht einen Ölwechsel, baut einen zusätzlichen Schrank unter unserem Bett ein. Auf Vancouver Island war der Scheibenwischermotor der Dauerbelastung zum Opfer gefallen. Aus Deutschland bekommen wir ein Paket mit Ersatzteilen und ein paar Dingen, die wir vermisst haben. Das sind vor allem Bücher, Lakritzschnecken, Marzipan und ein Lego-Motoren-Set. Ansonsten fehlt uns nicht das Mindeste. Die Kinder vermissen nichts aus ihren übervollen Kinderzimmern, Timm und ich genießen die Überschaubarkeit, die unser Reiseleben mit sich bringt. Jeder Gegenstand in Roger hat eine Funktion, nichts ist überflüssig oder zufällig da. Jeder von uns hat eine einzige Schublade, in der Kleidung und die persönlichen Dinge Platz finden müssen. Dieser begrenzte Platz zwingt uns, genau zu überlegen, was wir brauchen. Vieles von dem, was im Alltag wichtig scheint, ist gerade bedeutungslos. Ich befürchte, dass in Wahrheit das meiste, was uns materiell definiert, eine Last ist. Dass es uns manchmal wie ein Bleigewicht unter die Oberfläche zieht, in eine Umgebung, in der es dumpf und schummrig wird. In der man weder richtig sehen noch hören kann und in der man unermüdlich mit den Armen rudert, um nicht unterzugehen. Man hat dort keinen Blick für das, was sein könnte, weil man zu sehr damit beschäftigt ist, was ist. Die Möglichkeit aber, den aktuellen Mangel als Luxus empfinden zu können, zeugt von unserem privilegierten Leben. Einem Leben, von dem ein Großteil der Weltbevölkerung träumt. Wie von einem Leben in Vancouver vielleicht.

Ich bin kein Stadtmensch. In Vancouver ist das nicht wichtig. An jeder Ecke kann ich vergessen, dass ich mich in einer Millionenstadt befinde. Unzählige Spielplätze und Grünflächen, Gemeinschaftsgärten, begrünte Fassaden, Bäume auf Hochhausdächern, Parks und waldgesäumte Strände – überall regiert die Natur. Vancouvers Herz ist grün. Sowohl im tatsächlichen als auch im übertragenen

Sinn: Stanley Park, das grüne Zentrum der Stadt, umfasst einen 405 Hektar großen Regenwaldpark und ist von mehr als 200 Kilometern Spazierwegen durchzogen. Hier ist Grün nicht nur eine Farbe, sondern eine Lebenseinstellung. 1971 wurde in Vancouver Greenpeace gegründet.

Jeder Zipfel der Stadt ist bequem mit dem Fahrrad zu erreichen. Auch wir steigen auf unsere Fahrräder um, lassen Roger stehen. Aus unerfindlichen Gründen produziert er inzwischen in einer Minute mehr Abgase als Helmut Schmidt in einem Monat. Anders als der Altkanzler, dem das niemand übel nahm, wird Roger dafür geächtet. Bis genug Druck auf dem Bremssystem ist, wir losfahren können, müssen wir den Truck immer eine Weile laufen lassen. Minuten, die reichen, um die ganze Nachbarschaft in grauem Nebel zu verhüllen. Nachdem die Stadt aufgrund verheerender Brände in British Columbia den halben Sommer unter einer dichten Rauchdecke verschwunden war, ist frische Luft etwas, das hier vehement jeder einfordert.

Alle haben das Bedürfnis, draußen zu sein. Und als wolle der Herbst die Einwohner:innen über den verlorenen Sommer hinwegtrösten, zeigt er sich von seiner schönsten Seite, überschüttet die Stadt mit allen Farben des Indian Summers. In den Parks werden Slacklines aufgespannt, von den öffentlichen Tennis- und Basketballplätzen hallt der Klang springender Bälle, an den Turnstangen trainieren Männer mit imposantem Muskeltonus. Wir sitzen auf den Treibholzstämmen am Strand von Kitsiliano, beobachten die Beachvolleyballspieler:innen und blicken auf die imposante Skyline Downtowns, hinter der sich die Gipfel der North Shore Mountains erheben. Auf dem Meer drehen Kitesurfer:innen ihre Runden, jemand paddelt mit einem Hund im Kanu vorbei. Eine Frau übt Handstand im Sand, eine andere tanzt zur Musik aus ihren Kopfhörern Ballett. Auf der Strandpromenade finden sich Musiker:innen zu einem spontanen Konzert, Jogger:innen laufen auf der Stelle, um zuzuhören. Eine weißhaarige Dame dreht auf

Inlinern Pirouetten zu «Billy Jean» aus der Boombox. Jeden Abend übt ein Opa auf dem Schulhof gegenüber unseres Hauses Einrad fahren. Eine Nachbarin springt zu Eminem im hohen Dezibelbereich auf dem Trampolin ihrer Kinder – und alle Passant:innen lächeln. Wenn ich auf den Treppenstufen unseres Hauses sitze und meinen Morgenkaffee trinke, kommen die Nachbar:innen oder der Postbote auf einen Plausch vorbei. Zusammen harken wir das Laub von den Bürgersteigen, leihen uns gegenseitig Werkzeug oder stellen die Mülltonnen des jeweils anderen nach der Leerung zurück. Anders als in vielen Großstädten, die ich bisher kennengelernt habe, scheint hier nicht jeder seinen eigenen Film zu fahren, zwanghaft zu versuchen, sich von der Masse abzuheben. Wenn die Kinder den Slackliner:innen zusehen, winken diese sie heran, damit sie es auch einmal probieren. Als Carl die Turnstange nicht erreichen kann, hebt ihn ein muskelbepackter Turner hoch. Ein Mann an der Supermarktkasse schenkt mir vier Dollar, als ich zu wenig Bargeld in der Tasche habe. Der Busfahrer lässt uns umsonst mitfahren, weil er kein Wechselgeld hat, der Schuhverkäufer googelt für uns den Busfahrplan. Niemand ist laut oder überdreht, alle wirken wie frisch von einem Yoga-Retreat gekommen: entspannt, unaufgeregt, im Reinen mit sich und allem, höflich, nachsichtig, aufmerksam, voller Freude am Leben. Ich brauche keine Woche, um zu verstehen, warum Vancouver eine der lebenswertesten Städte der Welt ist.

Eine Stadt, die wir uns in den kommenden Wochen Stück für Stück erobern und die Tag für Tag tiefere Spuren in mein Herz kratzt. Auf Granville Island schlendern wir durch die bunten Markthallen. Wir nehmen ein Wassertaxi, fahren nach Downtown, bewundern den Mix aus alten und neuen Gebäuden, essen Lavendeleis. Im Science Center, einem interaktiven Wissenschaftsmuseum, spielen die Jungen am Computer Spermienrennen. Sie lernen, dass männliche Samenzellen schneller, weibliche widerstandsfähiger sind und womit eine kleine Spermazelle auf dem gefährlichen Weg zum Ziel alles zu kämpfen hat. Mentale Stärke messen wir beim Mindpingpong, bei dem man durch reine Gedankenkraft einen Pingpongball in das Feld des Gegners schiebt. Wir versuchen uns gegenseitig den Herzschlag, der mittels einer Trommel hörbar gemacht wird, durch Liebesschwüre zu erhöhen, schauen Kakerlaken bei der Eiablage zu. Wir erforschen Vancouvers Chinatown, das nach San Franciscos Chinatown die zweitgrößte chinesische Gemeinde außerhalb Chinas ist. Hier bummeln wir durch die Geschäfte, trinken Grüntee und essen Yum Cha und gebratene Nudeln. Zwischen Chinatown und Gastown gruseln wir uns kurz, als der Geruch von Bratreis plötzlich von einem strengen Fäkalgeruch übertüncht wird, wir gezwungen werden, in die Welt von Armut und Obdachlosigkeit einzutauchen. In Gastown werden wir architektonisch in die Geburtszeit von Vancouver City, ins späte 19. Jahrhundert versetzt. Auf dem Sonntagsmarkt in Kitsilano kaufen wir Roggenbrot, essen süß geräucherten Lachs, den unser Vermieter uns schenkt, der hier einen Fischstand hat. Wir trinken Ingwerlimonade und schauen der lokalen *Quidditch*-Mannschaft beim Training zu. Im Museum of Anthropology lernen wir die Kulturen der First Nations kennen, und Paula designt ihren eigenen «Totemteller».

Streng genommen ist unser vierter Reisemonat kein Reisemonat. Jedenfalls nicht, wenn man «reisen» als «körperlich in Bewegung sein» versteht. Während sich unsere Körper in einem komfortablen Haus vom «Ständig-in-Bewegung-Sein» erholen, tobt in unseren Seelen ein Hurrikan. Das Erschöpfende, aber auch Abenteuerliche am Reisen ist nicht das bloße Abklappern von Sehenswürdigkeiten, das Sammeln von Orten und Erlebnissen, sondern vielmehr das, was das Losgelöstsein von Gewohntem mit uns macht. Fern von zu Hause, fern vom Alltag, werden die Karten plötzlich neu gemischt. Das, was gestern fest zementiert schien, kann den Erschütterungen, die das Reisen auslöst, nicht mehr standhalten. Nicht immer ist das leicht zu ertragen, manchmal kostet es Kraft und auch die eine oder andere Träne. Glücklich kann sich schätzen, wer in einer solchen Phase einen Ort wie Vancouver findet.

Mit fast drei Monaten Abstand von zu Hause merken wir, dass wir vieles, was uns in den letzten Jahren selbstverständlich erschien, zu hinterfragen beginnen. Brauchen wir all das, was uns in unserem täglichen Leben umgibt? Gibt es Beziehungen, aus denen wir herausgewachsen sind und die zu erhalten mehr Energie kostet, als sie uns geben? Wie wollen wir die wertvolle Zeit, die uns mit den Kindern bleibt, verbringen? Schon jetzt wird deutlich, dass wir den Zeitplan, in achtzehn Monaten bis Patagonien zu reisen, nicht einhalten können. Wäre es schlimm, dieses Ziel nicht zu erreichen? Möchten wir überhaupt in etwas mehr als einem Jahr wieder zurück nach Deutschland? Auf viele dieser Fragen habe ich noch keine Antwort, ich hoffe, sie in den nächsten Monaten zu finden.

In der ersten Woche sitzen die Kinder während unserer Schulpausen oft auf der großen Ledercouch im Wohnzimmer. Statt des gigantischen Flatscreens fesselt sie der Blick aus dem Fenster. Auf der anderen Straßenseite befindet sich eine Grundschule, und beim Anblick der spielenden Kinder auf dem Pausenhof entsteht bei unserem Nachwuchs der Wunsch, ein paar Tage ins lokale Schulleben zu schnuppern. Als wir der Direktorin unsere Geschichte erzählen, erhalten wir noch am selben Tag eine E-Mail, in der sie uns mitteilt, dass sie und das Kollegium sich freuen würden, wenn die Kinder ab morgen zur Schule kämen.

Mit gemischten Gefühlen bringe ich sie am nächsten Tag in die Schule. Während Max seine Lehrerin mit einem «High Five» begrüßt und hüpfend an ihrer Hand im Klassenzimmer verschwindet, sind Paula und Carl zögerlich. Plötzlich ist es doch gruselig, sich einer Horde unbekannter Kinder in einer fremden Sprache zu stellen. Am Tag zuvor war Paula wütend gewesen, dass Carl nicht wie zu Hause die vierte, sondern mit ihr die fünfte/sechste Klasse besuchen sollte. Heute halten sie sich an den Händen. Anders als an unserer deutschen Schule werden hier immer zwei Klassenstufen von einem Lehrerteam unterrichtet, um den Kindern je nach Lerntempo zu ermöglichen, schon in der nächsten Klassenstufe mitzulernen oder aber sich mehr Zeit zu lassen. Oft habe ich in den letzten Wochen von einem Vormittag für mich geträumt, und ich bin mir sicher, dass die Kinder hier gut aufgehoben sind. Trotzdem fällt mir das Loslassen nicht leicht. Ich lungere ewig in den Schulfluren herum, weiß nicht so recht, wohin mit meiner neuen Freiheit. Während ich die ausgestellten Arbeiten der Kinder an den Wänden der Flure bewundere, schallt statt der Pausenklingel Michael Jacksons «Heal the World» aus den Lautsprechern. Danach hält ein Kind die Morgenansprache, gibt ein paar Anregungen, was heute jeder tun könne, um die Welt ein kleines bisschen besser zu machen. Das Motto «Heal the World», so erfahren wir, steht für zwei Wochen im Fokus der meisten Fächer und wird thematisch vielseitig aufgegriffen.

Mitte November erfüllen die Klänge von John Lennons «Imagine» die Schulflure. Es ist die Zeit des Remembrance Days (11. 11.), in der die Kanadier:innen ihrer gefallenen Soldat:innen gedenken. Anders als der Volkstrauertag in Deutschland hat der Remembrance Day in Kanada für viele vom Schulkind bis zum Großvater eine große Bedeutung. Auf den Anzeigen der Busse sind keine Linienangaben mehr zu finden, sondern der Schriftzug «Lest we forget». Viele tragen am Revers, an der Mütze oder am Schulrucksack eine rote Mohnblüte aus Filz, Schaufenster sind mit roten Mohnblumen dekoriert.

In der ebenfalls mit roten Mohnblüten aus Tonpapier geschmückten Turnhalle der Schule findet eine Gedenkfeier statt, zu der wir Eltern eingeladen sind. Inbrünstig singen die Kinder vom Schulorchester begleitet die kanadische Nationalhymne.

Einige Kinder tragen Flaggen und verlesen die Namen gefallener Soldat:innen. Alle zusammen singen wir John Lennons «Imagine», dessen Text drei Kinder in Gebärdensprache übersetzen. Symbolisch legt jeder Erstklässler eine rote Mohnblume nieder. Für diesen Anlass waren sie gebeten worden, an diesem Tag schwarze Hosen und weiße T-Shirts zu tragen. Als Max an der Reihe ist, seine Mohnblume in Gedenken an die Gefallenen des Ersten und Zweiten Weltkrieges niederzulegen, halte ich die Luft an. Er dreht mir den Rücken zu. Heißkalte Schauer jagen mir über den Körper, ich beginne zu schwitzen. Von ganzem Herzen wünsche ich mir, ich hätte ihm das Anziehen heute nicht selbst überlassen. Er trägt sein weißes Lieblingsshirt – ein Fußballtrikot, auf dessen Rückenansicht in fetten Lettern «Deutschland» leuchtet.

Als ich mich am Ende der Veranstaltung beim Lehrerkollegium für diesen Fauxpas entschuldige, blicke ich in verständnislose Gesichter. Genau das sei doch die Idee von «Imagine». Über die Geschichte und alte Fehler hinauszuwachsen, das Leid und den Schmerz des Gegenübers anzuerkennen. Und wenn ein Junge aus Deutschland das in Kanada tut, dann sei das ein wundervolles Zeichen dafür, dass wir auf dem richtigen Weg sind.

Für die Eltern, so scheint es, ist die Schule ein genauso wichtiger Ort wie für die Kinder. Beim Abholen stehen sie oft lange in Grüppchen, unterhalten sich. Einige Väter erobern den Basketballplatz und verlieren haushoch gegen die Kindermannschaft, die Direktorin jubelt. Bei schönem Wetter läuft am Morgen vor Unterrichtsbeginn die ganze Schulgemeinschaft inklusive Lehrkräfte, Sekretariat und einigen Eltern, drei Runden um den Sportplatz. Wer danach noch Schwierigkeiten mit dem Stillsitzen hat, der kann auch zwischendurch eine kurze Auszeit an der frischen Luft einfordern.

Ich habe das Muttersein in vielen verschiedenen Umgebungen ausprobiert: in Kindergärten und Spielgruppen in Deutschland und im Ausland, an Auslandsschulen, an deutschen Grundschulen und Gymnasien, in der Stadt, auf dem Land. Noch nie aber habe ich mich so voll und ganz am richtigen Ort für meine Kinder gefühlt wie an dieser Schule. So schüchtern Carl und Paula an ihrem ersten Schultag waren, so schnell leben sie sich ein. Carl kommt bald nach der Schule nur noch kurz nach Hause, um seinen Rucksack abzuliefern, verschwindet dann bis zum Abend mit seinen neuen Freunden. Paula freundet sich mit allen Mädchen in ihrer Klasse an, bei einer ihrer Freundinnen entsteht daraus eine Familienfreundschaft. In kürzester Zeit haben sie und Carl keine Schwierigkeiten mehr, dem Unterricht auf Englisch zu folgen. Max kann noch nicht alles verstehen, ein Problem aber hat er damit nicht.

Während die Schule für die drei Kleinen eine positive Erfahrung ist, gerät Lotta jeden Tag an ihre Grenzen. Ihre Highschool ist riesig. Allein in Lottas Jahrgangsstufe sind 250 Schüler:innen. Anders als in Deutschland wird nicht im Klassenverband, sondern im Kurssystem unterrichtet, und die Jugendlichen suchen sich je nach Interesse selbst ihre Kurse aus. Lotta belegt Mathe, Naturwissenschaften, Englisch, Graphic Arts, Sport, Erdkunde und Kochen. In jedem Kurs trifft sie andere Schüler:innen, ist immer wieder die Neue, der regelmäßig das Herz in die Socken rutscht. Unter diesen Umständen ist es unmöglich, in den wenigen Wochen jemanden besser kennenzulernen. Der amerikanische Highschool-Albtraum, den sie sonst aus Filmen kennt, wird plötzlich real: Sie sitzt Tag für Tag allein in der Cafeteria über ihrem Lunch, versteckt sich und ihre Einsamkeit hinter dem E-Reader. Trotzdem strafft sie jeden Morgen wieder die Schultern, tritt mutig durch das Schultor. Es zerfetzt Timm und mich, sie dem auszuliefern. Am liebsten würden wir sie an die Hand nehmen, ihr die schweren Stunden ersparen. Wir wissen jedoch, dass wir ihr damit eine wichtige Chance nähmen: über sich hinauszuwachsen, sich ihren Ängsten zu stellen und vielleicht zu merken, dass ein durchlebter Albtraum für die Zukunft seinen Schrecken verliert.

Außer mit ihrem persönlichen Albtraum wird Lotta mit dem kollektiven Horror der meisten Nordamerikaner:innen konfrontiert: Neben dem Verhalten bei Feueralarm wird mit den Kindern die richtige Reaktion im Falle eines Amoklaufs und Erdbebens trainiert. 2017 wurde die Schule für 62 Millionen kanadische Dollar umgebaut, mit Panicrooms ausgestattet und erdbebensicher gemacht.

Vancouver liegt, wie alle Metropolen der amerikanischen Westküste, an der Cascadia-Verwerfung, einer Zone, in der sich eine tektonische Erdplatte unter eine andere schiebt. Die Cascadia-Verwerfung reicht von Nordkalifornien über Oregon, Washington State und Seattle bis nach Vancouver. Seit Jahrhunderten steht diese Region unter extremer Spannung. Wissenschaftler:innen rechnen mit einem Megabeben von über 8,0 auf der Richterskala. Wenn «the Big One» kommt, wird es eine Katastrophe mit fatalen Folgen für viele tausend Menschen sein. Das Erdbeben wird kommen, das ist sicher. Wann das sein wird, kann niemand voraussehen. Darum bereitet man sich hier in Vancouver vor. Erdbebensicherheit ist in aller Munde. Die Menschen werden angehalten, Lebensmittel und Wasservorräte zu horten, Medikamente und Verbandsmaterial aufzustocken, den Jahreszeiten entsprechend regelmäßig den Vorrat anzupassen. Überall werden turnusmäßig Sicherheitstrainings durchgeführt; wo es geht, wird erdbebensicher umgebaut. Auch das historische Gebäude der Grundschule, die die Kleinen besuchen, wird 2019 den Abrissbirnen zum Opfer fallen, da ein Neubau günstiger ist, als das alte Ziegelsteingebäude anzupassen.

Der Ahorn vor unserer Haustür wird von Tag zu Tag lichter, inzwischen muss ich nur noch alle drei Tage die Blätter vom Gehweg fegen, und die Sonnenstrahlen finden ihren Weg durch die Baumkrone bis in unser Wohnzimmer. Nicht mehr lange, dann ist der Winter da. Sehnsuchtsvoll blickt Timm auf die Bergkette der Northshore Mountains. Sobald der erste Regen fällt, werden die

Gipfel überzuckert sein, und dann dauert es nicht mehr lange, bis die Skisaison startet. Direkt vor den Toren der Stadt liegen die Skigebiete Grouse Mountain, Cypress Hill und Mount Seymour. Bei der Talfahrt blickt man auf den Ozean und auf Vancouvers Skyline. Whistler, angeblich Nordamerikas schönstes Skigebiet, ist nicht einmal zwei Autostunden entfernt. Die Vorstellung, jedes Wochenende ohne Aufwand, ohne ein Hotel buchen zu müssen, Ski fahren zu können, ist verlockend. Unser Vermieter würde uns das Haus gern dauerhaft vermieten, beide Schulen haben Platz für die Kinder, ein Studenten- und Elternbegleitvisum wäre einfach zu bekommen. Alle Türen sind weit geöffnet. Die Versuchung zu bleiben, ist riesengroß.

Und doch packen wir Ende November unsere Habseligkeiten, rollen ein letztes Mal schwarze Wolken spuckend durch unser geliebtes Kitsilano. Ich fühle mich, als würde ich eine große Liebe aus Vernunftgründen verlassen. Viele Orte habe ich in den letzten Jahren kennenlernen dürfen. Manchmal verbrachte ich dort wenige Monate, manchmal mehrere Jahre. Egal, wie sehr ich den Ort mochte, bisher habe ich mich immer fremd gefühlt, überall. In Vancouver habe ich zum ersten Mal das Gefühl, an einen Platz zu gehören, voll und ganz in die Lücke zu passen, die für mich ausgestanzt wurde. 41 Jahre musste ich warten, einen solchen Ort zu finden – um dann nach nur vier Wochen Lebewohl zu sagen. Das tut weh. Und auch nicht. Denn allein das Wissen, dass es diesen Platz gibt, ist tröstlich, lässt mich dem Fremdsein überall sonst vielleicht entspannter entgegentreten. Und jeder Ausgang ist auch gleichzeitig ein Eingang – in unserem Fall das Tor in die USA.

LICHT- UND SCHATTENGESTALTEN

USA: *Washington State, November 2018*

Uns umgibt trübes, tiefgrünes Dämmerlicht, wie auf dem Grund eines Tümpels. Die Luft ist schwer und feucht, lässt sich besser greifen als atmen. Über uns kein Himmel, stattdessen ein ewig tropfendes Blätterdach, Grün in allen Schattierungen. Das Tropfen der Herzschlag des Waldes. Die Stämme der Bäume und der Waldboden sind von dichtem, weichem Moos überwuchert, das wie Schnee jedes Geräusch schluckt. Unsere Schritte sind lautlos. Von den Baumriesen hängen Flechten wie Bärte, verraten, dass sie schon lange hier stehen. Ich fühle mich klein, ein Insekt, das bei lebendigem Leib von einem riesigen grünen Wesen verschluckt wird. Umgefallene Bäume hat es sich bereits zurückgeholt, sie mit Moos und Pilzen überzogen. Fast glaube ich, sie kriechen zu sehen. Nicht hinfallen, denke ich, das wäre das Ende. Es ist, als würden sich die Bäume an den Händen halten, ein dichtes grünes Geflecht. Sie schließen jede Lücke sofort. Ein paar Sonnenstrahlen schaffen es bis auf den Waldboden, Dampf steigt auf, millionenfaches Glitzern. Der Hoh-Regenwald im Nordwesten der USA ist ein Zauberwald. Fast sehe ich Feen und Hobbits im Schatten der Bäume huschen, Vampire sich von den Baumkronen auf ihre Opfer stürzen.

Nicht weit vom Hoh-Regenwald entfernt liegt das kleine, unscheinbare Holzfällerstädtchen Forks, der regenreichste Ort der USA – diese Eigenschaft hat ihm vor etwas mehr als zehn Jahren weltweiten Ruhm beschert. Die Autorin Stephanie Meyer hat ihn als Schauplatz für ihre Vampirsaga *Twilight* gewählt, weil nur hier im ewigen Dämmerlicht die Vampirfamilie Cullen gefahrlos ein Leben unter Menschen führen kann. Ihr jüngster Sohn verliebt sich in ein Menschenmädchen, Bella, und die daraus entstehenden Probleme füllen vier Bücher, die einen weltweiten Hype ausgelöst haben. Auch Lotta und Paula verschlingen die Vampirsaga, und obwohl ich Fantasy sonst nicht mag, kann ich mich in dieser verwunschenen Gegend nicht völlig dem Reiz von *Twilight* entziehen.

Auch hier werden wir viel auf Roger angesprochen. Vor dem einzigen Burgerrestaurant der Stadt komme ich mit einem Jäger ins Gespräch, der sein Mittagessen hinter dem Lenkrad verspeist. Zum Kauen hat er wenig Zeit. Es ist der letzte Tag der Jagdsaison. Burger und Pommes lassen kaum Platz im Mund für Worte. Stattdessen deutet er mit einem Nicken auf die Gewehre, die auf dem Beifahrersitz liegen. Obwohl Timm vor langer Zeit einen Jagdschein gemacht hat, bin ich den Anblick von Waffen nicht gewöhnt, fühle mich beklommen in ihrer Nähe. Ob er sie während der Fahrt nicht einschließen müsse, möchte ich wissen. Das mache hier niemand, wäre unnötig, wer solle die klauen. Als ich ihm von den strengen Waffengesetzen in Deutschland erzähle, davon, dass Waffen im Haus selbst für Ehepartner unzugänglich aufbewahrt werden müssen, fallen ihm fast die Augen aus dem Kopf und die Fritten aus dem Mund. Er sei wirklich froh, in Amerika zu leben, beteuert er inbrünstig. Die Betreiberin des Burgerrestaurants ist ebenfalls glücklich über ihre Staatsangehörigkeit. Oberhalb der Ketchup-Servicestation hängt ein Banner, auf das jemand mit feinen Kreuzstichbuchstaben «God Bless America» gestickt hat. «Safe» schießt es mir durch den Kopf, als ich an die vielen Jäger denke, die es heute am letzten Tag der Jagdsaison krachen lassen – «please, safe America».

Als wir vom Burgerstopp aufbrechen wollen, zickt Roger. Er springt nur mühsam an, stottert, verstummt dann. Es scheint, als sei die Dieselzufuhr unterbrochen. Während Timm unter dem Truck liegt, halten im Sekundentakt Leute, die helfen wollen. Gemeinsam kippen wir die Fahrerkabine, ein Mann telefoniert sich durch ein ziegelsteindickes Telefonbuch, ein anderer krempelt die Ärmel hoch, versenkt seine Hände in Rogers öligen Eingeweiden, während seine Frau mit zwei kleinen Kindern geduldig (lächelnd!) im Auto wartet. Alle Helfer kommen zum selben Ergebnis: Wir sollen John fragen.

Ein Mechaniker vom Landmaschinenhandel gegenüber versucht zusammen mit Timm, das Problem einzugrenzen, bietet an, am nächsten Tag einen Blick darauf zu werfen, sollte John keine Zeit haben. Diesen zu erreichen, ist unmöglich. Außer uns versuchen es mindestens fünf weitere Personen. Andrea, die Besitzerin des Campingplatzes gegenüber, wo ich in der Zwischenzeit unsere Wäscheberge wegwasche, weiß, warum: Er ist sicher noch jagen. Es sei ja schließlich der letzte Tag der Saison.

Noch bevor ich das letzte T-Shirt auf dem Stapel sauberer Wäsche abgelegt habe, höre ich ein vertrautes Tuckern – Rogers Motor. Timm hat herausgefunden, dass der Schalter, der die Dieselzufuhr steuert, nicht funktionierte, und ihn repariert. Als ich mit zwei Ikeatüten sauberer Wäsche zurück zum Parkplatz komme, herrscht dort Volksfeststimmung. Ein Dutzend Männer stehen um Roger herum und feiern mit einem Bier. Es war ein erfolgreicher Tag – auch für die Nichtjäger der Stadt.

Es gibt ein paar Dinge auf Reisen, die uns mit hundertprozentiger Sicherheit neue Freunde bescheren: Bei den Jungs ist es ein Fußball. Egal, an welchem Ort der Welt – wirft man einen Fußball in eine Kindermenge, haben sich nach spätestens zehn Minuten Mannschaften gebildet, und das Spiel ist in vollem Gange. Möchte man mit Männern Freundschaft schließen, ist ein todsicherer Garant für Bekanntschaften eine Autopanne. Besonders in Ländern, in denen Männer sich über handwerkliche Fähigkeiten definieren, ist Helfen Ehrensache. Mit anderen Frauen bonde ich meistens über Kinderthemen. Ob in Südafrika, Malawi, Sansibar, Ägypten oder in der Türkei, mit anderen Müttern kam ich überall leicht in Kontakt, manchmal sogar, ohne dieselbe Sprache zu sprechen. Das ist eine der Erfahrungen, die mir das Reisen so unverzichtbar macht. Zu verstehen, dass egal, wie und wo wir leben, unsere Themen doch universell sind, wir oft keine Worte brauchen, um Verbindung zu spüren. Wir müssen sie nur zulassen. Dafür schenkt uns ein paar Tage später das Schicksal eine weitere Möglichkeit.

Es nieselt. Die fast kahlen Bäume überlassen widerwillig ihre letzten gelben Blätter dem Wind. Die einzigen Farbkleckse sind die Bremslichter der Vordermänner. Sie spiegeln sich hundertfach in den Regentropfen auf unserer Windschutzscheibe. Wir stecken im Stau. Morgen ist Thanksgiving, alle wollen nach Hause zu ihren Familien. Kilometerweit rote Linien auf dem Navi.

Es ist erst drei Uhr nachmittags, wir weigern uns, den Tag schon jetzt abzuschreiben, überlegen, wie wir den Kindern eine Freude machen können. Schwimmen gehen, so unsere Idee. Wir suchen auf Google Maps, fahren die nächstbeste Ausfahrt heraus zum East Portland Community Center, dem nächsten Schwimmbad, das laut Google geöffnet hat. Die Kinder jubeln, freuen sich. Bis wir ankommen und feststellen müssen, dass wegen des morgigen Feiertages andere Öffnungszeiten gelten. Es kullern Tränen, ratlos stehen Timm und ich auf dem Parkplatz des Schwimmbades, überlegen fieberhaft. Weiterzufahren macht keinen Sinn, es wird bald dunkel. Hierbleiben scheint genauso sinnlos. Wir wollten uns Portland ansehen, verflixt, und nicht auf einem Vorstadtparkplatz versauern.

Die Stadt der Rosen, die Stadt der Brücken, Beervana oder Portlandia – Portland hat viele Namen. Allen gemein ist die Idee, dass Portland eine bunte, vielfältige, aufregende Stadt ist. Eine liberale

Oase voller liebenswerter Querköpfe, ökologisch ausgerichteter Lebensstil, Kunst, Musik, Foodtrucks und Coffeeshops an jeder Straßenecke. Ein Fest für Augen, Ohren und Gaumen. Das ist das Bild, das von Portland hinaus in die Welt getragen wird, das wir kaum erwarten können zu sehen.

Als der erste Frust verdaut ist, beschließen wir, die Nacht zu bleiben. Oft haben vordergründige Rückschläge Gutes gebracht. Wir stellen uns mit Roger an den hellsten Punkt des Parkplatzes, vor den Eingang der hiesigen Polizeiwache. Da ich in vielen Reiseblogs über die Unerbittlichkeit amerikanischer Polizist:innen gelesen habe, was Campen auf Parkplätzen angeht, bereite ich mich darauf vor, heute Nacht umziehen zu müssen.

Am nächsten Morgen, während ich mich mit den Kindern durch den Unterricht quäle und Timm an Rogers Anlasser schraubt, kommen zwei Polizisten über den Parkplatz geschlendert. Dan und Andrew, so die Namen der beiden Beamten, haben für jedes Kind einen Beutel gepackt, überreichen Timm ihre Visitenkarten. Sollte er jemals Probleme haben oder Hilfe benötigen, könne er sich gern bei ihnen melden. Den Kindern überreichen sie ihre Geschenke mit den Worten: «We love what you are doing, all the best for your travels!» Nur dreißig Minuten später steht erneut Dan im Regen vor Rogers Tür. Tropfen perlen von seinem haarlosen Haupt ungebremst in strahlend blaue Augen. Er möchte uns für den Abend zu sich nach Hause zum Thanksgiving-Dinner einladen. Auf Reisen muss man manchmal Chancen ergreifen, weil sie sich nur ein einziges Mal bieten. Mit sechs Personen bei einem Thanksgiving-Dinner aufzulaufen, erscheint mir allerdings zu gewagt, und ich lehne dankend ab. Dan gibt sich nicht so leicht geschlagen, möchte wissen, was unsere Pläne sind. Röntgenaugen. Er ist geübt, was Verhöre angeht, ich beginne zu stottern, gebe zu, dass es mir unangenehm wäre, seine Familienfeier zu sprengen, und dass ich an seine Frau denke, die dann sechs Gäste mehr zu bewirten hätte.

Dan beginnt schallend zu lachen. Ob sechs oder zwölf Personen, das mache für Rachel keinen Unterschied. Ich würde es verstehen, wenn ich mitkäme und sie kennenlerne.

Rachel hat wilde Locken, kann tatsächlich mühelos siebenundzwanzig Dinge gleichzeitig tun und hat dabei uns, ihre vier Kinder und drei Hunde im Blick. Sie zaubert scheinbar nebenbei ein Gourmetdinner mit Truthahn, Steak, Shrimps, gratiniertem Spargel, gefüllten Champignons, grünen Bohnen, Kartoffeln im Speckmantel, selbst gebackenem Brot, zum Nachtisch Eis, Brownie und Kürbis-Pie. Ab und zu schießt sie für die Hunde einen Ball aus der offenen Terrassentür in den Garten, telefoniert mit der Arbeitsstelle, hilft einer Kollegin, eine Akte zu finden, und unterhält uns. Nicht eine Sekunde entgeht ihr, wenn ein Glas leer ist, nicht einen Moment wirkt sie angestrengt, sie lacht, scherzt, knuddelt zwischendurch die Kinder und Dan.

Vor vielen Jahren waren wir zu Gast bei einer Familienfeier auf der Farm meiner Freundin in Südafrika. Ihre Familie ist, wie bei vielen burischen Farmern üblich, religiös. Als ihr Vater vor dem Essen ein Dankesgebet sprach, das Essen und die Familie segnete, waren unsere Kinder ergriffen. Paula fragte uns noch am selben Abend, ob auch wir ein Dankesgebet einführen könnten. Für viele Jahre war das ein fester Bestandteil unserer Mahlzeiten, ging aber irgendwann in unserer Deutschland-Zeit verloren, nachdem einige Freunde der Kinder das komisch fanden.

Auch Dan und Rachel sind gläubige Christen, sprechen ein Dankesgebet und bitten dann jeden von uns, zu sagen, wofür wir im letzten Jahr dankbar waren. «Dass ich nie alleine schlafen muss», grinst Max. «Dass ich so viel Zeit mit meiner Familie habe», sagt Carl. Lotta und Paula freuen sich darüber, dass wir so viel von der Welt sehen dürfen, so viele nette Menschen getroffen haben und jeden Tag etwas Neues lernen. Timm und ich sind dankbar füreinander, dafür, dass wir in ein Leben geboren wurden, das uns die Erfüllung unserer Träume ermöglicht. Wir sind dankbar für Gesundheit und die Begegnungen, die den größten Reichtum dieser Reise bedeuten.

Timm und ich sitzen in der Fahrerkabine, das Flutlicht der Parkplatzbeleuchtung lässt mich ohne eine weitere Lichtquelle Tagebuch schreiben. Etwa zwanzig Meter von uns entfernt schiebt eine zierliche Gestalt einen Gepäckwagen voller Habseligkeiten die Straße entlang. Sie hält, setzt sich hin, pinkelt, zündet sich eine Zigarette an und zieht mit halb entblößtem Hintern weiter Richtung Brücke, unter der mindestens ein Dutzend Obdachloser ihr Nachtcamp aufgeschlagen haben. Der Wind steht gut, der Geruch von menschlichen Fäkalien weht nicht in unsere Richtung. Zwar hatte uns Dan vorgewarnt, dennoch sind wir überwältigt von den vielen Obdachlosen in der Stadt. Auf den Bürgersteigen stehen Igluzelte, Menschen liegen in dicke Decken gehüllt in Hauseingängen oder unter Schaufenstern, schlurfen wie Zombies mit starrem Blick über die Straßen. Schiebt hier jemand einen Einkaufswagen, dann war er nicht shoppen, sondern zieht um. Um nicht mitten in der Nacht vertrieben zu werden, parken wir auf einem zahlungspflichtigen Parkplatz, um uns herum wuseln Gestalten im Schatten.

Portland hat eine bewegte und spannende Geschichte. Viele Legenden ranken sich um die unterirdischen Tunnel, die die Keller der gesamten Altstadt miteinander verbinden bzw. einst verbunden haben. Am nächsten Tag steigen wir hinab in die «Shanghai Tunnel». Sie sollen einst der Flutkontrolle sowie zum Transport der Güter von den Schiffen direkt in die Keller der Häuser gedient haben. Ihren Namen verdanken sie dem Gerücht, dass durch sie Seeleute auf dem schnellsten Weg von den Bars der Stadt auf die wartenden Schiffe verfrachtet wurden. In den Pubs willenlos gemacht, hatten diese angeblich Verträge unterschrieben, die sie zu mehrjähriger Arbeit auf einem Schiff verpflichteten – mit Endstation Shanghai. Viele bedeutende Männer der Stadt haben mit dem Schleusen dieser armen Seelen ein Vermögen verdient, ihren Reichtum auf Alkohol, Prostitution und Menschenhandel gegründet. Portland hat eine dunkle Vergangenheit – und eine graue Zukunft, wie mir scheint.

«Keep Portland weird» – ein Ausruf, der den Stolz der Stadt auf seine schrägen Vögel verkündet, prangt in großen Lettern auf den Ziegelwänden einer Plattenfirma. Gegenüber stehen Tourist:innen stundenlang Schlange, um einen Donut bei Voodoo Doughnut zu kaufen. Hier, so munkelt man, wurde das Gebäck einst mit Aspirinstaub statt Puderzucker dekoriert und mit Hustensirup gefüllt. Inzwischen gibt es dieselben pappsüßen Dinger wie überall sonst. Ein paar Meter weiter wedelt ein obdachloses Mädchen mit ihrem blanken Po vor den Gesichtern der Passanten und kackt dann auf die Straße. Ein junges asiatisches Pärchen schiebt im Highend-Kinderwagen zwei weiße Puschelhunde spazieren. Es wäre sicher nicht schön, Menschenkacke aus ihrem Fell zu bürsten. Ein Mann versucht, seine Hose zu schließen, doch die langen Fingernägel kommen ihm dabei immer wieder in die Quere. Eine Frau tanzt über die Kreuzung, singt, dreht Pirouetten, bis ihr schwindelig wird. Auf dem Markt kann man Regenstöcke, Batikshirts und Craftbeer kaufen, ein kleines Mädchen streichelt ein Frettchen, das aus der Handtasche einer Dame guckt. Bärte gibt es hier in jeder Farbe, jeder Form und jeder erdenklichen Länge. Mit Zöpfen und Perlen, glatt geföhnt und gelb gefärbt, um den Hals gewickelt. Alle hundert Meter krabbelt jemand aus einem Haufen Unrat, der sein Zuhause zu sein scheint.

Doch es ist nicht nur die Dichte an Obdachlosen, sondern die Ballung menschlicher Tragödien, die uns erschüttert. Diese Leute sind nicht nur homeless, sie sind zugedröhnt, völlig von Sinnen, nicht zurechnungsfähig und oft herzzerreißend jung. Die Kinder haben Angst, und wir beschließen nach nur eineinhalb Tagen, dass wir genug gesehen haben. Vielleicht tun wir Portland unrecht, aber egal, wie stylish die Restaurants, wie experimentell die Craftbiere, wie gut der Kaffee – beim Anblick dieser Tragödien vergeht uns jede Lust am Genuss. Mich erschüttert zutiefst, wie die Menschen in solche Abgründe schlittern konnten, wie ein solches Elend mit Hipstertum koexistieren kann und wie man das Ganze dann als Schrägheit euphemistisch verpackt zelebrieren kann. Erwartungen – schon wieder hab ich den Fehler gemacht, verflixt!

SORGEN

USA: Pacific Coast Highway, November 2018

Der Pacific Coast Highway, der von Washington durch Oregon nach Kalifornien führt, gilt als eine der Traumstraßen der USA. Er schlängelt sich an von windzerzausten Wäldern bewachsenen Klippen vorbei und durch nebelverhangenen Regenwald, entlang einsamer Strände mit versteckten Buchten und durch Bilderbuch-Fischerdörfer. Nur leider hat die Sonne kein Interesse – wir haben sie seit Tagen nicht gesehen.

Lotta ist unversöhnlich. Sie hat die meiste Zeit ihres Lebens an sonnigen Orten verbracht, verabscheut schlechtes Wetter. In Kalifornien zu sein und Regenjacke statt Shorts zu tragen, fühlt sich für sie an wie für die Kleinen ein Aufenthalt im Disneyland bei Stromausfall. Nichts, was wir unternehmen, stimmt sie versöhnlich. Sie flucht und zetert unaufhörlich, weigert sich auszusteigen, während ihre Geschwister von der Steilküste in den tiefen weichen Sand springen, Tunnel graben und vor den Wellen weglaufen. Weglaufen, das würde ich auch gerade gern. Der Abschied von Vancouver hängt uns allen nach, und mir ist es noch nicht gelungen, wieder in einen Reise-Flow zu kommen. Das Einzige, was fließt, ist Wasser vom Himmel und ab und zu einige Tränen. Wie die uns umgebenden Küstenmammutbäume saugen auch wir den Nebel aus der Luft und lassen ihn dann großzügig abregnen.

Ich blicke nach oben, versuche auszumachen, wo der Baumriese endet. Aus 120 Metern landet schmerzhaft ein Tropfen auf meinem Augapfel, bohrt sich gefühlt in den Lobus frontalis. Hier, im persönlichkeitsbildenden Teil meines Gehirns, sorgt er für Aufruhr: Ich fühle mich so unendlich klein und nichtig im Schatten dieser wolkenkratzenden Redwood-Bäume, der höchsten Bäume der Welt. Obwohl die Erkenntnis, klein und unbedeutend zu sein, keine schöne ist, tröstet sie mich heute.

Die Küstenmammutbäume im Redwood National Park an der Nordwestküste Kaliforniens können ein Alter von bis zu 2000 Jahren erreichen, das älteste Exemplar ist 2200 Jahre alt. Seit Beginn der wirtschaftlichen Nutzung dieser Wälder im Jahr 1850 bis 1965 wurden 90 Prozent des Redwood-Bestandes Kaliforniens abgeholzt. In nur vier Generationen wurde zerstört, was 72 Generationen lang wachsen durfte. Was, dieser Gedanke schießt mir durch den Kopf, haben diese Bäume alles erlebt, was hätten sie zu berichten, wenn sie meine Sprache sprächen? Redwoods, das lerne ich im Museum des Parks, passen aufeinander auf, ernähren sich gegenseitig über ihr flach verlaufendes Wurzelsystem. Feuer kann zumindest den größeren Bäumen nichts anhaben, fallen kleine Exemplare den Flammen zum Opfer, treiben sie aus den unterirdischen Wurzeln neu aus. Würden wir Menschen verschwinden, wären wahrscheinlich in wenigen hundert Jahren weite Teile Kaliforniens wieder von Redwood-Wäldern bewachsen.

An den alten Bäumen rauscht ein Leben vorbei wie an mir ein einziges Jahr. Sie werden noch hier stehen, wenn ich längst vergessen bin. Auch der Gedanke tröstet mich, weil er mir die Erlaubnis gibt, mich selbst nicht allzu wichtig zu nehmen. Vieles, was mich heute stresst, verliert im Schatten der Bäume seine Bedeutung. Vergangenheit und Zukunft verblassen zu bloßen Konzepten, alles, was zählt, ist der Moment. Die letzten Tage habe ich mehr überstanden als erlebt, habe einfach versucht, durchzuhalten in der Hoffnung auf bessere Tage. Gut, dass mir der heutige Tag diesen Wald geschenkt hat. Wenig erfüllt mich mit so großer Zuversicht wie der Anblick alter Bäume, die beständig allen Einflüssen zum Trotz weiter gewachsen sind. Jahr für Jahr. Ohne sich um das Morgen zu sorgen. Sie sind Meister des Wandels. Wenn im Spätherbst die Natur scheinbar im Sterben liegt, tragen zarte Knospen schon das Versprechen auf einen Neuanfang. Auch ich hatte nach unserer Pause in Vancouver auf einen Neuanfang gehofft. Hatte gedacht, dass wir ausgeruht und voller Tatendrang in die USA einreisen würden. Unsere Entdeckerlust, da war ich sicher, würde mit uns davongaloppieren, froh, endlich wieder ungezwungen toben zu können. Stattdessen lahmt sie, verharrt unbeweglich im Schatten unseres Gefühlschaos.

Als sich das dichte Blätterdach der Mammutbäume lichtet, empfängt uns gleißender Sonnenschein. Endlich ein Hauch von dem Kalifornien, nach dem sich Lotta so gesehnt hat. Bis Mendocino schlängelt sich der Highway in engen Kurven direkt an der Küste entlang. Zur rechten Seite fallen die Klippen gen Ozean steil ab, werden von weiß schäumender Brandung umtost. Manchmal kann ich den Blick in die Tiefe nicht ertragen, muss die Augen schließen. Nie lange, zu groß ist der Drang, bloß nichts von den grandiosen Ausblicken zu verpassen.

WUNDERLAND

USA: *San Francisco, Dezember* 2018 & *Januar* 2019

Als wir im Nachmittagslicht über die Golden Gate Bridge fahren, jubeln alle in der Fahrerkabine. Es ist nur eine Brücke, und doch verspricht ihre Überquerung das, was das Hasenloch bei *Alice im Wunderland* bedeutet: den Eintritt in eine völlig andere Welt. Und wie Alice im Wunderland staunen auch wir uns in den folgenden Wochen durch San Franciscos Straßen.

San Francisco gilt als das Epizentrum der US-amerikanischen Gegenkultur. Nirgendwo in den USA geht es liberaler zu, so das Image der Stadt. Dass sie mit knapp 800 000 Einwohner:innen nur zu den mittelgroßen Weltstädten gehört, scheint bei ihrem legendären Ruf unglaublich. Ebenso unglaublich ist, dass Kiel, die unscheinbare, mitnichten glamouröse oder aufregende Hauptstadt Schleswig-Holsteins, in der Liste der Partnerstädte San Franciscos auftaucht. Es gibt aber Parallelen zwischen diesen beiden ungleichen Schwestern: Beide wurden fast völlig zerstört. Kiel vom Zweiten Weltkrieg, San Francisco 1906 durch ein Erdbeben. Kiel hat darunter gelitten, seinen Charme eingebüßt, San Francisco nicht. Mehr als 3000 Menschen starben bei dem Beben und den in der Folge ausbrechenden Bränden, die San Francisco für mehrere Tage in ein Flammenmeer verwandelten. Innerhalb von nur neun Jahren allerdings war die Stadt wieder aufgebaut, erstrahlte zur Eröffnung der Panama-Pacific International Exposition 1915 in neuem Glanz. Das Wappentier San Franciscos ist seitdem der Phönix.

Wie in Vancouver erwartet man in San Francisco seit Jahrzehnten ein weiteres Megabeben. Die Wahrscheinlichkeit, dass es in den nächsten zwanzig Jahren kommt, liegt laut einem *Spiegel*-Artikel bei 99,7 Prozent. Dann, so befürchten viele, werden sich die damals für den schnellen Wiederaufbau der Stadt gelockerten Sicherheitsvorschriften rächen. Aktuelle Analysen gehen davon aus, dass selbst ein geringeres Beben als das von 1906 große Teile der Stadt zerstören würde und viele tausend Tote zur Folge hätte. Diese Aussicht rüttelt ein klein wenig sowohl an Vancouvers als auch an San Franciscos Platz an vorderster Stelle unserer Liste der Städte, in denen wir gern leben würden.

San Francisco ist, wie so viele andere amerikanische Metropolen, auf dem Reißbrett geplant worden. Außer Acht gelassen haben die Planer:innen dabei, dass die 42 Hügel der Stadt, wenn man ihnen die Kurven verbietet, nur über extrem steile Straßen mit bis zu dreißig Prozent Steigung zu erreichen sind. Man erfand daher die Cableway, eine Straßenbahn, die ähnlich wie eine Gondel, allerdings von der Unterseite durch von in der Straße verlaufenden Seilen gezogen wird. Seit dem frühen 19. Jahrhundert hat diese ihr Aussehen nicht verändert, rattert wunderbar nostalgisch die steilsten Berge der Innenstadt hinauf.

Wie in Vancouver mieten wir in San Francisco über Airbnb ein Haus. Hier wollen wir zusammen mit Oma und Paulas Patenonkel, die aus Deutschland und Spanien eingeflogen kommen, Weihnachten und Silvester feiern. Als wir online das Haus aussuchen, machen wir denselben Fehler wie San Franciscos Stadtplaner: Wir achten nicht auf die Hügel und enden so auf dem höchsten der Stadt, zu Füßen des Sutro Towers. Die nächste Einkaufsmöglichkeit ist einen strammen fünfundzwanzigminütigen Fußmarsch bergab und einen quälenden Wiederaufstieg entfernt. Für jede Kleinigkeit müssen wir Roger bewegen, der uns die vielen Steigungen übel nimmt. Er knattert wie eine Nähmaschine, verliert von

Tag zu Tag an Kraft, kriecht bald nur noch im Schritttempo und dunkelgraue Wolken spuckend die Hügel hinauf.

Ebenfalls wie in Vancouver blicken wir vom Wohnzimmerfenster aus durch das Pinien- und Eukalyptusgrün auf einen Schulhof. Unsere Kinder sind hoch motiviert, möchten auch hier ins Schulleben schnuppern. Obwohl wir mehrere Schulen im Umkreis besuchen, bekommen wir überall dieselbe Auskunft: Wir müssen uns offiziell bei der Schulbehörde registrieren, was für zwei Wochen Schulbesuch ein zu großer Aufwand wäre. Ein Visum bräuchten wir dagegen in San Francisco nicht, so der Schulleiter der Grundschule unterhalb unseres Wohnzimmerfensters. San Francisco sei ein Schutzgebiet, hier gelten andere Gesetze, sagt er, dreht dabei den indianischen Silberring an seiner rechten Hand und lächelt Barack Obama zu, dessen Porträt noch immer über seinem Schreibtisch wacht. In San Francisco ist man linksliberal, wischt sich mit Toilettenpapier, auf das das Gesicht des jetzigen Präsidenten gedruckt ist, den Hintern ab. In den Fenstern hängen #notmypresident-Poster, Spanisch ist allgegenwärtig, Menschen verschiedenster ethnischer Herkunft prägen das Straßenbild, über den Eingängen von Gemeindezentren hängen Banner mit der Aufschrift «Refugees welcome». Darauf wäre der Namensgeber der Stadt, der heilige Franz von Assisi, sicher stolz. Vieles andere hingegen ließe ihn im Schleudergang im Grabe rotieren.

In Castro, dem LGTBQ-Viertel San Franciscos, flanieren aufgemotzte Dragqueens die Straßen entlang, ein Mann zischt mit Glitzerrollschuhen und Silberrucksack, den Oberkörper eingeölt, an uns vorbei, zwei Mädchen lutschen verschämt an einem Eis in Pimmelform mit Sahnehaube. Von überall werden uns Zweideutigkeiten ins Gesicht gerammt. Das Nagelstudio heißt «Handjob», der Bäcker verkauft Cookies in Penisform, gerne im Doppelpack mit hellem und dunklem Schokoguss. In den Schaufenstern hängen Unterhosen mit der Aufschrift «Big in Japan». «Die nehmen Dödel hier ein wenig zu wichtig», findet Paula.

San Francisco ist bunt und inspirierend, wuselig und anstrengend. Es fühlt sich an, wie in einem 4-D-Wimmelbilderbuch gefangen zu sein. In Lichtgeschwindigkeit verändern sich die Bilder, bevor ich sie fassen kann, setzen sich wie in einem Kaleidoskop in Sekunden immer wieder neu zusammen. Zeit hat hier eine andere Bedeutung, verglüht geradezu. Alle machen permanent mehrere Dinge gleichzeitig, scheinen die überall präsenten weißen Stöpsel im Ohr implantiert zu haben. Wir sind im Silicon Valley: In der U-Bahn liest niemand Zeitung oder ein Buch, niemand schaut aus dem Fenster oder sein Gegenüber an. Stattdessen schreibt man E-Mails, spielt Spiele, bestellt online den Salat fürs Abendessen oder den fertig geschmückten Weihnachtsbaum. Es dauert keine zwölf Stunden, bis in unserem Haus eine Internetverbindung installiert ist, jeder ist rund um die Uhr erreichbar und beschäftigt.

Um gesehen zu werden, muss man darum etwas dicker auftragen. Jegliche Form der Selbstdarstellung ist erlaubt, sogar erwünscht. Alles ist möglich. Vollbart zu mohnrotem Lippenstift, dazu Yoga-Leggings und High Heels. Oder Achtzigerjahre-Skijacke und untenrum nur baumelnde Banane beim Strandspaziergang mit dem Hund. Männer tragen bunt lackierte Acrylnägel, Frauen Smoking, Obdachlose tanzen zu den Trommeln der Straßenmusikanten in trauter Zweisamkeit mit Hipstern, elektronische Fußfesseln zeigt man stolz durch hochgekrempelte Hosenbeine, «Fuck you bitch!» ist eine legitime Begrüßungsformel.

In Haight-Ashbury, dem legendären Hippieviertel, sitzt man mit baumelnden Beinen auf den Fensterbänken und kifft, ein Mann benutzt die Straßenlaterne als Poledance-Stange, tanzt mit einer Anmut, die nicht zu seiner vollgekackten Hose passt. Auch in San Francisco sind zugedröhnte obdachlose Menschen allgegenwärtig, wundert es niemanden, wenn sich ein junges Mädchen vor einem Schaufenster krümmt und sich jede Wimper einzeln ausreißt. Scheinbar gehören sie zum Gesamtbild der Stadt wie die viktorianischen Häuser, deren Fassaden die steilen Hügel schmücken. Wie die kunstvoll gesprühten Wandbilder, die besonders die Gassen Chinatowns zieren, wie die Surfer, die die Wellen am endlosen Ocean Beach reiten. In San Francisco prallen Gestern, Heute und Morgen in einer Weise aufeinander, die uns Herz, Augen und Ohren durchpusten. Nicht einmal die Jahreszeiten halten sich hier an Regeln: Unter einem rot gefärbten Ahorn blühen Kapuzinerkresse, Hortensien, Rosen und Geranien, im Hintergrund glitzern die Lichter eines Weihnachtsbaumes.

Die Luft riecht nach Frühling, es ist mild, mir fehlt die Weihnachtsstimmung. Umso dankbarer bin ich, als der Frühling an Heiligabend Pause macht, nasses Grau vom Himmel stürzt und die Kerzen in vertrautem Weihnachtsdunkel leuchten dürfen. Alles soll so sein wie zu Hause, die Kinder sollen nichts vermissen müssen. Als der Baum gewohnt rot-weiß geschmückt vor uns steht, sich die vier Kerzen am Adventskranz in den Augen von Oma und Patenonkel spiegeln, der bunte Teller mit Lebkuchen bestückt ist, fragt Paula: «Und wann feiern wir endlich wilde Weihnachten?» Ich bin verwirrt. Mühsam um Fassung bemüht, beichtet mir Paula, dass unser Weihnachten auf der Afrikareise, ohne Tannenbaum, stattdessen mit einer muschelgeschmückten Agave am weißen tansanischen Strand, ohne Lebkuchen und fast ohne Geschenke ihr schönstes Weihnachten gewesen ist. Dass sie sich schon die ganze Zeit auf wilde Reiseweihnachten gefreut hat.

«Dieses Jahr feiern wir zahme Weihnachten in einer wilden Stadt, nächstes Jahr bekommst du wilde Weihnachten», verspreche ich ein wenig vor den Kopf gestoßen.

BALANCE

USA: Berkeley, Januar 2019

Unter den blendenden Halogenlampen stehen ein kleiner Mexikaner, seine Frau und ein Mädchen im Teenageralter, vermutlich die Tochter, über einem Wäscheberg. Liebevoll zupft der Papa Fussel von einem Paar Leggings, faltet sie sorgfältig. Die Frau lächelt, sortiert Sockenpaare. An der Wand hängen zwei Fernseher mit unterschiedlichem Programm, beide auf Spanisch. Auf der Bank vor dem einen sitzt eine weiß gelockte Oma mit sehr rotem Mund, neben sich ihren Gehwagen, und schaut eine Telenovela. Das Gespräch der Familie, die Stimmen aus den beiden Fernsehern und das Brummen der 44 Waschmaschinen und 36 Trockner vermischen sich zu einem beruhigenden Murmeln. Ein älterer Mann mit strähnigen Haaren und einem Raben-Tattoo im Gesicht klappert mit seinen Cowboystiefeln akustische Achten zwischen die Reihen der Maschinen. Eine Waschladung dauert 29 Minuten. Da lohnt es sich nicht, sich zu setzen. Jedenfalls nicht, wenn die Stiefel so viel zu erzählen haben. Jedes Mal, wenn ich mit unseren Wäschebergen den Waschsalon Golden Bear betrete, nehme ich mir vor, die Zeit mit Schreiben oder Fotos-Bearbeiten zu überbrücken. Und jedes Mal werde ich eingesogen von all dem Leben um mich herum. Es riecht nach Waschmittel, nach Chlorbleiche und gebratenem Fleisch aus dem iranischen Imbiss nebenan. Obwohl es alles andere als gemütlich ist, fühle ich mich geborgen. Jeder hier scheint zufrieden zu sein. Vielleicht deshalb, weil man hier eine Aufgabe erledigt, die man schon die ganze Woche vor sich hergeschoben hat. Man sagt ja, Energie folge der Aufmerksamkeit. Wenn ich meine Energie darauf lenke, die Zufriedenheit meiner Mitmenschen mit voller Aufmerksamkeit zu betrachten, dann hoffe ich, färbt das ab.

2019 fängt nicht gut an, feuert uns so manchen Felsbrocken in den Weg. Kurz vor Weihnachten schienen die Verwünschungen der anderen Autofahrer:innen in San Francisco Wirkung zu zeigen: Roger fuhr nicht mehr. Nach langem Suchen fand Timm eine Werkstatt, die auf Trucks spezialisiert ist. Die Gegend, in der sie liegt, ist nicht vertrauenerweckend. Oakland gilt als die gefährlichste Stadt Kaliforniens. Hier stehen vermummte Männer schon zwei Straßenbahnstopps vorher auf, springen auf der Stelle, fordern boxend ihr in den Scheiben gespiegeltes Bild heraus. Sie machen sich warm für das, was nach dem Aussteigen auf sie wartet. Auch uns erwartet nichts Gutes. Der Motor ist nicht zu retten: Kolbenfresser, Totalschaden. Soll unsere Reise nicht hier enden, haben wir nur wenige Möglichkeiten. Entweder versuchen wir, den alten Motor zu reparieren, oder wir transplantieren ein neues Herz, einen neuen Motor. Eine dritte Option wäre, einen neuen Lkw zu besorgen und den Wohnkoffer darauf zu installieren, die vierte ein komplett neues Gefährt. Werkstattbesitzer Kelly rät zur vierten – eine Option, die für uns alle nicht zur Debatte steht. Um näher an der Werkstatt zu sein, ziehen wir von San Francisco nach Berkeley, auf die andere Seite der Bucht. Statt voller Freude und Zuversicht in ein neues Jahr zu starten, verbringen wir nächtelang vor dem Computer, suchen nach einer Lösung, die uns die Weiterreise ermöglicht, ohne unsere Reisekasse komplett zu sprengen.

Natürlich ist es Quatsch zu glauben, dass ein neues Jahr, nur dadurch, dass es eine neue Jahreszahl trägt, bahnbrechende Veränderungen bringt. Selten aber lassen wir die Chance auf einen geliebten Neuanfang verstreichen.

Statt Vorsätze zu fassen, überlegen Timm und ich uns, dem Beispiel einer lieben Freundin folgend, seit unserer Zeit in Kapstadt jedes Jahr ein neues Jahresmotto. Ein Motto, so haben wir die letzten Jahre herausgefunden, ist ein großartiges Werkzeug, zu reflektieren, sich zu hinterfragen und seinen Handlungen einen übergeordneten Sinn zu geben.

Unser Motto für 2018 war «Focus». Es war kein einfaches Jahr. Die letzten Monate vor der Abfahrt, die Planungen, die ersten Monate auf Reisen haben viel Unruhe und manchmal Unsicherheit in unser Leben gebracht. Die Gefahr, sich zu verzetteln und den Überblick zu verlieren, war riesengroß. Unser Motto hat uns geholfen, das Ziel nicht aus den Augen zu verlieren, uns auf das zu besinnen, was in dem Moment wichtig war, und nicht so sehr auf das zu achten, was uns links und rechts aus der Bahn zu werfen drohte.

Das Motto für 2019 lautet «Balance». Ausgleich ist etwas, das wir uns in allen Bereichen des Lebens für dieses Jahr wünschen, sowohl im Großen als auch im Kleinen. Unsere Reise birgt das Risiko, dass wir uns immer wieder aus der eigenen Mitte katapultieren. Umfeld, Temperaturen, Sicherheitsstandards, nahezu alle Lebensbereiche ändern sich ständig. Und mit ihnen die Stimmung. Unser innerer Kompass muss an jedem Tag erneut seinen Nordpol finden, sich austarieren, damit wir uns nicht verirren. Den Bedürfnissen von sechs Personen unter den Umständen unserer Reise gerecht zu werden, ist ein Balanceakt. Jeder von uns braucht genügend Zeit für sich, jedes Kind genügend Aufmerksamkeit von Timm und mir. Beim Homeschooling brauchen wir ein Gleichgewicht zwischen Disziplin und Flexibilität, zwischen Strenge und Offenheit. Timm und ich müssen unser Gleichgewicht bei Eltern-, Paar- und Lehrerrolle finden, uns genügend Zeit geben, Erlebtes zu verarbeiten, und genauso Zeit erlauben, Neues zu erleben. Stunden, die wir für Schule und Freizeit im Verhältnis zur Fahrzeit einplanen, gilt es in ein Gleichgewicht zu bringen. Für Timm ist es schwierig, die richtige Balance zwischen der Arbeit zu Hause und der Konzentration auf die Reise zu finden. Oft steht er im Moment aufgrund der Zeitverschiebung nachts um drei Uhr auf, arbeitet bis mittags. Das funktioniert, solange wir die nötige Infrastruktur dafür haben, wird aber nicht für die gesamte Dauer der Reise möglich sein. Der Kontakt mit der Heimat wirft uns manchmal aus der Bahn. Auch hier gilt es, die richtige Dosis zu finden, damit wir nicht permanent aus dem Jetzt katapultiert werden, aber auch, um nicht am Ende der Reise ohne Freund:innen dazustehen. Wir fragen uns täglich, ob Aufwand und Gewinn im richtigen Verhältnis stehen. Es wäre wundervoll, möglichst viele der grandiosen Nationalparks der USA zu sehen. Ist es aber den Aufwand an Fahrzeit, an Kosten und der Zeit, die von unseren Reisepausen abgehen würde, wert? Oder wäre der persönliche Gewinn größer, wenn wir stattdessen nur wenige, diese dafür ohne Zeitdruck besuchen? Wenn wir «Balance» als das große Gesamtziel dieses Jahres betrachten, lassen sich viele Fragen leichter beantworten. Vieles im kommenden Jahr wird sicher nicht so kommen, wie wir es beabsichtigen. Pläne sind dafür da, durchkreuzt zu werden. Wenn es uns gelingt, dabei unsere Mitte zu wahren, uns immer wieder in Balance zu bringen, werden wir, egal, was kommt, gewinnen.

Nach einer Woche Abwiegen haben wir auch für Roger eine Lösung gefunden: Wir werden den Motor komplett überholen. In den folgenden Wochen zerlegt Kelly ihn in seine Einzelteile. Einige notwendige Ersatzteile treibt Timm in Europa auf, lässt sie per DHL schicken, andere wie den Zylinderkopf und die Injektoren können wir hier überholen. Timm verbringt fast jeden Morgen in der Werkstatt, schaut den Schraubern über die Schulter, um den Motor zu verstehen. Es ist nicht leicht, die Zwangspause zu ertragen. Und doch sind wir trotz der Schwierigkeiten, die wir überwinden müssen, dankbar. Die Vorstellung, dass uns dieser Rückschlag genauso in Nicaragua oder im Amazonas-Regenwald hätte treffen können, lässt keine andere Haltung als Dankbarkeit zu.

Zufrieden verlasse ich mit zwei Ikeatüten voller nach «Sea Breeze» duftender, sauber gefalteter Wäsche den Waschsalon. Am Bordstein liegt ein Mann. Nur mühsam kann er den Kopf aufrecht halten, klammert sich mit einer Hand an den Laternenpfahl zu seiner Rechten. Ein Pick-up parkt ein, nähert sich den halb auf der Straße liegenden Beinen des Mannes. Ich lass meine Ikeatüten fallen, schreie, so laut ich kann: «Stopp», renne auf den Pick-up zu.

«Thnks Hny», lallt der Obdachlose, als der Pick-up 40 Zentimeter vor seinen schmutzigen, mit verschorften Wunden übersäten Füßen zum Stehen kommt. Ich kann ihn kaum verstehen, gehe näher auf ihn zu – und bereue es sofort. Ein unerträglicher Gestank schlägt mir entgegen.

«Sea Breeze, Sea Breeze, Sea Breeze ...», versuche ich, den Geruch des Waschsalons heraufzubeschwören, atme durch den halb geschlossenen Mund. Aus glasigen Augen strahlt mir der Mann entgegen, sein fast zahnloser Mund artikuliert Worte, die ich kaum verstehen kann. «Wanna share?», glaube ich zu verstehen, gehe in die Hocke, damit er seinen Hals nicht zu sehr verrenken muss. Mit schwarzen Fingernägeln und bräunlich verschmierten Händen deutet er auf ein großes Dönersandwich, das neben ihm auf einem Alufoliebett liegt. Vom Urinbeutel an seiner Seite breitet sich eine kleine Pfütze Richtung Sandwich aus. Dankend lehne ich ab.

«My lucky day today, look, so much sandwich. Want some?» Erneut lehne ich ab. «And someone gave me this», er hält mir ein kleines Parfumpröbchen entgegen. «Smell!» Jede Zelle in mir wehrt sich dagegen, denselben Gegenstand zu berühren, den diese Hände halten. Mein Bedürfnis, nicht unhöflich zu sein, aber siegt. «Chanel No. 5», hilft mir der Mann auf die Sprünge, nimmt das Röhrchen zurück, reibt seine spakige Lederjacke großzügig damit ein.

«Shitnel», lacht er vor sich hin. Heute sei ein Tag, da könne er nicht aufhören zu scheißen, da sei es gut, das Parfüm zu haben. «Shit und Chanel, Shitnel, verstehst du?!», wiederholt er, weil ich ihn, statt zu lachen, entsetzt anstarre. Seine Mutter hätte immer Chanel getragen, sagt er. Bevor er beginnen kann, mir ihre Geschichte zu erzählen, frage ich, ob ich noch etwas für ihn tun kann. Eine Flasche Wasser hätte er gerne. Ich drehe mich um, gehe in den Supermarkt nebenan. «Great ass», lacht er mir blökend hinterher.

Da Scott, so stellt sich mir der Obdachlose vor, unmöglich aus der Flasche trinken kann, ohne das Wasser zu verschütten, hole ich aus dem iranischen Imbiss einen Coffee-to-go-Becher mit Strohhalm. Ich möchte unbedingt vermeiden, Scott anfassen zu müssen, um ihn aufzusetzen. Während ich wieder, vor ihm kniend, Wasser aus der Flasche in den Becher fülle, lächelt mir ein Mann mit Schoßhündchen an der Leine zu. «You are a good person», sagt er im Vorbeigehen. Er hat es nett gemeint, hätte mir aber auch genauso gut die Faust ins Gesicht rammen können, so sehr erschüttert mich die Message hinter seinen Worten: Wir leben in einer Welt, in der es ausreicht, einem Bedürftigen eine Flasche Wasser für einen Dollar zu kaufen, um als netter Mensch zu gelten.

Lange geht mir Scott nicht aus dem Kopf. Jedes Mal, wenn mir die schlechte Laune in den folgenden Tagen den Blick zu vernebeln droht, denke ich an ihn. Denn auch schlechte Tage sind gute Tage. Weil ich mich spüre, vielleicht nicht zufrieden bin, aber gesund.

UNVERSTELLTER HORIZONT

USA: *Nevada, Februar 2019*

Ich muss einen Aufschrei unterdrücken. Das Wasser, in das ich vorsichtig meinen Fuß stecke, ist sehr, sehr heiß. «Es tut nur die ersten Minuten weh, gleich wird es besser», tröstet eine Stimme aus der Dunkelheit.

Vor meinem inneren Auge blitzt das Bild eines Hummers auf, der sich in einem Topf kochenden Wassers von einem Tier in eine Mahlzeit verwandelt. Zuvor hat er Tage, schlimmstenfalls Wochen mit gefesselten Scheren, umgeben von zu vielen Artgenossen, in einem Aquarium verbracht. Auch wir sind uns seit unserem Aufbruch in Berkeley in der Enge auf die Nerven gegangen.

Nach zwei Monaten wieder unterwegs zu sein, war zunächst fast so aufregend wie unsere Abfahrt in Deutschland vor sechs Monaten. Roger schnurrte wie ein Kätzchen, wir fühlten uns wieder frei und ungebunden, stolz und dankbar diese Krise überstanden zu haben. Und doch fehlte die erhoffte Leichtigkeit. Bei Lotta und Paula hatte es sich eine Magen-Darm-Grippe gemütlich gemacht, Carl und Max prügelten sich ununterbrochen. In Roger stank es nach Sechsfachfurz, und wir hatten die Wahl zwischen Lüften und anschließendem Frieren oder Gestank und Wärme. Der Regen prasselte aufs Dach, es klang, als würde jemand eine Ladung Rollsplitt über uns ausschütten. Immerhin übertönte das die Streitgeräusche.

An Tag sechs aber küsste uns am Morgen in der Mojave-Wüste

der Sonnenschein wach. Auf den Pfützen knusperte eine dünne Eisschicht, rote Felsformationen kratzten an strahlend blauem Himmel. Die Wüste schien jedes überflüssige Geräusch zu schlucken. Die Stille beruhigte meinen inneren Tumult, der Horizont, unverstellt und weit, beruhigte den Blick. Als es im Außen endlich still wurde, kamen die inneren Stimmen auch mal zu Wort.

Jeden Tag verzweifle ich am Homeschooling. Noch immer sind mein größter Feind die grauen Männer in meinem Kopf. Ich habe unendliche Angst, Fehler zu machen, nicke lieber im Takt ihres Aktenkoffergeschnappes, als mir selbst zur Seite zu stehen. Ich möchte den Kindern nicht ihre Zukunft ruinieren, auf keinen Fall Abstriche in ihrer Ausbildung machen. Aber wem – und dieser Gedanke tut weh – möchte ich eigentlich mit meinem Bemühen, alles richtig zu machen, dienen? Den Kindern oder mir selber? Geht es vielleicht darum, dass ich mit meinem fucking Perfektionsanspruch nur das Bild verteidige, das ich von mir selber haben will? Ich möchte nicht angreifbar sein, und Perfektion ist meine Rüstung. Will ich aber meinen Kindern gegenüber eine Rüstung tragen? Sollte ich ihnen nicht lieber vorleben, dass ich manchmal unsicher bin, dass ich auch mal an meinen Fähigkeiten zweifle? Ist es nicht Zeit, der Heldin den Garaus zu machen?

Wofür reise ich? Um alles richtig zu machen und mir zu beweisen, was ich alles wuppen kann, oder um mich und meine Familie zu erkennen, um uns von innen nach außen zu krempeln?

«Und, tut's noch weh?» Die Stimme aus der Dunkelheit reißt mich aus den Gedanken. Inzwischen durchdringt angenehme Wärme meinen steifen, schmerzenden Körper, es plätschert leise, über uns leuchten eine Million Sterne im Wüstenhimmel, ansonsten ist es dunkel. Zum Glück. Die Stimme gehört einem nackten Siebzigjährigen, der an meiner rechten Seite entspannt. Timm, die Kinder und ich halten uns ebenfalls an den Verhaltenskodex dieser heißen Quelle und sind allesamt textillos.

Irgendwann in den frühen Siebzigern hatte sich eine Gruppe Hippies aufgemacht und diesen Platz geschaffen. Er liegt, umgeben von hohen Bergketten, inmitten einer Oase in der ansonsten unbewohnten Wüste, wird von unterirdischen heißen Quellen gespeist und ist extrem schwer zu erreichen. Wir mussten uns durch Tiefsand kämpfen, sind über enge Bergpässe gefahren, haben zwei Straße-gesperrt-umdrehen-Schilder ignoriert, Felsbrocken aus dem Weg geräumt, oft in metertiefe Abgründe auf der Beifahrerseite geblickt. Ich war mehrmals versucht aufzugeben, bin aber jedes Mal überstimmt worden. Zum Glück.

Wir sind die einzigen «Neuen», wurden sofort nach der Ankunft in die Camp-Etikette eingeführt: «Bitte seid möglichst leise, da hier in der Wüste der Schall sehr weit reicht. Stört niemanden, leuchtet nicht mit Taschenlampen, keine laute Musik, duscht bitte, bevor ihr, wenn möglich bitte nackt, in die Pools steigt. Campruhe ist um 21 Uhr.»

Ich kann mein Glück kaum fassen, dass endlich jemand außer uns die Kinder zum Duschen, Leisesein und Frühschlafen verdonnert.

Im Sommer, wenn die Temperaturen über 40 Grad klettern, ist man hier 24/7 nackt, anders ist es nicht auszuhalten. David, der ebenfalls mit uns im Pool dümpelt, erzählt, dass wir sehr großes Glück hätten. Eine so windstille Nacht wie heute habe er hier seit Wochen nicht erlebt. Er sei schon länger hier, helfe im Camp, das ausschließlich von Freiwilligen in Ordnung gehalten würde. Von März bis Oktober reist und wandert er durch die Nationalparks der USA, er liebt die Natur, ist schon zweimal den gesamten Pacific Crest Trail von Mexiko nach Kanada gewandert, hat früher als Ranger gearbeitet. Er schläft in einem Zelt, das er windgeschützt etwas abseits aufgebaut hat. Alle hier außer uns arbeiten als Ranger, Biologen, definieren sich als Lebenskünstler, vertreten einen reduzierten Lebensstil. Zum ersten Mal kommt uns Roger ein bisschen zu groß, zu komfortabel vor, und wir fühlen uns alles andere als reduziert. Wir empfinden uns als wohlstandsverwöhnte Exzentriker, die auf der Suche nach Abenteuer in die Lebenswelt anderer eindringen, mit dem einzigen Ziel, den eigenen Horizont zu erweitern. Niemand hier ist verantwortlich für dieses Gefühl, alle heißen uns willkommen. Und doch fühle ich mich ein bisschen wie ein Zoobesucher, der ungeniert die Lebensweise seines Gegenübers studiert, seziert und dokumentiert. Ohne im Gegenzug etwas anzubieten zu haben.

Drei Tage verbringen wir in dieser Idylle, sitzen stundenlang im warmen Wasser, blicken auf schneebedeckte Berge bei Tag, nachts rieseln die Sternschnuppen auf uns herab. Wilde Esel, die «Burros», singen uns wenig melodisch in den Schlaf, die Kinder spielen, Timm bastelt an Roger, ich habe Zeit zum Schreiben. Während die Nächte kalt werden, klettert das Thermometer tagsüber auf angenehme 18 Grad. Wir sind den ganzen Tag draußen, holen die verpasste Bewegung nach, tanken wieder Energie. Ab und zu jagen Düsenjets der US Air Force unseren Adrenalinspiegel in die Höhe, wenn sie in ohren- und augenbetäubenden Manövern über unseren Köpfen durch die Canyons jagen. Seit Jahren ärgern die Air-Force-Piloten die Freigeister, indem sie im Sommer die Nackten aufscheuchen, so niedrig wie möglich fliegen. Auch friedlich sein, ist eine Form der Rache, lerne ich hier. Als Antwort auf die Manöverübungen nämlich renovieren die Hippies in regelmäßigen Abständen ihr Peace-Zeichen aus Felsbrocken, das über dem Tal wacht.

SYNAPSENGLÜHEN

USA: *Las Vegas, Februar 2019*

Das deutsche Jugendschutzgesetz steckt voller Gründe, die dagegen sprächen, mit Kindern nach Las Vegas zu fahren. Wenn wir unsere Reise jedoch als Bildungsreise verstehen, dann können wir ihnen und uns «Sin City», die Stadt der Sünden, nicht vorenthalten.

Nach zwei Wochen unter den Sternen des Wüstenhimmels sind die Lichter der Stadt ein Schock. Aus dem All betrachtet soll der Las Vegas Strip der hellste Ort der Erde sein. Der Himmel ist hier niemals schwarz, so etwas Banales wie Sterne hat keine Chance zu leuchten. Als wir lange nach Sonnenuntergang zum ersten Mal über den taghell erleuchteten «Strip», die Hauptstraße von Las Vegas, fahren, trage ich Sonnenbrille. Für das, was sich zwischen dem grellen Blinken durch meine Netzhaut fräst, fällt mir nur ein Wort ein: absurd! Auch den Kindern glühen die Synapsen, sie untermalen das Spektakel vor unseren Augen akustisch. Nach ein paar Minuten ist Paula sich sicher: «Ich liebe Las Vegas!» Eine Meinung, die sie bis heute vertritt.

Obwohl wir nur in Schrittgeschwindigkeit vorankommen, können Augen und Verstand nicht mithalten. Wir fahren vorbei an der Sphinx in Lebensgröße, am Luxor Hotel, das in Pyramidenform gebaut, den Anfang des Strips markiert. Das darauf folgende Excalibur, ein Riesenschloss, sieht aus wie der Lego-Friends-Welt entsprungen. Über die Dächer «New Yorks» rattert eine Achterbahn, vorbei an der Freiheitsstatue im Basketballtrikot. Ein paar Meter weiter sind wir in Paris, zu unserer Rechten der Eiffelturm. Im Bellagio gegenüber türmen sich aus einem dem Comer See nachempfundenen Gewässer beleuchtete Wassermassen in den Himmel, im Venetian schippern Gondolieri durch künstliche Kanäle. Das Imitat des Markusplatzes unterscheidet sich nur dadurch, dass es nicht von Taubenschwärmen bevölkert ist. Im Dschungel des Mirage bricht stündlich ein künstlicher Vulkan aus, sprüht Funken und Flammen, die Antike blüht im fast schmerzhaft kitschigen Caesars Palace auf. Nach nur 20 Minuten brauche ich eine Pause, wir beschließen, erst einmal Roger zu parken.

Der RV Park, auf dem wir einen Stellplatz reserviert haben, befindet sich im «historischen» Teil von Las Vegas, gehört zum Main Street Station Hotel und Casino, einem der ältesten der Stadt. Schon nach wenigen Minuten Stillstand meutern die Kinder, wollen zurück ins bunte Gefunkel.

Sprachlos ist der Zustand, in dem wir uns die nächsten Stunden befinden werden. Wir tragen Rucksack, derbe Stiefel, Jeans und haben vier minderjährige Kinder dabei, erfüllen nicht annähernd den Dresscode für ein Fünfsternehotel, geschweige denn die Voraussetzungen für einen Casinobesuch. In Australien bin ich einmal von einem Casino-Sicherheitsbeamten vor die Tür begleitet worden, weil meine Jeans ein Loch hatte, hier in Vegas scheint das kein Problem zu sein. Als wir uns der Tür des Bellagio-Hotels nähern, öffnet ein Page schwungvoll die Tür: «Welcome, enjoy your evening!»

Ich bin unsicher, frage eine Angestellte mit kurzem Rock und auffällig hübschen Beinen, ob es wirklich in Ordnung sei, mit Kindern das Casino zu betreten. Solange sie nicht an den Maschinen oder Tischen stehenblieben, sondern nur gucken und weitergehen, sei das kein Problem, klärt sie mich strahlend auf.

Bei Babys allerdings macht man, wie ich feststelle, eine Ausnahme. Die dürfen den ganzen Abend im Whiskeydunst am Spiel ihrer Eltern teilhaben, sowohl im Kinderwagen als auch im Tragetuch.

Wunderschöne Frauen in bodenlangen Abendroben stöckeln elegant am Arm ihrer befrackten George Clooneys, lärmende Gruppen mit «Vegas 2019»-T-Shirts drängeln sich um die Roulettetische, der eine oder andere schwankt bedenklich.

Auch wenn Las Vegas seit Jahren versucht, sich vom Schmuddelimage zu befreien und familienfreundlich zu werden, ist käuflicher Sex allgegenwärtig. Und das, obwohl er offiziell illegal ist. Leuchtreklamen preisen Damen an, die man sich auf Wunsch mit der Limousine liefern lassen kann. Eine Bar wirbt mit Jungfrauen, «jetzt noch jünger», eine andere damit, sich doch mal die «Eier brechen zu lassen». Eine Anzeigentafel bewirbt «Little Darlings», komplett nackt, jetzt aus dem Jahrgang mit Schulabschluss 2018. Frauen im Stringtanga, mit Netzstrümpfen, Federpuscheln am Po und bommelbedeckten Brüsten posieren für Erinnerungsfotos.

«Ist denen nicht kalt?», möchte Max wissen, zuppelt an seiner Daunenjacke. «Doch, sicher, aber das ist deren Job», lautet meine lahme Antwort.

«Blöder Job, und überhaupt, warum will man solche Fotos?» Wir erklären den Jungs das Konzept von Nacktbars und Prostitution. Beide sind entsetzt, dass manche so mit Frauen umgehen, Paula wird wütend, weil ihrer Meinung nach Frauen, die sich so behandeln lassen, Männern die Erlaubnis geben, sich wie Idioten zu verhalten.

Zu jedem Zeitpunkt sind statistisch 0,7 Prozent der Weltbevölkerung betrunken. Ein Großteil von ihnen scheint heute in Las Vegas zu sein. Betrunken und damit willenlos zu sein, scheint hier der erwünschte Zustand. Überall, zumindest an dem Ende des Strips, wo statt Gucci und Prada Shirts mit der Aufschrift «What happened in Vegas, stays in Vegas» verkauft werden, sind Barstände aufgebaut. Sie verkaufen Hochprozentiges in Slusheisform mit lustigen Bechern. Es wirkt. Die Kinder lachen über zwei mittelalte

Freundinnen, die im Zickzack über den Bürgersteig schwanken, sich krampfhaft aneinanderklammern. Sekunden später liegen sie am Boden, reißen sich gegenseitig an den Haaren, beschimpfen sich aufs Übelste. Die Jungs lachen Tränen, die Mädchen sind geschockt und peinlich berührt. Passanten drehen Videos, feuern die Damen an. Erst als sie von Sicherheitskräften getrennt werden, beruhigen sie sich und schunkeln Arm in Arm davon.

Dem dritten Übel, dem Vegas seinen legendären Ruf verdankt, kann man gar nicht aus dem Weg gehen. Betritt man unschuldig einen Starbucks oder eine Apotheke, landet man unweigerlich vor einem Spielautomaten. Sogar an der Supermarktkasse kann man sich die Wartezeit mit Daddeln verkürzen. Viele der Casinos sind 24/7 geöffnet, manche haben nicht einmal Türen, sondern sind über die gesamte Gehwegfront dauergeöffnet. Dort sitzen noch am Abend die Leute, die den Tag in Pyjama und Hausschuhen mit einer kleinen Aufwärmrunde begonnen haben. Prunk und Trash sind in Las Vegas keine Gegensätze, gehören absolut gleichwertig zum Bühnenbild dieses verrückten Zirkusses.

Als wir lange nach Mitternacht mit dem Uber zurück zum Campingplatz fahren, schläft Max auf der Rückbank ein. Unser Fahrer kommt aus Jordanien, ist seit eineinhalb Jahren in Las Vegas. Um seine in Amerika studierenden Kinder zu unterstützen, arbeitet er meist sechzehn Stunden am Tag, beginnt zwischen drei und vier Uhr nachmittags, fährt die Nacht durch bis acht Uhr morgens. Wenn er müde wird, bringt ihm ein Freund Kaffee von Starbucks, manchmal schläft er eine Stunde. Wenn er seinen Kindern die nötige Starthilfe verschafft hat, möchte er zurück nach Jordanien, wo seine Frau auf ihn wartet.

Erschlagen von der Nacht und den Eindrücken, werden wir am nächsten Morgen erst nach elf Uhr wach. Es regnet in Strömen, alles ist grau. Dort, wo es gestern verheißungsvoll und einladend geblinkt und geblitzt hat, sind die Lichter aus, Hangover. Ich habe

Kopfschmerzen, die Wimperntusche zeichnet mir Ränder unter die Augen, die Zunge pelzt. Ich bin gestern todmüde ins Bett gefallen, habe weder Zähne geputzt noch mein Gesicht gewaschen. «Genauso fühlt sich Aufwachen in Vegas an», denke ich. Meine Schlafanzughose hat Leopardenmuster. Zu Hause lustige Ironie, wirkt sie hier seltsam tragisch. Ich kann sie kaum ertragen, fühle mich trashig, habe das Bedürfnis zu putzen, zu waschen, eine ordentliche Hausfrau zu sein. Ich koche Lasagne, zünde Kerzen an. Die Schule mache ich an diesem Tag besonders gewissenhaft. Ich brauche dringend heile Welt um mich.

Um Münzen für die Waschmaschinen zu wechseln, muss ich an die Casinokasse ins Casino des Main Road Station Hotels. Es ist zwölf Uhr am Mittag, der Dunst von Rauch und Bier schlägt mir entgegen. Ein dicker Mann schlurft an einem Gehwagen vorbei, eine stark geschminkte Mittsechzigerin mit lila Acrylkrallen starrt auf die blinkenden Lichter vor sich. Aus den Lautsprechern ertönt «Paradise City», von allen Seiten dudelt es. Ich schiebe der Kassiererin einen Fünfdollarschein unter dem Gitter des Kassentresens durch und bitte sie, ihn in Quarters zu wechseln. «Für die Waschmaschinen» fühle ich mich genötigt klarzustellen und ernte einen gleichgültigen Blick.

Als die Säufersonne endlich aufgeht, die Lichter am Main Station Hotel blinken, sind wir wieder ausgehfein. Die Gegend um das Main Station Hotel, das «alte Vegas», ist deutlich trashiger als das neue Zentrum am Strip, das erst seit den Achtzigern gewachsen ist. Ein Miss-Piggy-Double in engem, kurzem Brautkleid und roten Stilettos stakst uns entgegen, der Wind hat den Schleier auf halbmast gesetzt, ihr frischgebackener Ehemann im passenden roten Hemd zieht einen Trolleykoffer hinter sich her. Aus den Boxen ertönt überlaut «Material Girl», Panflöten verlieren gegen Madonnas Ansage, und ein Mann trommelt auf umgestülpten Farbeimern. Zu seinem Beat tanzen angetrunkene Damen aus Montana. Vor der Tür eines Restaurants, dessen Namen etwas mit «Herzinfarkt» zu tun hat, steht eine gigantische Viehwaage. Wer mehr als 350 lb wiegt, isst hier umsonst. Drinnen sitzen die Menschen in Krankenhauskitteln, die hinten offen sind, die Stühle scheinen stabiler als sonst wo.

Uns zieht es wieder in den glamourösen Teil der Stadt. Ob die Leute sich gar nicht an ihrem Reichtum freuen können, ob sie gar nicht froh sind, das alles zu sehen, möchte Paula wissen. Eine berechtigte Frage, auf die ich keine Antwort weiß. Im Venetian wandeln wir in perfekt gedimmtem Abendlicht unter mediterranem Kunsthimmel durch die Straßen Venedigs, die venezianischer sind als das Original. Gondolieri schippern, inbrünstig vor sich hin schmetternd, verliebte Paare durch die Indoorkanäle. Paula kann das alles nicht fassen, ruft immer wieder: «Waaaaas? Ich liebe Vegas!», sprudelt über vor Aufregung und Begeisterung und erreicht, was all der Prunk der Stadt nicht zu schaffen vermag: ein flüchtiges Lächeln in die Gesichter einiger Passant:innen zu zaubern.

Als wir Las Vegas nach zwei Tagen Richtung Grand Canyon verlassen, übernimmt endlich wieder der Himmel das Kommando und gibt uns Raum, die Eindrücke dieser verrückten Stadt zu verarbeiten.

Timms Geburtstag feiern wir ein paar Tage später im Death Valley. Hier finden wir nicht nur den tiefsten Punkt Nordamerikas, sondern auch das weltweit zweitgrößte Lichtschutzgebiet. Keine unnatürliche Lichtquelle darf hier den Nachthimmel stören, Millionen Sterne funkeln und glitzern, lassen Schnuppen auf uns niederregnen. Ich zehre noch von diesen Nächten, als mich in LA erneut das «Land der unbegrenzten Möglichkeiten» zu verschlingen droht.

Land der unbegrenzten Möglichkeiten – dieses Bild tragen die USA stolz hinaus in die Welt. Und unbegrenzt sind die Möglichkeiten tatsächlich – in alle Richtungen, denn Freiheit wird hier großgeschrieben, vor allem die eigene. Als uns Anfang März, auf dem Weg zur mexikanischen Grenze Schilder darauf aufmerksam machen, dass Waffen in Mexiko illegal sind und auf keinen Fall eingeführt werden dürfen, atmen die Kinder auf: «Habt ihr gesehen? Endlich sind wir wieder richtig sicher!»

TEIL 2

DRUNTER UND DRÜBER

Mexiko und Zentralamerika

KOFFER VOLLER VERTRAUEN

Mexiko: Baja California, März 2019

Ich hatte vielerlei Ängste in meinem Leben. Ich gruselte mich davor, ungewollt Elternsprecherin zu werden, von einem Nilpferd überrannt oder mit Lepra angesteckt zu werden. Von den Mitgliedern eines Drogenkartells zerstückelt und in einem Massengrab verscharrt zu werden, ist eine neue Angst. Eine, von der ich nicht weiß, ob sie gerechtfertigt ist, weil alle mir verfügbaren Quellen Widersprüchliches behaupten.

Traveller:innen berichten fast ausschließlich Gutes über Mexiko. Sie schwärmen von fantastischem Essen, grandiosen Landschaften, überwältigender kultureller Vielfalt und herzberührenden menschlichen Begegnungen.

Für geschichtlich Interessierte ist Mexiko ein Paradies: 37 590 archäologische Stätten, teils nur oberflächlich freigelegt, entführen in die Zeit jahrtausendealter Hochkulturen. Es ist das Herkunftsland der Tomaten, vor 10 000 Jahren wurde hier Mais domestiziert. Der größte Teil des weltweiten Silbers wird hier produziert, und kein Land exportiert so viel Bier. Von hier kommen der kleinste Hund der Welt, der Chihuahua, und das ekeligste Getränk der Welt, Tequila.

Aber, und das sind die Seiten Mexikos, vor denen das Auswärtige Amt und viele US-Amerikaner:innen warnen, von den 100 gefährlichsten Städten der Erde liegt ein Großteil in Mexiko. Tijuana, der Ort, an dem wir die Grenze übertreten, gilt 2018 als gefährlichste Stadt auf unserem Planeten. Seit 2006 erschüttert das lateinamerikanische Land ein blutiger Drogenkrieg, der zwischen diversen Drogenkartellen, dem mexikanischen Militär und der Polizei sowie Bürgerwehren tobt. Dieser Konflikt, seit 2010 als innerstaatlicher Krieg eingestuft, hat bisher mehr als 200 000 Menschen das Leben gekostet. Im letzten Jahr wurden in Mexiko dreiundneunzig Menschen pro Tag getötet. Landesweit verschwindet hier alle zwei Minuten jemand, wird, wenn überhaupt, in einem der zahlreichen Massengräber, die überall im Land verstreut sind, gefunden.

Auch wenn ein Großteil der Konflikte Touristen, sofern sie sich aus kritischen Gebieten fernhalten, nicht betrifft, ist die Gefahr, zur falschen Zeit am falschen Ort zu sein, real. Weit verbreitet sind hier sogenannte «safe houses», meist luxuriöse Landsitze, in denen Waffen und Drogen versteckt, entführte Menschen gefoltert und getötet werden. Aus Versehen einmal falsch abzubiegen, an einen Ort zu gelangen, an dem Dinge passieren, die man nicht hätte sehen sollen, oder zufällig zwischen die Fronten zu geraten, ist bei unserer Art des Reisens so unwahrscheinlich nicht.

Trotzdem wollen wir uns nicht von all den Horrorgeschichten abhalten lassen. Wären die Reisewarnungen des Auswärtigen Amtes unser einziger Kompass, würde ich noch immer im heimischen Garten Unkraut zupfen.

Wir werden vorsichtig sein, niemals nachts fahren, gefährliche Gebiete meiden und uns regelmäßig über die Sicherheitslage informieren. Und vielleicht ist die allerwichtigste Vorsichtsmaßnahme die, unseren Koffer voller Vertrauen nicht aus den Augen zu verlieren.

Manchmal fühlen sich Grenzen an, als wären sie bloße Linien auf Landkarten, manchmal trennen sie Welten voneinander. Als wir in Tijuana über die Landesgrenze fahren, ist sofort alles anders. Plötzlich ist Grau die vorherrschende Farbe, Neonreklamen weichen an

Häuserwände gemalten Werbetafeln. Die Straßen sind menschenleer, zottelige Straßenhunde wühlen in Müllbergen. Tijuana hat in den letzten Jahren vor allem durch Morde innerhalb der verschiedenen Drogenkartelle und Gangs für Schlagzeilen gesorgt. Es ist kein guter Ort zum Bleiben. Wir wollen zügig Richtung Süden fahren, den kritischen Grenzstreifen von 200 Kilometern hinter uns bringen.

Baja California, dessen größte Stadt Tijuana ist, ist die zweitgrößte Halbinsel der Welt. Sie liegt an der Westküste Mexikos, ist durchschnittlich 120 Kilometer breit, mehr als 1200 Kilometer lang. Während der nördliche Teil Baja Californias feucht und grün ist, wird das Klima Richtung Süden immer trockener. Seit Wochen beobachtet Lotta das Wetter der Baja, freut sich auf Sonne, Wüste und Meer – ihre Sehnsuchtskombi. Stattdessen empfangen uns Regen, Matsch und kalte zwölf Grad. Es stürmt, erinnert an Oregon im November, sowohl draußen als auch in uns.

Je weiter wir uns aus Tijuana entfernen, desto mehr Leben kehrt auf die Straße zurück. Aus Brettern zusammengezimmerte Verkaufsstände, mit Plastikfolie oder Wellblech gedeckt, verkaufen alles von Secondhandklamotten über Waschmaschinen – neu und gebraucht –, Matratzen, Autoteilen bis hin zu Kinderbetten und Särgen. Einen befestigten Seitenstreifen gibt es nicht. Stattdessen im Sommer Staub und jetzt Modder. Die Straßen, die von der Hauptstraße abzweigen, sind nicht geteert, haben tiefe Schlaglöcher, aus denen schlammiges Wasser spritzt. Die Kinder sind begeistert: Endlich, endlich wird es wild!

Wir kommen nur langsam voran. Die «Carretera Transpeninsular», die Hauptverkehrsader der Insel, ist schmal, in beide Richtungen einspurig und verläuft auf einer Art Damm, der oft zu beiden Seiten steil abfällt. Schlaglöcher, Überschwemmungen und Kühe tauchen aus dem Nichts auf. Schilder verbieten, schneller als 60 Kilometer pro Stunde zu fahren. Außer uns hält sich niemand daran. Wir werden häufig überholt. Manchmal wird der Überholende während des Überholens ebenfalls überholt. Am Straßenrand reihen sich Kreuze. Die Ortschaften werden kleiner und spärlicher, Tankstellen sind nun am Straßenrand geparkte Pick-ups mit Reservekanistern auf der Ladefläche. Rechts und links der Straße imposante Kakteenwälder, Blütenteppiche in Gelb, Weiß und Orange wechseln mit sattem Frühlingsgrün und Geröllwüste.

Nach 500 Kilometern und zweieinhalb Fahrtagen sind wir endlich im südlichen Teil Baja Californias, an der Laguna Ojo de Liebre, angekommen. Hierher kommen jedes Jahr zwischen Dezember und April die Grauwale aus ihren arktischen Nahrungsgründen, um sich zu paaren oder ihre Jungen zu gebären. Drei Monate dauert ihre Reise aus dem Norden. Es ist die längste bekannte Säugetierwanderung der Welt. Nicht nur der bis zu 10 000 Kilometer lange Weg ist strapaziös. Während der gesamten Reise-, Paarungs- bzw. Aufzuchtzeit fressen die Wale nicht. Das tun sie erst wieder, wenn sie in den polaren Sommermonaten ihre arktischen Nahrungsgründe erreichen. Die Fastenmonate sind für säugende Mütter, deren Milch zur Hälfte aus Fett besteht, hart. Sie verlieren bis zu dreißig Prozent ihres Körpergewichts.

Die ganze Nacht haben wir in unserem Strandcamp dem Schnauben und Schnaufen der Wale gelauscht. Weil Schule heute nur ein Thema hat, Grauwale, sind die Kinder in Rekordzeit fertig, stehen kurz nach Sonnenaufgang fest in ihren Schwimmwesten verzurrt am Strand.

Dieses Jahr, das erzählt uns unser Guide Juan, seien die Wale magerer und in geringerer Anzahl in der Lagune angekommen als in den vergangenen Jahren. Vielleicht läge es daran, dass der letzte Sommer unverhältnismäßig warm war, was einen Einfluss auf ihr Nahrungsangebot im Norden hatte. Man beobachte seit Jahren, dass sich die Nahrungsgründe immer weiter nordwärts verschöben. Bis zu zweitausend Kilometer müssten die ausgehungerten

Grauwale dann zusätzlich schwimmen. Kein Ökosystem verändere sich so schnell wie die Arktis, hier hätte der Klimawandel bereits drastische Auswirkungen. Auswirkungen, deren Zeuge er und seine Kolleg:innen hier in Mexiko wären.

Mit einem kleinen Motorboot fahren wir hinaus auf die Lagune. Meterhohe Fontänen sprühen von Weitem sichtbar der Morgensonne entgegen. Ab und zu taucht der Kopf eines Grauwals in der Ferne aus dem Meer.

Nach ein paar Minuten Fahrzeit stellt Juan den Motor ab. Sanft schaukelt das Boot auf den kleinen Wellen. Ich befürchte einen Motorschaden, werde unruhig, frage, warum wir nicht weiterfahren. Juan lächelt: «Wir warten.» Plötzlich reckt sich keine fünf Meter neben unserem Boot eine lange graue Schnauze aus dem Wasser. Auf der glänzenden Haut eine schorfige Schicht aus Seepocken und Walläusen. Der Wal schaut in unsere Richtung, taucht wieder ab. Ein erwachsener Grauwal wird elf bis sechzehn Meter groß, wiegt bis zu vierzig Tonnen. Dem hat unser kleines Boot nicht viel entgegenzusetzen. Als ich an der Bordwand hinabblicke, kreuzen direkt unter uns zwei Schatten. Ich kann die vernarbte Haut erkennen, beobachte gebannt ihr lautloses Gleiten. Sie könnten uns mit der kleinsten Bewegung in Schieflage bringen. Bei Walfängern hieß der Grauwal «Teufelsfisch», weil er regelmäßig ihre Boote zum Kentern brachte. Ich teile meine Sorge mit Juan, der lacht. Dann schreit er.

«Schnell, fass sie an!», ruft er zu Lotta, die an der gegenüberliegenden Bordwand ins Wasser blickt. Direkt am Bootsrand stupst eine Walschnauze in Lottas zaghaft ausgestreckte Hand. «Nicht aufhören, streichel sie, sonst schwimmt sie wieder weg!» Juan ist zu Lotta gekommen, hält sie an der Weste fest. Grauwale und Delfine seien die einzigen Walarten, die den Kontakt zu Menschen suchen würden. Sie möchten spielen und gestreichelt werden. Während er das sagt, taucht ein zweiter, kleinerer Kopf neben Lottas neuer Freundin auf: ihr Kalb. Ich bin unsicher, was wir nun tun sollen.

Was, wenn die Mutter plötzlich Angst um ihr Kind bekommt und zum Teufelsfisch mutiert?

Wir bräuchten keine Angst zu haben, da ist sich Juan sicher. Die Mutter habe ihrem Kalb zu verstehen gegeben, dass es kommen darf. Und dann schmiegt das Kleine seine Nase in Carls ausgestreckte Hand. Ich vergesse völlig die Kamera in meiner Hand. Ich bin unfähig zu atmen, mir schießen Tränen in die Augen. Steuerbord sprüht ein weiterer Wal seine Fontäne in den Himmel, umhüllt uns mit Gischt und üblem Geruch. «Äh, Wale haben Mundpups!», stellt Max fest.

Als die Walmama einmal sanft unser Boot berührt, bleibt zwar mein Herz stehen, ich allerdings liege auf dem Hintern. Wenn den Walen ein Boot gefiele, sagt Juan, dann blieben sie länger. Unsere Wale bleiben fast zwei Stunden. Zeitweise ist unser kleines Boot von zwei Kühen mit ihren Kälbern und von zwei Männchen umringt. Das ist Juans Rekord. Er ist sich sicher, dass es daran liegt, dass Kinder an Bord sind.

Timm und ich sind vor allem von der Größe der Wale, von ihrer Nähe zu uns, von ihrer Anzahl beeindruckt. Die Kinder aber orientieren sich nicht am Größten, Stärksten und Unfassbarsten, sondern verstehen die Welt andersherum: vom Kleinsten zum Größten. Ihr Interesse gilt vor allem den Augen der Wale. Sie sind tennisballgroß, wirken verloren in den riesigen Köpfen. Und doch treffen ihre Blicke die Kinder mitten ins Herz. Lotta und Paula sind überzeugt davon, dass die Walmutter ihren Kälbern, so wie ich meinen Kindern heute Wale zeige, Menschenkinder zeigt. Sie spüren eine Verbindung von Walkind zu Menschenkind. Und eines Tages, wenn die Orte, Daten, Zahlen und Fakten unserer Reise in den Köpfen der Kinder konturlos ineinandergeflossen sind, wird es das sein, was sie erinnern: Sie werden sich daran erinnern, vom Blick eines Wales berührt worden zu sein.

MAGNETFELD

Mexiko: Baja California, März 2019

Und wieder greift eine gierige Wellenzunge den kleinen Körper, ein weiß schäumender Strudel verschluckt ihn. Die Abendsonne spiegelt sich tausendfach auf den Wellen, es ist, als zünde sie im Wasser kleine Lichter an, um den Schildkrötenbabys den Weg zu weisen. Ich hätte nicht gedacht, dass es mir so schwerfallen würde loszulassen.

Seit Tagen führt der Strandspaziergang uns zu der Schildkröten-Aufzuchtstation von Todos Santos, einem hübschen kleinen Ort auf Baja California, der, so sagt man uns, gerade von der mexikanischen Künstlerszene entdeckt wird. Freiwillige haben am Fuße der Dünen ein Gewächshaus aus Plastikfolien errichtet. Der Sand ist hier weich, fällt zum Meer hin steiler ab als an anderen Stellen. Für die Schildkrötenmütter, die ihren an die Schwerelosigkeit im Wasser gewohnten Körper hinaufschleppen müssen, ist es eine Tortur, für die frisch geschlüpften Schildkrötenbabys ein Vorteil, weil die Wellen sie von hier aus weiter ins Meer hinaustragen. Auch wenn die hier brütenden Schildkröten ein weites Verbreitungsgebiet in den tropischen Weltmeeren haben, sind pro Art nur circa sechzig bedeutende Niststrände bekannt. Besonders die Bebauung vieler Küstenabschnitte bedroht ihren Bestand.

Unsere Babys sind allesamt Oliv-Bastardschildkröten. Um die Eier vor streunenden Hunden, Seevögeln und vor allem vor uns Menschen zu schützen, patrouillieren Freiwillige täglich am

Strandabschnitt und sammeln die Gelege ein. Im Schutz des Gewächshauses dann können sich die Schildkröteneier ungestört entwickeln. Die Inkubationszeit ist, wie auch das Geschlecht der sich entwickelnden Schildkröten, abhängig von der Umgebungstemperatur. Im Schnitt beträgt sie sechzig bis siebzig Tage. Liegt die Umgebungstemperatur bei mehr als 29 Grad Celsius, schlüpfen vor allem Weibchen, bei kühleren Temperaturen hauptsächlich Männchen. In einigen Schildkrötenpopulationen werden, verursacht von steigenden Temperaturen durch den Klimawandel, seit Jahren deutlich mehr Weibchen geboren, was eine extreme Gefahr für den Bestand der Art bedeutet. Um ein ausgewogenes Geschlechterverhältnis zu erreichen, werden die Gelege hier mit Thermometern überwacht, und man versucht, eine Temperatur von 29 Grad einzuhalten.

Als wir heute am späten Nachmittag an der Aufzuchtstation ankamen, waren die Schildkröten gerade geschlüpft. Müde von der Anstrengung, lagen die schwarzgrauen, streichholzschachtelgroßen Körper bewegungslos in mit Sand gefüllten Plastikwannen. Alles in mir wehrte sich gegen den Gedanken, diese kleinen, zerbrechlichen Wesen den kalten Tiefen des Pazifiks und einem unbekannten Schicksal zu überlassen. Damit sie nicht schon auf dem Weg zum Meer gefressen werden oder der unbarmherzigen Sonne zum Opfer fallen, werden die Schildkrötenkinder unter Aufsicht und bei Sonnenuntergang in ihr neues Zuhause entlassen. Oder sollen entlassen werden. Auch Max will nicht loslassen.

«Ich kann nicht Mama, ich hab Angst, dass sie sterben!», flüsterte er vorhin verzweifelt, während eine Mitarbeiterin der Aufzuchtstation einen geraden Strich parallel zur Wasserlinie in den Sand zeichnete. Jenseits der Linie setzten wir unsere vier Schützlinge aus, damit sie selbstständig den Weg ins Meer finden. Das ist wichtig, damit sie ihre Lungenfunktion voll ausbilden, bis sie das Meer erreichen.

Und wieder ergreift eine weiß schäumende Welle Anton, Max'

Schildkröte. Sie ist die einzige von unseren vier Schildkröten, die zögerlich losgekrabbelt ist. Immer wieder blieb sie nach ein paar Zentimetern stehen, als müsse sie sich Mut zusprechen. Bob, Peter und Justus liegen noch immer an der Stelle, an der wir sie aus der Plastikwanne befreit hatten. Antons kleiner dunkler Körper verschwindet im Wellenschaum, dreht sich um die eigene Achse, bleibt, als sich das Wasser zurückzieht, im Sand liegen, wird ein paar Sekunden später von einer neuen Welle ergriffen. Diese trägt ihn dann endgültig hinaus ins Meer. Es dauert lange, bis ein Großteil der kleinen Schildkröten den beschwerlichen Weg in ihr neues Zuhause gefunden haben. Justus, Peter und Bob sind, nachdem die Sonne untergegangen ist, nur ein paar Zentimeter vorangekommen. Die Mitarbeiterin der Station sammelt sie wieder ein. Sie dürfen sich noch ein bisschen ausruhen, bevor sie morgen Abend den Wellen übergeben werden. Wir sind erleichtert.

Loslassen ist eine Herausforderung, der wir uns jeden Tag neu stellen. Immer wieder trennen wir uns von lieb gewonnenen Menschen und Orten, müssen weiterziehen und weiterziehen lassen. Die letzten eineinhalb Wochen sind wir entspannt von Strand zu Strand gezogen, haben überall mehrere Tage verbracht. Endlich sind wir in der richtigen Jahreszeit gelandet. Unsere Türen stehen seitdem weit offen, ein frischer Wind pustet den Mief aus dem Truck, wir haben Platz um uns, schaffen wieder Platz in uns.

In Todos Santos campen wir direkt am Strand. Nachts bescheint uns der Vollmond, wir lauschen den Wellen, den Gitarrenklängen der Surfer:innen, die hier am Lagerfeuer den grandiosen Tag verabschieden.

Zum ersten Mal seit Nova Scotia haben wir vor ein paar Tagen in der Bahía de Concepción unser Faltboot Motte vom Dach geholt. Von mindestens zwanzig Delphinen begleitet, deren glänzende Körper um uns aus dem Wasser sprangen, sind wir zu einer einsamen Insel gefahren, haben dort Robinson-Crusoe-mäßig den Tag verbracht. Zerklüftete Felsen leuchteten rot gegen den strahlenden Himmel, Pelikane stürzten sich aus der Luft senkrecht in die Tiefe. Wir lauschten den Wellen, die auf dem Korallensand ganz anders klingen, nicht plätschern, sondern zischen wie frisch eingegossenes Mineralwasser.

Alles war perfekt, alles ist perfekt. Und doch bin ich verunsichert. Ich träume intensiv. Meistens haben meine Träume etwas mit Verlust zu tun. Ich spüre, wie mir etwas entgleitet, fühle mich haltlos wie ein Schiff auf hoher See, dessen Ankerkette gerissen ist.

Selten hatte ich Angst vor der Unbequemlichkeit, die es bedeutet, unterwegs zu sein. Stattdessen fürchtete ich, mein Leben an einem Ort zu verschwenden. In Bequemlichkeit zu ersticken. Mit von Gewohnheit stumpf gewordenem Blick durch meinen Alltag zu rauschen, Zeit ungenutzt und unerlebt verstreichen zu lassen. Angst hatte ich immer nur davor, alt zu werden, ohne jeden Traumfitzel verwirklicht zu haben. Fertig sein, es gemütlich haben, war für uns nie ein Zustand, den wir lange ertragen konnten. Immer wenn wir einmal hätten innehalten können, hat uns die Angst vor dem Stillstand gepackt, und wir sind wieder losgeprescht.

Unser Hof in Deutschland, daran hatten wir die letzten Jahre hart gearbeitet, sollte uns endlich erden. Und nun fühlt es sich plötzlich an, als gehe mir Stück für Stück das Zuhause verloren. Als habe ich mich aus seinem Magnetfeld entfernt. Als sei mir mein Bezugspunkt abhandengekommen.

Das Ziel, irgendwann wieder dort anzukommen, macht mir Angst. Weil Ankommen das Gegenteil von Reisen ist. Ein ganzer Lebensentwurf beginnt zu bröckeln.

Ich hatte gehofft, dass mich diese Reise, ist der Abenteuerspeicher erst mal wieder voll, zufrieden würde heimkehren lassen. Wenigstens für eine Zeit. Plötzlich aber ist mir dieses Ziel im Weg. Ich habe die Orientierung verloren, das erste Mal seit langer Zeit.

Seit wir in Mexiko sind, weht ein anderer Fahrtwind. Das Land fordert dauerhafte Anwesenheit. Sowohl körperlich als auch mental. Vorbei sind die Zeiten, in denen wir uns leisten konnten, planlos zu sein. Vorwärtskommen ist oft anstrengend. Orte liegen weit auseinander, der Verkehr fordert unsere volle Aufmerksamkeit. Anders als in den USA und in Kanada ist Roger für mexikanische Straßen oft ein bisschen zu hoch beziehungsweise – darauf besteht Timm – hängen die Kabel zu tief. Immer wieder muss einer von uns aufs Dach klettern, wenn wir uns im Gewirr zu verheddern drohen, die Kabel mit einem Stock hochhalten, vorsichtig, um nicht an einer defekten Leitung einen Stromschlag zu bekommen. Da das Leitungswasser in Mexiko in weiten Teilen des Landes nicht trinkbar ist, füllen wir unsere Tanks in regelmäßigen Abständen an Wasser-Abfüllstationen. Meistens liegen die im Gewirr kleiner Gässchen. Oft rangieren wir ewig, bis wir so stehen, dass wir keine Leitungen abreißen, den Verkehr nicht behindern, wir an keinem Vordach hängen bleiben und uns trotzdem in Reichweite des Abfüllschlauches befinden.

Wer Risiken eingeht, erlebt mehr. Das gilt hier im Straßenverkehr wie beim Essen. Zu Beginn lief mein Hygienebewusstsein regelmäßig Amok, inzwischen kaufen wir gerne unsere Mahlzeiten an den vielen kleinen Straßenständen. In Deutschland fand ich mexikanisches Essen wenig reizvoll, hier feiern Geschmacksnerven und Immunsystem eine Dauerparty. Mein deutscher Blick allerdings hat eh ausgedient, nutzt mir in Mexiko herzlich wenig.

An vielen Orten brennt und rottet der Müll im Straßengraben. Im aufgeräumten Deutschland könnte man einfach ausblenden, dass unser Planet in Müll erstickt, an unseren Giften zugrunde geht. In Mexiko geht das nicht. Man sieht es, man riecht es, man spürt es. Da ist es, besonders für die Kinder, schwierig, hoffnungsvoll zu bleiben. Gut, dass es Orte wie Cabo Pulmo gibt, an denen wir wieder Hoffnung tanken. Der Nationalpark Cabo Pulmo ist ein 71 000 Quadratkilometer großes Meeresschutzgebiet am Golf von Kalifornien an der Südspitze der Baja California, einem der artenreichsten Gewässer dieser Erde. Grau- und Buckelwale, Orcas, Mantarochen, Blauwale, Walhaie, Hammerhaie, Lederschildkröten – eine Vielzahl vom Aussterben bedrohter Meeresbewohner leben hier. Das Korallenriff von Cabo Pulmo, schätzungsweise 20 000 Jahre alt, ist das älteste Korallenriff Nordamerikas. Anfang der Neunzigerjahre allerdings war es so schwer beschädigt, dass die Kinder des 150-Einwohner-Ortes Haie nur noch aus den Erzählungen ihrer Väter und Großväter kannten.

Die Dorfbewohner:innen besannen sich, als eine Gruppe Forschender der Universität von Baja California sie mit dem Ausmaß der Zerstörung konfrontierte. Was folgte, ist eine der weltweit bedeutendsten Naturschutz-Erfolgsgeschichten.

Auf Drängen der Dorfgemeinschaft von Cabo Pulmo und einigen Naturschutzorganisationen wurde 1995 offiziell der Nationalpark Cabo Pulmo gegründet, jede Form von Fischfang war ab diesem Zeitpunkt nicht mehr erlaubt. Für viele Dorfbewohner:innen, die seit jeher vom Fischen lebten, war das eine harte Zeit voller Entbehrungen. Entbehrungen aber, die schneller als erwartet Früchte trugen. Nur zehn Jahre nach der Gründung des Nationalparks beobachteten Forscher:innen eine vollständige Regeneration des Riffs und einen 460-prozentigen Anstieg der Biomasse. Nirgendwo auf der Welt hat man je einen so rapiden Anstieg der Biodiversität und eine so schnelle Regenerierung eines unter Naturschutz gestellten Gebietes beobachtet.

Seit 2005 ist das Cabo-Pulmo-Riff mit dem Nationalpark Cabo Pulmo eine UNESCO-Weltnaturerbestätte und gilt als eines der besten Tauchreviere der Welt. Es ist ein vergleichsweise kleines Gebiet, aber nach Meinung vieler Wissenschaftler:innen ein richtungweisendes Beispiel. Nur acht Prozent der Weltmeerflächen stehen heute unter Naturschutz. Gelänge es, dreißig Prozent unter

Naturschutz zu stellen, wären Geschichten wie die von Cabo Pulmo keine Ausnahme mehr.

Der Weg von Todos Santos nach Cabo Pulmo ist weit, führt uns durch die Touristenhochburgen Cabo San Lucas und San José del Cabo. Sie sind dem Amerikaner, was dem Deutschen der Ballermann ist. Die beiden Cabos empfangen uns mit allen Scheußlichkeiten, die der Massentourismus zu bieten hat: All-inclusive-Resorts, Golfplätze, Hotels, Clubs, und zwischen den beiden Orten verschwindet die Natur im Rekordtempo. Es wird laut in den Restaurants und Bars. Von scheinbar jedem Balkon und aus jedem Auto der abendlichen Strandbesucher dröhnt ein anderer Rhythmus. Die Meeresbrise scheint vergessen zu haben, was man von ihr erwartet. Es ist heiß und laut.

Gerne würde ich entkommen. Ich suche nach einem ruhigeren Ort, versuche, Stille in mir zu finden. Aber es ist, als stünde ich an der Tür zu meinem Innersten und würde nicht hereingelassen. Jedes Mal, wenn ich klopfe, werde ich ignoriert. Jedes Mal, wenn ich versuche, durch eines der Fenster zu blicken, werden die Gardinen zugezogen. Es ist so laut um mich herum, dass ich nicht hören kann, was drinnen vor sich geht. Das verunsichert mich zutiefst. Es ist, als würde auch da drinnen ordentlich renoviert. Und mir wurde die Bauaufsicht entzogen. Ich vermisse mich.

Ich weiß gar nicht mehr, was noch übrig ist von der Person, die vor einem dreiviertel Jahr in Deutschland losgefahren ist. Gestern machte Timm auf einmal eine Vollbremsung, schickte mich nach hinten in den Wohnkoffer, um Chips und Limonade zu holen, und verkündete: «Genau jetzt haben wir 20 000 Kilometer geschafft. Vor fast neun Monaten standen wir in Neumünster an der Tankstelle!» Es war unsere erste Pause. Vierzig Minuten nach der Abfahrt hatten wir dort unsere Tränen bei Chips und Kaltgetränken getrocknet und gefeiert, dass wir tatsächlich losgefahren waren.

Und nun standen wir in Mexiko am Straßenrand, um uns streunende Hunde, die den Straßengraben nach Essbarem absuchten, blauer Himmel, sengende Sonne. Wieder Chips und Limonade. Ein bisschen bunter, viel süßer, mehr Aroma. Von allem mehr. Nur ich, ich fühle mich, als würde ich immer weniger. Identifikationen, alte Träume, Ziele, all das blättert gerade von mir ab. Vielleicht aber, das hoffe ich, ist es mit mir wie mit einer guten Soße, die man eine Ewigkeit kocht, bis alles überflüssige Wasser verdampft ist. Am Ende bleibt die Essenz, die Reduktion, das, was eigentlich wichtig ist.

Und dann sind wir endlich am Riff. Nur ein Schnorchel verbindet mich mit der Welt über Wasser. Es ist still. Ich schwebe. Nichts zerrt an mir, weder von außen noch von innen. Das grelle Sonnenlicht, das mir an der Wasseroberfläche wahrscheinlich gerade den Nacken versengt, hat in dieser Welt jedes Drängen verloren. Vom Meerwasser weich gespült, bringt es alles um mich herum sanft zum Leuchten. Es reflektiert von Hunderten silberglänzenden Leibern. Lila Korallen strecken mir ihre zarten Verästelungen entgegen. Andere erinnern an Baumpilze und weiche, grüne Mooskissen. Ein Rochen wirbelt weißen Korallensand auf, in der Wolke verschwinden kurz die gelb-schwarz gestreiften Fische unterhalb meines Bauches. Rote sind plötzlich da, eine Seeschlange windet sich durch den Bewuchs dieses Unterwasserwaldes. Ich gucke zu Carl und Max, zwischen uns ein Schwarm blauer Fischchen mit gelben Schwanzspitzen. Das Lächeln der beiden ist zu breit für die Ganzgesichts-Taucherbrille. Es ist nicht zu fassen, dass diese Welt nur wenige Meter vom Strand entfernt existiert, unter einer Wasseroberfläche, die genauso harmlos aussieht wie die der Ostsee. Wie viele Wunder bleiben uns wohl verborgen, weil wir uns mit Oberflächen zufriedengeben, uns nicht trauen, den Kopf unter Wasser zu stecken und abzutauchen?

Was würde ich finden, wenn ich unter die Oberfläche der Rollenbilder tauchte, die mich bestimmen, seit ich Mutter bin? Was ist noch übrig von den Träumen meines jungen Ichs? Mit fünfundzwanzig hielt ich mein erstes Baby in den Armen, in diesem Alter ist die Gehirnentwicklung gerade eben abgeschlossen, und man gilt neurologisch als erwachsen. Ich rutschte von der einen Kindheit in die nächste. Von meiner in die meines ersten Kindes. Meine war nicht glücklich. Die meiner Kinder sollte es umso mehr sein. Für sie und für mich. Indem ich mir Mühe gab, meinen Kindern all das zu geben, was ich vermisst hatte, überschrieb ich mein eigenes Unglück. Ich bemutterte mich selbst mit. Und jetzt, nach fünfzehn Jahren zweiter Kindheit, fühlt es sich an, als wäre ein Teil von mir endlich so weit, sich über seine Zukunft Gedanken zu machen. Etwas in mir verhält sich wie ein rebellierender Teenager, stellt wieder und wieder bohrende Fragen: Wer will ich sein? Was will ich vom Leben? Was ist überhaupt noch möglich? War's das jetzt, oder geht's nun in die zweite Runde?

LA PAZ HEISST FRIEDEN

Mexiko: La Paz, Baja California, März 2019

Fast taghell erleuchtet der Mond die Dünenlandschaft. Er ist nicht mehr voll, spendet aber so viel Licht, dass es der Nacht nicht gelingt, die Farben zu schlucken. Wir liegen im roten Sand, der uns, noch warm vom Tag, den Rücken wärmt. Das Plätschern des Meeres am nahen Strand können wir nicht hören, der leichte Wind aber weht den salzigen Geruch herüber. Die Kinder und Timm liegen um mich herum, ich lese vom Kindle vor. Das Display habe ich so dunkel wie möglich gestellt, um den Mond nicht zu stören.

Heute Mittag sind wir auf dieser Landzunge vor der größten Stadt Baja Californias, La Paz, angekommen. Wir haben gehört, dass man von hier Walhaie beobachten könne. La Paz, das heißt auf Spanisch «Frieden». Und danach habe ich gerade große Sehnsucht.

So groß wie Roger ist der größte Fisch unserer Weltmeere, der Walhai. Mühelos könnte er einen Kleinwagen in seinem riesigen Maul verschwinden lassen. Als Planktonfresser öffnet und schließt er dieses bis zu siebenundzwanzigmal in der Minute. Obwohl der Walhai zur Familie der Haie gehört, ist er ein sanftmütiger Fisch und für uns Menschen ungefährlich. Was man umgekehrt leider nicht behaupten kann. Auch wenn in allen subtropischen Weltmeeren vertreten, steht der Walhai auf der *Roten Liste*, sein Bestand gilt als stark gefährdet. Wie die meisten Meeresbewohner bedrohen auch ihn hauptsächlich die Fischerei, Ölbohrungen und der Schiffsverkehr.

Hier in Mexiko an der Pazifikküste vor der Baja California kann man dem wenig erforschten Giganten sehr nah kommen, mit ihm tauchen oder schnorcheln. Auch wenn Unfälle, bei denen Taucher:innen oder Schnorchler:innen aus Versehen von einem Walhai eingesaugt werden, extrem selten sind, besteht theoretisch die Möglichkeit, dass eines meiner Kinder in seinem Maul verschwindet. Also beschließe ich, dass wir uns ihnen nur paddelnd auf dem Surfboard nähern werden. Auch ohne den Walhaien so nah wie die Schnorchler:innen zu kommen, ist es ein Erlebnis, ihre graubraune, von weißen Pünktchen gesprenkelte Haut von unserem Surfboard aus im Wasser aufblitzen zu sehen. Walhaie haben die dickste Haut im Tierreich, zehn bis fünfzehn Zentimeter misst sie. Eine panzerdicke Haut, die hätte ich auch gern.

Jeder, sofern nicht masochistisch veranlagt, meidet Menschen, die ihn bescheuert finden. Ich küsse sie jeden Morgen wach.

Oft haben Eltern von Teenagern komisch reagiert, wenn wir ihnen von unseren Reiseplänen erzählt haben. «Na, dann viel Spaß!» war eine freundliche Variante von «Seid ihr total bescheuert?». Ich hatte es für Fantasielosigkeit gehalten und merke jetzt, dass die Fantasielosigkeit eindeutig auf Timms und meiner Seite lag. Mit einem Teenager zu reisen, wird uns gerade bewusst, ist, als würde man gegen Naturgesetze kämpfen. Teenager wollen ihren Eltern nicht nah sein, jedenfalls nicht vierundzwanzig Stunden sieben Tage die Woche. Und Eltern wollen ihren Teenagern genauso wenig dauerhaft nah sein. Nie hätte ich das für möglich gehalten, aber es gibt Tage, da finde ich den Gedanken, dass Lotta irgendwann auszieht, nicht mehr so erschreckend.

Ich hasse es, mein Kind (manchmal!) doof zu finden, und bin nicht gut darin, doof gefunden zu werden. Auch wenn ich weiß, dass das ein normaler, ein gesunder Prozess ist, saugen mir Streit und Stimmungsschwankungen jede Energie aus dem Körper. Ich fühle mich unter Dauerstress, weil mir mein Harmoniebedürfnis immer wieder in den Rücken fällt. Hat jemand in der Familie ein schlechtes Gewissen, eine Schuld oder einfach nur eine fiese Laune abzugeben, bin ich zu gern bereit, diese bei mir aufzunehmen und zu einem Teil von mir zu machen. Meine eigenen Grenzen sind zu porös, als dass ich selbst gesunde Grenzen setzen könnte. Weder für mich noch für andere.

Timm hingegen hat sehr genaue Vorstellungen von eigenen Grenzen und denen anderer. Meistens hat er eine Lösung, bevor es ein Problem gibt, wodurch sich andere schnell bevormundet fühlen. So sind wir alle gefangen in unseren Mustern, und die permanente Veränderung, die Lottas Entwicklung mit sich bringt, verursacht Reibung. Reibung, die an einigen Stellen zu Entzündungen neigt.

Lotta, das zeigt sie uns deutlich, ist kein Kind mehr. Sie will auch nicht wie eines behandelt werden, und Timm und ich schaffen nur schwer den Spagat zwischen ihren Bedürfnissen und denen ihrer Geschwister.

Hauptsächlich streiten wir, wie zu Hause, über die Schule, über fehlende Hilfe seitens der Kinder, über mangelnde Ordnung und zu wenig persönlichen Freiraum. Wir unterscheiden uns darin nicht von befreundeten Familien mit festem Wohnsitz. Was anders ist, ist die Art, wie wir damit umgehen müssen. Wir können niemanden aufs Zimmer schicken, uns keine Auszeit voneinander nehmen. In einem Land wie Mexiko kann ein Teenager nicht wütend davonstürmen und ein paar Stunden später abgekühlt zurückkommen. Wenn die Fetzen fliegen, sind wir gezwungen, auf engem Raum damit zu leben. Das kostet Kraft.

Zugleich ist es eine Chance. Wegschauen geht nicht. Wir müssen diskutieren und Kompromisse finden. Auf Reisen funktioniert Elternsein nicht wie zu Hause. Das übliche Strafportfolio – Fernsehverbot, aufs Zimmer schicken, Übernachtungsverbot, Handyverbot, WLAN ausstellen –, all diese Verbote, auf die Eltern zu Hause so bequem und schnell zurückgreifen, sind für uns nicht praktikabel. All diese Dinge entbehren die Kinder ohnehin.

Timm und ich sind zugleich Lehrer, Eltern, Freunde. Diese drei Rollen sind selten miteinander zu vereinbaren, widersprechen sich oft. Wie können wir Freunde sein, wenn wir gleichzeitig für Disziplin und Ordnung sorgen sollen? Wie können wir gleichzeitig verständnisvolle Eltern und fordernde Lehrer sein? Wie schaffen wir es, den Lehrer um zwölf Uhr mittags hinter uns zu lassen und nicht noch am Nachmittag fehlenden Fleiß zu bemängeln?

Auch für die Kinder ist es extrem schwierig, zwischen all unseren Rollen zu unterscheiden. Besonders für Lotta ist es nicht leicht. Wir, ihre Eltern und Geschwister, sind gerade ihr hauptsächliches soziales Umfeld. Und das in einem Alter, in dem man eigene Wege gehen will, sich von den Eltern loslösen möchte und soll. Während die meisten ihrer Freund:innen immer weniger Zeit mit ihren Eltern verbringen, sind wir dauernd zusammen. Während andere Eltern sich mehr und mehr aus den Schulthemen zurückziehen und ihren Teenagern die Verantwortung überlassen, sind wir in unserer Rolle als Lehrer:in gezwungen, zumindest einen Teil dieser Verantwortung in unseren Händen zu belassen. Alles in mir will brüllen: «Mach deinen Mist allein, es ist dein Problem!» Aber wir wissen alle, dass es am Ende doch auch meines ist.

Wir haben vor der Reise über den Fall gesprochen, dass Lotta vielleicht irgendwann nicht mehr mit uns reisen möchte, und vorgesorgt. Freund:innen in Deutschland und im Ausland haben angeboten, dass sie ein Jahr bei ihnen verbringen kann. Noch will das niemand. Wir sind fest entschlossen, einen Weg zu finden, der für uns alle funktioniert.

Ein paar Tage später finden wir Frieden. Um uns auf die Überfahrt aufs Festland vorzubereiten und ein bisschen Kraft zu sammeln, bleiben wir einige Zeit auf einem Campingplatz in La Paz. Ein Pool, mehr Platz, warme Duschen, ein paar Tage Ereignislosigkeit entspannen uns alle. Nach fast vier Wochen Baja findet sich Sand in jeder Ritze unseres Zuhauses. Von der Zahnbürste bis zum Eisfach befreien wir jeden Zentimeter von den kratzenden Krümeln, waschen die farblich nur noch schwer zu definierende Bettwäsche. Wir wachsen den Holzboden, Timm schneidet uns allen die Haare. Die Jungen bauen stundenlang mit Lego, Lotta spielt Gitarre und zeichnet, Paula bastelt, liest und tobt im Pool.

Auf dem Campingplatz treffen wir eine amerikanische Familie, die ebenfalls mit ihrem vierzehnjährigen Sohn unterwegs ist. Eine Krebsdiagnose und der Sieg über die Krankheit hat die Familie bewogen, ihren Traum zu verwirklichen und mit ihrem Van die Welt zu bereisen. Sie sind bis Baja gekommen und müssen feststellen, dass es nicht funktioniert. Dass ihr Sohn leidet, dass ihm Freunde und Anschluss fehlen. Ihre Reiseroute folgt den besten WLAN-Netzwerken, damit er mit seinen Freunden sprechen kann. Was er dauernd tut. In den fünf Tagen, die wir nebeneinander campen, sehen wir ihn ein einziges Mal, ansonsten sitzt er vor dem Rechner.

«Ihr habt ein solches Glück», sagt mir die Mutter unter Tränen, «dass ihr vier Kinder habt. So ist immer ein Freund dabei, so fühlen sie sich nie allein.»

Ich hatte angenommen, dass es eine besondere Herausforderung sei, zu sechst zu reisen. Das genau dieser Umstand aber die Voraussetzung für unsere Möglichkeit zu reisen ist, daran habe ich nie gedacht. Wir haben ein unverschämtes Glück! Nicht nur, was die Anzahl unserer Kinder angeht, sondern auch ihre Reihenfolge und die Altersabstände. Tatsächlich hat jeder in unserer Familie eine Person, die ihr besonders nah steht, die wahrscheinlich dafür verantwortlich ist, dass man sich nicht alleine fühlt. Lotta und Paula sind ein Team, Carl und Max ebenfalls. Die vier sind in der Überzahl, was ihnen genug Gegengewicht zu Timm und mir verschafft. Von einer Welle Dankbarkeit vor sich hergetrieben, zieht endlich Frieden in mir ein.

FESTLAND

Mexiko: Sinaloa, März 2019

Es riecht nach Motoröl und Abwasser, ein wenig auch nach Fisch und Schweinelaster vom Oberdeck. Schüsse fallen, jemand stürzt stöhnend zu Boden. Ein Löffel roter Bohnen verschwindet in meinem Mund, Max zupft abwesend an seiner Tortilla, den Blick starr auf den Fernseher gerichtet. Wir sitzen in der Kantine der Truckerfähre, die uns von La Paz auf das mexikanische Festland bringen soll. Um uns Lkw-Fahrer, die von Westernschießereien beschallt ihr Abendessen verspeisen: Reis, rote Bohnen, Fleischeintopf und Tortillas. Paula strahlt. «Ich fühle mich wie zu Hause, endlich sind wir wieder auf einem Schiff!»

Um die Nacht in unserem Fahrzeug verbringen zu können und keine Kabinen buchen zu müssen, haben wir uns statt für die Touristen- für die Frachtfähre entschieden. Hier wenigstens kennen wir alle den Weg zum Klo, auch im Halbschlaf. Wir gehen ihn oft in dieser Nacht. Rote Bohnen, der Geruch von Schweinelaster und Motoröl und das ständige Auf und Ab der Wellen sind keine gute Kombination.

Als wir am nächsten Morgen von der Fähre in Mazatlán rollen, ist sofort alles anders. Uns empfangen feuchte Tropenluft, sattes Grün und Blütenteppiche in allen Farben des Regenbogens. Wir fühlen uns in eine andere Welt versetzt. In eine laute, hektische Welt. In ihr umschließt uns der Verkehr von allen Seiten. Die engen Straßen wechseln ohne Ankündigung plötzlich ihre Richtung, die Leitungen hängen tief. Obwohl Mazatlán sehr schön sein soll, ist unser vorherrschendes Bedürfnis, diesem Gewusel zu entkommen.

«Fuck» – wenn Timm das sagt, ist es meistens wahr. Wir sind keine Stunde gefahren, da spannt sich in der Ferne ein Seil über die Straße. Eines der größten Ärgernisse bei Überlandfahrten in Mexiko, warnt das Auswärtige Amt, seien Straßensperren. Korrupte Polizisten, Banditen, Zivilisten, sie alle errichten diese und zwingen Reisende zum Anhalten, um sie dann entweder auszurauben, ihnen «Bußgelder» aufzudrängen oder um sie erst nach dem Zahlen eines Wegegeldes weiterfahren zu lassen. Wir hatten uns, bevor wir diese Straße gefahren sind, über die Sicherheitslage informiert, grünes Licht bekommen.

«Umdrehen oder weiterfahren?», fragt Timm. Normalerweise orientieren wir uns in Situationen, in denen wir selbst nicht sicher sind, daran, wie die Menschen um uns herum reagieren. Doch wir sind allein auf der Straße. Ohne meine Antwort abzuwarten, fährt Timm rechts ran, greift nach dem Feldstecher: An einer verlassenen Mautstation haben Zivilisten die Infrastruktur gekapert.

«Es sind Kinder dabei, alte Leute, ich sehe keine Waffen.» Timm entspannt sich. Wir beschließen, dass unsere Kinder nach hinten in den Wohnkoffer gehen, ich hole das Bärenspray aus Kanada nach vorne, wir atmen tief durch und setzen unsere Fahrt fort.

Je mehr wir uns dem Seil nähern, desto mehr Bewegung kommt in die bunte Menge vor uns. Während Timm fährt, beobachte ich die Situation durch das Fernglas. Tatsächlich scheint sich hier eine Dorfgemeinschaft versammelt zu haben. Ich sehe Kinder, junge und alte Menschen. Keine Waffen. Keine Kleidung oder Uniform, die die Zugehörigkeit zu irgendeiner Gruppe verraten würde.

Als wir ein paar Meter vor dem Seil anhalten, blicken wir ausnahmslos in lachende Gesichter. Kinder winken, ein Teenager verteilt Chips aus einer Tüte, junge Frauen unterhalten sich, schauen nicht einmal in unsere Richtung.

«Buenos días, viajero!», willkommen, Reisender, grüßt ein mittelalter Mann, schokobraune Augen blitzen unter der Schirmmütze. Wir grüßen zurück, fragen, warum wir angehalten werden. «Para pasar, para pasar», damit wir durchgelassen werden, lacht es aus allen Richtungen, zwei kleine Kinder hüpfen, ein Mädchen kichert. 70 mexikanische Pesos, sagt der Mann mit der Schirmmütze, sei das Wegegeld. Umgerechnet 3,50 Euro sei eine Menge Wegegeld, für welchen Zweck wir zahlen, fragen wir. Sie würden für die Alten und Kranken im Dorf sammeln. «Und auch für die Frauen und Kinder», versichert eine junge Mutter.

«Was ist mit der Kirche?», frage ich zum Spaß. Für die natürlich auch und für das Gesundheitszentrum des Ortes.

«Dann ist das Wegegeld ja eine gute Sache», lacht Timm. Das einzige Problem allerdings sei, dass wir gerade nur zwanzig Pesos, ungefähr einen Euro, zur Hand hätten. Überhaupt gar kein Problem wäre das, sie könnten eine Ausnahme machen. Und nachdem der blaue Schein von Timms Hand in die des Schirmmützenmannes gewandert ist, senkt sich das Seil herab.

«Gute Reise, Gott sei mit euch.» Der Mann gibt Timm die Hand; und von der winkenden Dorfgemeinschaft verabschiedet, setzen wir unseren Weg fort. Das Bärenspray wandert in die hinterste Ecke des Handschuhfachs, hinter die Tupperdose mit Kleingeld und 20-Peso-Scheinen.

Wir werden noch auf viele dieser Straßensperren treffen. Entweder sammeln Einheimische für ihr Dorffest, das Rote Kreuz, ihre Alten, die Renovierung des Fußballplatzes oder Polizisten versuchen, ihr Gehalt aufzubessern, oder führen tatsächlich eine Kontrolle durch. Nicht ein einziges Mal werden wir von Zivilisten zu Spenden genötigt. Wollen wir einmal nicht bezahlen, lässt man uns ziehen. Nie ist die Stimmung angespannt.

Zwingen uns Polizisten zum Halten, sind sie meistens interessiert, wollen wissen, woher wir kommen, wohin wir fahren, fragen nach unseren Eindrücken von Mexiko. Zwar versuchen sie ein paarmal, uns unter irgendeinem Vorwand ein Bußgeld abzuringen, doch dank vorgetäuschter Tumbheit – «No espanjoool, peadooon!» –, viel Lächeln und der gespielten Sicherheit, dass dies alles nur ein Riesen-Missverständnis sein kann, lassen sie uns jedes Mal ziehen. In Afrika haben wir gelernt, dass wir niemals die Originalpapiere aus der Hand geben dürfen, um nicht erpressbar zu sein. Wir haben deshalb laminierte Kopien von all unseren wichtigen Dokumenten, die wir an Straßensperren vorzeigen. Die Reise-Foren sind voller Einträge über korrupte Polizisten, die ihre Macht ausspielen. Wir haben nicht ein einziges Erlebnis dieser Art, lassen uns aber auch nie auf Diskussionen ein.

Niemals, auch das hat uns Afrika gelehrt, sollte man die Autorität eines uniformierten Beamten infrage stellen. Stattdessen bleiben wir freundlich, machen positive Bemerkungen über das Land, stellen uns dumm oder appellieren an den Beschützerinstinkt der Beamten. Wenn wir eine Landkarte rausholen, um Ratschläge bitten, fragen, wo wir mit den Kindern sicher übernachten können, wandelt sich fast jedes Mal die Stimmung. Wir besitzen inzwischen eine ganze Kollektion privater Telefonnummern und Visitenkarten von Polizisten, die uns auf unseren Reisen ihre Hilfe angeboten haben.

Vielleicht hatten wir bisher Glück. Vielleicht aber bestimmt auch die eigene Haltung maßgeblich, wie sich eine Situation entwickelt. Unterstelle ich einer Person von vornherein schäbige Absichten, verhalte ich mich unbewusst genau so, dass diese Erwartung letztendlich erfüllt wird.

In den letzten Wochen hat mich die Schulsituation oft an meine Grenzen getrieben. Wir stehen im Palmenparadies am weißen Strand, eine leichte Brise kräuselt die Vorhänge, das Rauschen der Wellen massiert uns die Seele, Kokospalmen spenden Schatten – und Lotta und ich brüllen uns an. Ich stürme heulend aus dem Truck. Ich kann nicht mehr, habe die Nase voll von der Enge, davon, für die Schule verantwortlich zu sein, keine Möglichkeit zu haben, mich dieser Verantwortung zu entziehen. Ich spüre weder die spitzen Muscheln, die sich mir mit jedem Schritt in die Fußsohlen bohren, noch merke ich, dass mein inzwischen klatschnasses Kleid an den Beinen klebt und die Sonne mir den Scheitel versengt. In mir ist nur Platz für Fantasien von Rückflugtickets, Internaten, Scheidung und einsamen Schäreninseln in Schweden. Ich bin der festen Überzeugung, dass ich hier und jetzt Schluss mache mit allem. Sollen sie doch ohne mich weiterreisen.

Als ich eine Stunde später mit vom Heulen verquollenen Augen in den Truck steige, um meinen Entschluss zu verkünden, blicken mir vier Paar Kinderaugen ernst ins Gesicht, ein Paar Erwachsenenaugen grinst. Familienrichter Paula spricht das Urteil: «So können wir uns nicht anschreien. Ich habe mir etwas ausgedacht: In Zukunft gibt es eine gelbe Karte. Wenn die gezogen wird, dann müssen sofort alle den Mund halten. Wer das nicht tut, bekommt die rote Karte und muss vor die Tür, auf die Dachbank oder nach hinten, bis er oder sie sich beruhigt hat.» Zustimmendes Nicken von allen Seiten, ein zaghaftes Lächeln aus Lottas ebenfalls verweintem Gesicht, ein Zucken um Timms Mundwinkel.

Flugticket-, Scheidungs- und Internatsfantasien verteilen sich wie Löwenzahnschirmchen in alle Richtungen, getragen von einer starken Böe überwältigender Liebe, die allen Ärger wegpustet. Vielleicht bleibe ich doch noch ein bisschen dabei.

Später sitzen Timm und ich am Strand, schauen den Kindern zu, wie sie im badewannenwarmen Wasser in den Wellen toben. Wie auch vorhin bei den Kindern entschuldige ich mich bei ihm für mein Verhalten. Er hält mich auf eine Art, wie nur er mich halten kann. Eine Art, die mir die Gewissheit schenkt, dass alles irgendwie machbar ist, keine Aufgabe zu schwer, kein Ziel unmöglich, kein Fehler zu schwerwiegend. Er ist mir so nah, dass zwischen uns kein Platz mehr ist für schlechte Gedanken. Und wie jedes Mal, wenn er mich so hält, haben wir nach kurzer Zeit einen Plan. Um die Schulsituation zu entschärfen, um den Druck von uns allen zu nehmen, wollen wir einen neuen Weg gehen.

Vor Kurzem haben wir von einer deutschen Familie gehört, die mit fünf Jungs ebenfalls unsere Route reist. Sie unterrichten ihre Kinder nicht nach Plan, sondern vertrauen komplett auf deren natürliches Bedürfnis, sich ihre Welt erschließen zu wollen. So wie man keinem Kleinkind Nachhilfe im Laufen geben muss, da es früher oder später aus eigenem Antrieb laufen lernen möchte, ist es aus Sicht der «Freilerner» unnötig, Kinder mit Erwartungen und Vorgaben unter Druck zu setzen. Es liegt, das ist ihre Überzeugung, in der Natur eines jeden Kindes, lernen zu wollen. Diesen Antrieb jedoch ersticke unser gewohntes Schulsystem, weil es ihnen kein eigenes Entwicklungstempo zugesteht. Ohne Druck, ohne Ermahnungen und Disziplinierung dürfen ihre Kinder den eigenen Interessen folgen, lernen, was ihnen gefällt. Lernt eines langsamer, schneller oder anders, ist das kein Problem, Hauptsache, es lernt. Gestehe man Kindern dieses bedürfnisorientierte Lernen zu, gingen Lernfreude und Entdeckergeist nie verloren.

Ich finde diesen Ansatz spannend und einleuchtend, fürchte aber, dass er für uns nicht praktikabel ist. Möchten wir sicherstellen, dass jedes Kind gemäß seinen Interessen gefördert wird, müssen wir auch die nötigen Hilfestellungen bieten und für Möglichkeiten sorgen, diese Interessen zu bedienen. Der Gedanke, mich zusätzlich mit Astronomie, Modedesign und Thanatopraxie beschäftigen zu müssen, überfordert mich. Unsere Kinder, da sind wir uns alle einig, sollen und wollen wieder in das uns bekannte Schulsystem zurückkehren. Der Schritt zum Freilernertum ist uns zu groß, zu gewagt. Wir sind selbst zu sehr in dem uns bekannten Schulsystem sozialisiert worden, als dass wir uns zutrauen, in der jetzigen Situation mit unseren Plänen für die Zukunft einen völlig neuen Weg einzuschlagen. Aber nichts muss starr sein, es gibt unendlich viele Formen derselben Sache, und manchmal kann schon eine kleine Justierung gewaltige Veränderungen bewirken.

Unser neuer Weg ist der des «freiwilligen Lernens». Timm und ich werden jeden Tag von acht bis zwölf Uhr zur Verfügung stehen, unseren bisherigen Lehrplan fortführen. Wer Schule machen möchte, ist willkommen, wer nicht will, muss nicht. Wir werden es nicht kommentieren oder bewerten. Von sechs Personen sind immer mindestens zwei geneigt, den Morgen etwas kreativer zu gestalten als geplant. Was wäre, wenn wir das einfach zulassen würden? Die einzige Regel muss sein, dass die anderen beim Lernen nicht gestört werden. Wir wünschen uns, den Kindern auf diese Weise mehr Selbstverantwortung zu übertragen und uns alle von unnötigem Druck zu befreien. Vielleicht können wir so endlich wieder Lehrer, Freunde und Eltern gleichzeitig sein. Wenn wir den Kindern vertrauen, dass sie selbst einschätzen können, was sie wann lernen möchten, dann, so unsere Hoffnung, resultiert unser Vertrauen in einer tatsächlich gesteigerten Selbstverantwortung und damit in mehr Freude am Lernen.

LEBEN UND TOD

Mexiko: Guanajuato, April 2019

Die Farbe Rot erhöht die Körpertemperatur. Orange macht hungrig. Grün wiederum verringert die Herzfrequenz. Gelb stimmt fröhlich. Grau deprimiert. Blau erfrischt. Violett vermag in erotische Stimmung zu versetzen. Rosa entspannt – so sehr sogar, dass man in einem Schweizer Gefängnis eine Zelle in dem Farbton «Baker Miller Pink» gestrichen hat, in der man besonders aggressive Häftlinge zwangsharmonisiert. Das kann ja heiter werden, denke ich beim Anblick des Dorfes Guanajuato und verabschiede mich im Stillen für die nächsten Tage von meinem Jahresmotto «Balance».

«Bunt» ist ein farbloser Begriff für das, was sich vor meinen Augen in die grünen Hügel kuschelt. Auf 2000 Metern in einem Flusstal gelegen, war Guanajuato zu Beginn des 19. Jahrhunderts die reichste Stadt Mexikos, und ein nicht geringer Teil des spanischen Wohlstandes entspringt den einstigen Silberminen dieser Stadt. Im mexikanischen Unabhängigkeitskrieg gegen die Kolonialherrschaft Spaniens wurde Guanajuato zum Symbol des Widerstandes, als Rebellen dort den Kornspeicher niederbrannten, in dem sich dem spanischen Königshaus treue Truppen verschanzt hatten. Der Sieg währte nicht lange, der Symbolträchtigkeit dieses Ereignisses aber tut das keinen Abbruch. Auch heute noch wird Guanajuato als Heimat der Unabhängigkeitsbewegung gefeiert, trägt den UNESCO-Weltkulturerbetitel.

Ein Großteil des Autoverkehrs hat man in den Fünfzigerjahren auf die alten Minentunnel und trockene Flussbetten umgeleitet, sodass die engen Gassen der Innenstadt autofrei sind. Beinahe wäre uns das zum Verhängnis geworden. Ohne die Vorwarnung eines Busfahrers hätten wir uns mit Roger ahnungslos in den unterirdischen Labyrinthen verfranst. Wir folgen ihm, er leitet uns auf einen geräumigen Parkplatz, spricht mit dem Parkwächter, der uns erlaubt, dort zu campen.

Tourismus ist heute neben den drei Universitäten und den vielen Sprachschulen der Hauptwirtschaftszweig der Stadt. Obwohl die Besucher busweise kommen, verteilen sie sich. So gut, dass wir uns fühlen, als wären wir die Einzigen. Mit großen Augen futtern wir uns durch dieses visuelle Schlaraffenland. Meine Kamera glüht, die Kinder hopsen in alle Richtungen, es ist, als ob ihre Beine den Augen nicht trauen. Hinter jeder Biegung der verträumten Kopfsteinpflastergassen überrascht uns ein neuer Ausblick.

Die ganze Stadt strahlt sorglose Gemütlichkeit aus. Auf den Parkbänken knutschen Teenager, in den Cafés sitzen lesende Studenten. Familien flanieren Arm in Arm durch die Straßen. Kleine Jungen klettern in den Springbrunnen und fischen die Geldspenden der Touristen heraus. Kunst und Literatur springen uns von jeder Straßenecke ins Gesicht, immer wieder verliere ich mich in einem der zahlreichen Buchläden und Antiquariate. Straßenmusiker und Verkäufer stehen Spalier, hinter unscheinbaren Holztüren verstecken sich bezaubernde Geschäfte, die weit mehr zu bieten haben als den typischen Souvenirschnickschnack.

Wir wühlen uns durch die neoklassizistische Markthalle Mercado Hidalgo, die um 1910 ursprünglich als Bahnhof gebaut wurde, bewundern die zahlreichen Kirchen von innen und außen, essen an einem von Lichterketten beschienenen Platz zu Abend.

Es dauert nur wenigen Sekunden, bis der Parkwächter uns überzeugt hat: Wir sollen noch mindestens eine weitere Nacht bleiben. Denn morgen, so erzählt er uns, sei das Festival de las Flores, das Blumenfest, einer der wichtigsten Feiertage im Kalenderjahr der Stadt. Jedes Jahr am Freitag vor der Osterwoche ziehen die Menschen am Abend durch die Gassen Guanajuatos, legen Blumen an Altären nieder, die für die «Virgen de los Dolores», Maria, errichtet werden. Mit dieser Geste gedenkt man hier dem Leid der Mutter Jesu und feiert sie als Schutzpatronin der Minenleute. Um den Pilger:innen den Blumenkauf zu erleichtern, säumen schon am Morgen des Tages Dutzende Händler die Straßen. Um das Überangebot frischer Blüten effektiv zu nutzen, hat es sich eingebürgert, dass die Männer ihren Herzensdamen, Müttern, Schwiegermüttern, Verlobten ebenfalls in Form eines floristischen Geschenks ihre Zuneigung zeigen.

Am Abend des Folgetages versinken die Plätze vor den Kirchen im Blumenmeer. Wir schieben uns mit Tausenden Menschen durch die Straßen, vorbei an Ständen, die Osterkörbchen und Kunsthandwerk verkaufen, futtern uns durch die vielen Taco-, Hotdog- und Churro-Stände. Obwohl mich Menschenmassen normalerweise in Panik versetzen, ergebe ich mich dem Strom bereitwillig. Wir lassen uns einfach treiben, werden ab und zu von der lachenden und tanzenden Menge an den Bürgersteig gewaschen, gucken den Livebands zu und überlassen uns dann erneut dem wogenden Menschenmeer.

Auf einem Plakat sehen die Kinder die Werbung für ein Mumienmuseum, eine der Hauptattraktionen Guanajuatos, bitten uns, mit ihnen dort hinzugehen. Es ist das weltweit umfangreichste Museum natürlich mumifizierter Leichen.

Um 1830 wütete eine Cholera-Epidemie in der Stadt, in deren Folge der Platz auf dem Friedhof knapp wurde, sodass man ihn erweitern musste. Um diese Erweiterung zu finanzieren, führte die

Stadt eine Grabsteuer ein. Konnten Angehörige diese mehrere Jahre in Folge nicht zahlen, wurden ihre Verwandten exhumiert. Bei diesen Exhumierungen, die ab 1865 stattfanden, entdeckte man, dass die Leichen keine Zeichen von Verwesung aufwiesen, sondern wahrscheinlich durch einen Mix mehrerer Faktoren – mineralhaltige Böden, trockene Luft und die Höhe – mumifiziert worden waren. Da es nicht selten vorkam, dass die Familien, sobald sie wieder zu Geld gekommen waren, ihre Toten auslösten und erneut begraben ließen, bewahrte man die Mumien in den unterirdischen Gewölben unter dem Friedhof auf. Das sprach sich herum, und immer mehr Menschen kamen, zunächst heimlich, um die Mumien zu sehen. Friedhofsarbeiter begannen, ein kleines Eintrittsgeld für die Besichtigung zu kassieren, und so wurde das Gebäude zum Museum.

Die ersten Besucher:innen fanden noch an die Wand gelehnte Mumien vor, heute stehen sie immerhin hinter Glas, und seit Mitte des letzten Jahrhunderts verbietet ein Gesetz die Exhumierung weiterer Menschen. Von der kleinsten Mumie der Welt, einem mumifizierten Fötus, bis zum Greis sind die 119 Mumien in einem erstaunlichen Zustand, entstammen allen gesellschaftlichen Schichten, wie man eindrucksvoll an der Kleidung sehen kann. Bei manchen Kleidern kann man die Farbe noch erahnen. Knöpfe und Stickereien, Spitze an Säumen, Schleifen im Haar bilden einen grausigen Kontrast zu den teils schrecklich verzerrten Gesichtern. Nicht alle Toten waren Opfer der Cholera, bei einigen haben die Qualen der letzten Minuten die Gesichter bis in die Ewigkeit gezeichnet. Um ein Ausbreiten der Seuche zu verhindern, wurden die Toten damals noch am selben Tag begraben. Bei einer der Mumien, die ich mir nicht genauer ansehen mag, war das zu früh. Sie lebte noch, erstickte qualvoll.

Die Kinder begucken sich mit wissenschaftlichem Interesse die Gesichtszüge, die Kleidung, die Körperhaltungen, das Alter der Mumien. Eine junge deutsche Touristin ereifert sich bei ihrem Freund über unsere Grausamkeit, die Kinder einem solchen Schock auszusetzen. Welchen Schock bitte? Es sind schließlich nicht ihre ersten Mumien. In Ägypten haben sie viele Mumien gesehen, in norddeutschen Museen Moorleichen, und in Äthiopien sind sie sogar aus Versehen über eine Mumie gestolpert. Ich weiß, dass sie der Anblick nicht traumatisieren wird, muss aber selbst bei den Kinder- und Babymumien passen.

Für Mexikaner:innen ist das hier ein normaler Familienausflug. Sie lieben es bunt, in allen Lebenslagen, in fröhlichen wie in traurigen Zeiten, im Leben wie im Tod. Zu ihm haben sie ein völlig anderes Verhältnis als wir Nordeuropäer:innen. Er ist ein fester Bestandteil ihrer Kultur. Mexikaner:innen feiern den Tod, um das Leben zu ehren. Am Día de los Muertos gehen sie auf den Friedhof, bringen ihren Toten deren Lieblingsspeisen mit, sie feiern, lachen, tanzen, picknicken.

Max' Patentante betreibt in Südafrika ein Hospiz. Durch sie habe ich viel über das Thema Sterben und unseren Umgang damit nachgedacht. «Ich habe eine sehr freundschaftliche Beziehung zum Tod», sagt sie, und was im ersten Moment auf Unverständnis stoßen mag, trägt so viel Weisheit in sich.

Über den Tod spricht man bei uns normalerweise erst dann, wenn es unausweichlich ist, wenn ein geliebter Mensch oder ein Haustier stirbt. Vorher hält man besonders Kinder davon fern. Warum eigentlich? Wir werden geboren, und wir sterben, diese Ereignisse sind die einzigen beiden, die in einem jeden Leben sicher sind. Während wir ein Wahnsinnsgeschiss um das Geborenwerden machen, uns schon im Zeugungsmoment mit allen Möglichkeiten von Kaiserschnitt bis zur Wassergeburt im Geburtshaus befassen, an Geburtsvorbereitungskursen teilnehmen, dort mit einem imaginären Bleistift im Hintern den Namen des Kindes in die Luft schreiben, um locker im Becken zu werden, sind die Themen Tod und Sterben etwas, das die meisten lieber so lange wie möglich ausblenden.

Schade ist das. Und schlimm für den, der gehen muss. Eine der größten Herausforderungen in der Hospizarbeit ist es, den Tod zu akzeptieren. Sich mit ihm auszusöhnen, die letzten Tage, Wochen, Monate angemessen zu begehen, um ein Gehen in Frieden zu ermöglichen. Wie schön wäre es, wenn man die Beschäftigung mit dem Tod nicht erst auf das letzte Lebenskapitel verschieben würde. Bei unseren Kindern versuchen wir, es anders zu machen, möchten ihnen die Angst vor dem großen Unbekannten nehmen, ihnen zeigen, dass Leben und Tod zusammengehören. Mir kommt ein Satz in den Sinn, den ich auf einem der Grabsteine auf dem Forever-Hollywood-Friedhof gelesen habe: «The fear of death follows from the fear of life» – wer das Leben fürchtet, fürchtet den Tod. Ist das das Geheimnis? Nehmen wir uns die Angst vor dem Tod, indem wir die Angst vor dem Leben verlieren? Uns hineinstürzen, es annehmen in all seiner Widersprüchlichkeit, die schönen Momente ausgiebig feiern, die traurigen genauso ausgiebig beweinen? Mexikaner:innen, glaube ich, können das ein bisschen besser als wir Nordeuropäer:innen.

Nach unserem Besuch im Museum plagt mich dennoch mein Gewissen. Nicht wegen der Kinder, sondern wegen der Toten. Ich fürchte, ihre Würde verletzt zu haben, indem ich sie begafft habe. Die Kinder sind anderer Meinung: «Ihre Seelen sind doch längst woanders, erinnern sich selbst gar nicht mehr daran, dass sie mal diese Person waren. Das ist okay, Mama!» Keine Spur von Verstörung oder Albträumen.

Stattdessen ergibt sich aus diesem Besuch eine Diskussion darüber, wie ein jeder von uns beerdigt werden möchte, ob wir uns vorstellen können, unsere Organe zu spenden, was «danach» kommt. Dass mit dem Tod nichts vorbei ist, sondern man nur eine andere Form annimmt, darüber sind wir uns alle einig. Ein toter Mensch, finden die Kinder, ist wie ein Haus, in dem niemand mehr lebt.

PARADIES VERBUMMELT

Mexiko: Teotihuacán & Lago Catemaco, April 2019

Sich zu wundern, sei eine Kunst, sagt man. Kindern ist diese Fähigkeit noch nicht abhandengekommen. Ihre Welt wird regiert von Fragen. Dreihundert davon stellt ein Durchschnittskind am Tag, das hat eine 2013 durchgeführte Studie ergeben. Schläft ein Kind zehn Stunden, bedeutet das eine Frage alle zwei Minuten und acht Sekunden für die vierzehn verbleibenden Stunden. 82 Prozent aller Kinder fragen bevorzugt ihre Mutter, was mir bei vier Kindern ungefähr eine Frage pro Minute beschert. Wie soll ich angesichts dieser Schwemme von Wissbegierigkeit jemals aufhören, mich über die Welt zu wundern? So vieles ist, sieht man die Welt durch Kinderaugen, bemerkenswert, unglaublich, wundersam.

Auf einige Fragen kann ich spontan antworten. «Wann gibt es Mittagessen?» oder «Kommt die Zahnfee auch durchs Mückennetz?» stellen mich vor keine große Herausforderung. «Warum gibt es Hass?» oder «Wie funktioniert ein Telefon?» dagegen fordern mich heraus. Und auf manche Fragen habe ich keine Antwort. Wenn dann weder Google noch die Wissenschaft eine hat, bin ich aufgeschmissen.

Wir sitzen auf der ersten Stufe der vierstufigen Mondpyramide, blicken über die Ruinen der prähistorischen Metropole Teotihuacán.

«Warum gehen Zivilisationen unter?», fragt Lotta. Wir blicken über die sonnenverbrannte Hochebene, in der Ferne wabert gelb-orange die Smogwolke über Mexiko-Stadt, eine der größten Metropolregionen der Erde. Auch Teotihuacán, das glauben Wissenschaftler:innen, war zu ihrer Blütezeit eine solche Megametropole, wahrscheinlich die größte Stadt ihrer Zeit auf dem amerikanischen Kontinent. Bewohnt wurde sie seit dem sechsten Jahrhundert vor Christus, ihre Hochzeit vermutet man zwischen 100 und 600 nach Christus. Zu dieser Zeit hat Teotihuacán vermutlich ein Gebiet von zwanzig Quadratkilometern umfasst und 200 000 Menschen ein Zuhause geboten. Archäologische Funde lassen vermuten, dass sich das Reich dieser alten Hochkultur von den südlichen Bundesstaaten der USA bis ins heutige Honduras erstreckte. Keine der nachfolgenden Kulturen wurde je wieder so mächtig. Doch um 750 nach Christus wurde Teotihuacán aus nicht geklärten Gründen verlassen. Niemand weiß, wer die Erbauer dieser Stadt waren, welchem Volk sie angehörten und was sie zum Verlassen ihrer Stadt bewog, wohin sie zogen.

Den heutigen Namen, der so viel bedeutet wie «Wo man zu einem Gott wird», verdankt Teotihuacán den Azteken, die die seit vielen Jahrhunderten verlassene Stadt bei der Besiedlung des mexikanischen Hochlandes entdeckten. Sie waren überzeugt, den Ort gefunden zu haben, an dem sich die Götter trafen, um die Welt zu erschaffen.

Unser Blick schweift entlang der «Allee der Toten», dem zentralen Boulevard der Stadt, zur Sonnenpyramide, der drittgrößten Pyramide der Welt. Ihre fünfstufige Basaltoberfläche flirrt in der Sonne, einzelne Treppenstufen schmelzen ineinander, der Weg, den wahrscheinlich Tausende von Priestern und Gläubigen einst erklommen, wirkt unbezwingbar. Welchem Gott die 65 Meter hohe Pyramide bei ihrer Erbauung gewidmet war, ist nicht abschließend geklärt.

Erst die Azteken widmeten die Pyramide dem Sonnengott, der

sie, jetzt zur Mittagszeit, besonders vehement in Besitz nimmt. Es ist heiß, das gleißende Licht lässt schwarze Punkte vor unseren Augen tanzen. Wir müssen aufpassen, als wir die steilen Stufen der Pyramide hinabsteigen. Wir wären nicht die Ersten, die sich bei einem Sturz verletzen oder gar sterben.

Was könnten diese Steine erzählen, hätten sie eine für uns hörbare Stimme? Wessen Füße stiegen in mehr als 2000 Jahren Menschheitsgeschichte diese Stufen hinauf? Seit man 1998 in Grabkammern unterhalb der Mondpyramide die Überreste von Menschenopfern fand, weiß man, dass die Erbauer Teotihuacáns regelmäßig aufbrachen, um aus weiter entfernt gelegenen Gebieten Gefangene für ihre Menschenopfer zu beschaffen.

Die Azteken professionalisierten diese Praktik, zogen in sogenannte «Blumenkriege», deren einziges Ziel es war, so wenige Gegner wie möglich zu töten und diese stattdessen als Opfer – Blumen für die Götter – nach Hause zu bringen. Der Sonnengott der Azteken forderte, damit die Sonne jeden Tag wieder aufgehen konnte, täglich ein Menschenopfer, dem bei vollem Bewusstsein das Herz herausgeschnitten wurde. Dem Regengott wurden die Tränen zu Tode gequälter Kinder geopfert, dem Feuergott wurden lebendige Menschen auf dem Scheiterhaufen dargeboten. Dem Kriegsgott wurden Gegner geopfert, deren Haut dann zwanzig Tage von einem Priester getragen wurde, zugunsten der Göttermutter wurden Frauen gehäutet. 10000 bis 20000 Menschen, schätzt man, opferten die Azteken jährlich jenen dreizehn Göttern, die nur durch Menschenopfer davon abgehalten werden konnten, die Welt untergehen zu lassen. Die Seelen Geopferter, glaubten die Azteken, würden selbst zum Teil der Sonne und damit göttlich. Unter diesem Gesichtspunkt bekommt der Name «Platz, wo man zu Gott wird» eine völlig neue Bedeutung.

Kein Menschenopfer konnte jedoch den Untergang des Aztekenreiches und auch den der Erbauer Teotihuacáns aufhalten. Beide Kulturen sind auf ihrem absoluten Höhepunkt plötzlich abgestürzt, innerhalb weniger Jahre verschwunden. Wird eines Tages auch jemand neben den Resten der Quadriga auf dem überwucherten Brandenburger Tor, auf dem Eiffelturm oder der Freiheitsstatue sitzen und sich wundern, was unsere hoch entwickelte Kultur zu Fall gebracht hat?

«Zum Glück gibt es heute keine Menschenopfer mehr!» Max ist erleichtert. Ich nicht. Wie viele Leben haben wir in der westlichen Welt jeden Tag auf dem Gewissen, damit sich unsere Welt wie gewohnt weiterdreht? Damit wir auf dem Gipfel unserer Dekadenz weiterleben können? Zwar bin ich ergriffen von der Größe dieser Ruinenstadt, von der Monumentalität ihrer Bauten, von der stadtplanerischen Fähigkeit seiner Erbauer, vor allem aber bin ich beunruhigt. Die Ruinen von Teotihuacán, einem der archäologischen Highlights Mexikos, tragen für mich vor allem eine Botschaft: Eine Kultur, die mit den technischen Möglichkeiten ihrer Zeit Unglaubliches leisten konnte, die komplex organisiert war, die über erstaunliches mathematisches und astronomisches Wissen verfügte, hat ihren eigenen Untergang nicht verhindern können. Ihn vielleicht nicht einmal kommen sehen, das eigene Paradies verbummelt.

Das Gefühl von Bedrohung lässt mich eine ganze Weile nicht los. Die folgenden Nächte schlafe ich schlecht. Schuld sind nicht allein die Hitze und die konkurrierenden Straßenhundebanden, auf deren Reviergrenzen wir anscheinend immer wieder parken. Seit wir auf dem mexikanischen Festland sind, hatten wir nicht eine einzige ruhige Nacht. Oft haben wir auf Tankstellen-Parkplätzen übernachtet, weil hier Sicherheitsleute Nachtwache halten. Ich habe mich langsam daran gewöhnt, aus einem leichten Schlaf zu schrecken, mich mit einem Blick aus dem Fenster zu vergewissern, dass alles gut ist. Außer den Damen, die den Lkw-Fahrern nächtliche Besuche abstatten, ist nie jemand durch die Dunkelheit gehuscht. Ich verfalle wieder in den Afrikamodus, bin mir zu jeder

Zeit bewusst, was um mich herum passiert. Vermummte Polizisten, Sicherheitsleute, die mit Schnellfeuerwaffen in den Gängen des Walmarts der Stadt Veracruz patrouillierten, ein Polizeiauto, das unser Nachtcamp bewacht – all diese Bilder sickern in meine Träume, belasten mich, auch ohne dass ich in der Wachwelt Angst verspüre.

Als wir die Stadt Veracruz hinter uns lassen und statt vermummter Polizisten nur noch grüne Hügel, Bananenstauden, Kokospalmen und dichter Dschungel die Straße säumen, atme ich auf. In engen Kurven windet sich die steile Straße, eichengroße Mangobäume werfen Schatten und Früchte auf die Fahrbahn. Der Lago Catemaco, der drittgrößte Süßwassersee Mexikos, nur elf Kilometer entfernt, scheint ein gutes Ziel. Sein touristisches Potenzial sei ausbaufähig, sagt der *Lonely Planet*. Welch ein Versprechen.

Desserttellergroße Schmetterlinge weisen uns den Weg durch den dichten Dschungel. «Not big rig friendly» – nicht für große Camper geeignet, sagt ein Kommentar auf unserer App zu dem Weg, der zum La-Jungla-Campingplatz am Ufer des Sees führt. «Ach, die können alle nicht richtig mit ihren Fahrzeugen umgehen, wir müssen für den Amazonas üben», ist Timms Antwort. Lotta geht mit einer Machete vorweg, Carl und Paula sitzen auf dem Dach, halten die Zweige zur Seite, rufen Kommandos von oben herab. Ich versuche, nachdem ich alle Mückennetze von den Fenstern entfernt habe, damit sie nicht von den Zweigen zerrissen werden, vergeblich aus dem schaukelnden Wohnkoffer wieder nach vorn zu gelangen, werde immer wieder von Wand zu Wand geschleudert. Das Wort «Amazonas» beginnt langsam negative Bilder in meine Vorfreude zu fräsen. Dann landen wir im Paradies.

Während ich beobachte, wie schnell die Kinder sich mit den Töchtern der Besitzer anfreunden, wie glücklich sie nach wenigen Stunden auch mit den Cousins und Cousinen der Mädchen durch den Dschungel springen, verderben mir altbekannte Spielverderber die

Freude am Zusehen. Lange weggeschobene Zweifel und Gedanken vermischen sich mit den Erlebnissen der letzten Zeit, prasseln auf mich ein.

«Menschenopfer» ist ein Wort, das immer wieder auftaucht, irgendwann kleben bleibt und eine altbekannte Frage stellt: Opfern wir die Kinder unserer Freiheit? Zu sehen wie glücklich sie unter Gleichaltrigen sind, macht mir schmerzhaft bewusst, wie oft sie darauf verzichten müssen. Isolieren wir sie? Enthalten wir ihnen wichtige Kindheitserfahrungen und Erinnerungen vor, wenn sie nicht dauerhaft Kontakt mit Gleichaltrigen pflegen können? Wie oft haben wir vor unserer Abreise Sätze gehört wie «Toll, dass ihr euch das traut, aber meinem Kind könnte ich das nicht zumuten!». Typisch deutsch: Kritik in ein vordergründiges Kompliment verpackt.

In Deutschland, darauf ist Erziehung oft ausgerichtet, sollen Kinder möglichst frühzeitig selbstständig werden, eigene Wege gehen und Entscheidungen treffen. Grundsätzlich ein guter Gedanke. Die Freiheit, in der deutsche Kinder groß werden, ist aber nur dann ein Gewinn, wenn man sich damit wohlfühlt, die eigenen Kinder der Gemeinschaft anzuvertrauen. Was, wenn das Umfeld den eigenen Werten entgegensteht? Wenn es eines ist, dem man sein Kind nicht bedenkenlos anvertrauen mag? Bevor wir auf unseren Hof zogen, hatte ich Kleinstadtleben mit frischer Luft, Draußen-Spielen, mit Heuduft, mit Gefahrlosigkeit, sozialer Vielfalt, Freiheit und über die Felder tobenden Kinderbanden assoziiert. Bullerbü eben.

Daneben aber existierte eine Welt, an die ich nicht im Traum gedacht hatte: Väter, die beim Fußballtraining vom Spielfeldrand «Was ist denn das für 'ne behinderte Scheiße!» pöbeln. Eltern, die froh sind, wenn sich die «Kurzen» so toll mit dem Computer auskennen, «schneller ballern, als ich gucken kann». Ich hatte nicht erwartet, dass auch in einem 12 000-Seelen-Kaff Drogen ein Riesenproblem sind und die größte Gefahr darin besteht, dass es niemand wahrhaben will. Nirgendwo sonst sind mir Generationsgrenzen so wenig flexibel vorgekommen wie auf dem Land. Nirgends sonst hatten Erwachsene so wenig Einblick in das Leben ihrer Teenager und fanden das auch völlig richtig so. «Müssen ihre Erfahrungen machen. Ham wir auch.» Ich konnte nicht fassen, dass Eltern es lustig und richtig finden, wenn 15-Jährige mit einem Bollerwagen voller «Stoff» in den Wald ziehen mit dem einzigen Ziel, sich so richtig wegzuschießen. Dass es normal ist, den Kindern zur Konfirmation den ersten Sekt oder Korn in die Hand zu drücken mit den Worten: «Glückwunsch, nun biste auch groß.» Das, was viele Eltern als Toleranz und Offenheit verkauften, fühlte sich für mich an wie Faulheit hinzusehen oder Scheu zu streiten. Ich war nicht darauf vorbereitet, wie gelangweilt und desillusioniert, wie uninteressiert und phlegmatisch Kinder und Jugendliche auf dem Dorf schon sein können. Ich hatte gedacht, dass ordentlich Platz und frische Luft ein Garant für eine glückliche Kindheit seien. Ich dummes Huhn.

Unsere Kinder hatten in Deutschland tolle Freunde und so richtig ätzende Klassenkameraden. Es gab Eltern, denen ich gerne meine Kinder anvertraut habe, und welche, die meinen Kindern heimlich Dinge erlaubten, gegen die ich mich vorher deutlich ausgesprochen hatte. Es gab Lehrer:innen und Trainer:innen, die ich liebte, und viele, bei denen ich nur den Kopf schütteln konnte. Wir haben die Kinder nicht aus dem Paradies entführt. Sie haben die letzten Jahre in einer Welt verbracht, die genauso gut und schlecht, genauso perfekt und verkorkst, genauso voll Sonne und Mist ist wie jeder andere Ort, wie jedes andere Modell, das wir bisher ausprobiert haben.

Sie vermissen natürlich ihre Freund:innen und Lieblingslehrer:innen. Sie vermissen aber nicht den alkoholkranken Mathelehrer oder den Jungen aus dem Nachbardorf, der sie jede Busfahrt fertigmachte. Sie vermissen es nicht, als langweilig zu gelten, weil sie nicht zocken, saufen oder Bong rauchen wollen. Sie trauern nicht der Eisdiele nach, von der alle behaupten, sie hätte das beste Eis der Welt, weil sie die einzige in ihrer Welt erreichbare ist. Und ich vermisse nicht, darüber zu diskutieren, ob man alle relevanten Teenagererfahrungen zwischen fünfzehn und fünfzehn drei viertel gemacht haben muss, um nicht als «Spätzünder» zu gelten.

Freund:innen und Gleichaltrige sind unbezahlbar. Gemeinsame Hobbys und Partys, geflüsterte Geheimnisse, gemeinsam ausgeheckte Pläne, all das ist unendlich wichtig. Aber – und diese Erkenntnis trifft mich mitten auf die Zwölf, ohne dass ich sie kommen sehe – es müssen nicht die festen Bindungen von zu Hause sein, die diese Erlebnisse liefern. Von Paulas Freund:innen sind schon jetzt, neun Monate nach unserer Abreise, die Hälfte miteinander zerstritten, Lottas «Beste-Freundinnen-Kleeblatt» hat sich ebenfalls aufgelöst. Freundschaften kommen und gehen in diesem Alter in Lichtgeschwindigkeit, und die, die besonders hell leuchten, die werden bleiben. Freundschaften auf Reisen aber, die leuchten oft noch nach dem Abschied weiter. Weil es auf Reisen keine Möglichkeit gibt, sich lange abzuchecken, weil man manchmal nur wenige Tage oder gar Stunden zusammen hat, lässt man sich ganz anders aufeinander ein.

Max kommt spielverstrubbelt mit hochrotem Kopf auf mich zugelaufen, bittet um Milch. Seine neuen Freunde im Schlepptau lachen sich kringelig. Popcorn, das hat Max gerade gelernt, isst man hier gern mit Chiliflocken. Und während ich den lustigen Haufen hüpfender Kinder vor unserem Truck beobachte, wie sie sich auf Spanisch und Englisch schnatternd gegenseitig Ballspiele beibringen, denke ich, dass ein «Opfer» anders aussieht. Dass natürlich feste Bindungen etwas Wunderbares sind, dass aber «Verstrickungen» genauso Teil unseres Deutschlandlebens waren und dass wir die gern hinter uns gelassen haben. Dass man Freundschaften nicht an ihrer Dauer messen sollte, sondern an ihrer Intensität, daran, wie sehr sie uns bewegen und was wir aus ihnen mitnehmen dürfen. Und da wiegt eine durchlachte Nacht im mexikanischen

Dschungel mindestens genau so viel wie eine Geburtstagsfeier im deutschen Indoorspielplatz.

Am nächsten Morgen wacht Carl verstört auf, erzählt mir, während wir fest umschlungen am Seeufer sitzen, seinen Traum: «Wir waren mit Roger unterwegs, fuhren im Himmel. Ich war so glücklich, weil ich zum ersten Mal erlebt habe, wie Wolken schmecken. Alles war so schön und neu und aufregend. Aber dann mussten wir zurück nach Hause. Plötzlich irgendwie. Und ich sollte helfen beim Geldverdienen. Ich habe in einer Fußballmannschaft gespielt und damit Geld verdient. Ich habe viele Tore geschossen, aber mein Trainer war nie zufrieden. Er wollte immer, dass ich anders laufe. Dann bin ich mit dir einkaufen gegangen und hatte plötzlich große Angst, weil bei Lidl alles voller Frettchen und Ratten war.»

Ich halte ihn, so fest ich kann, schaukel ein bisschen hin und her. So wie er es manchmal braucht, wenn er angespannt ist, verspreche: «Wir müssen nicht nach Deutschland, noch lange nicht. Du hast noch ganz viel Zeit herauszufinden, wie Wolken schmecken. Bis wir zurückgehen, hast du keine Angst mehr vor Ratten, versprochen!»

Und dann nehme ich die als schlechtes Gewissen verkleideten Zweifel und katapultiere sie mit Schmackes in den großen Feigenbaum, wo sich drei rote Aras über sie hermachen.

INDIANA JONES

Mexiko: Die Ruinenstädte Palenque & Oxkintok, April 2019

Auf keinen Fall rechts abbiegen! Fahrt am Ende der Auffahrt links und nehmt die Teerstaße», sagt der Besitzer des La-Jungla-Campingplatzes zur Abschiedsumarmung. «Tausend Dank für den Tipp!», sagt Timm und fährt rechts. Zunächst scheint das eine gute Entscheidung zu sein. Unser Weg führt durch hübsche Dörfer, vorbei an von Bougainvillea überwucherten Häuschen mit winkenden Dorfbewohner:innen. Wir freuen uns über im Fluss badende Kinder, über die Schatten, die die Sonne auf die Straße kritzelt, wenn sie durch das dichte Blätterdach scheint. Und irgendwann, als die Straße immer holpriger wird, wir nach vier Stunden noch keine hundert Kilometer weit gekommen sind, mache ich mir Sorgen. Die nächste Stadt, Coatzacoalcos, soll eigentlich nur fünfzig Kilometer weit entfernt sein. Jedes Mal aber, wenn uns jemand auf der Straße begegnet und wir nach dem Weg fragen, bekommen wir eine andere Auskunft. Mal sind es zwei Stunden, mal dreißig Minuten.

Aus Afrika wissen wir eigentlich, dass man nicht einfach nach der Zeit oder der Entfernung fragen darf, sondern möglichst genau auch das Transportmittel beschreiben sollte. In Malawi zum Beispiel fahren die meisten Menschen mit dem Fahrrad und haben keine Vorstellung davon, wie lange man für eine bestimmte Strecke mit dem Auto braucht. Fragt man aber nach der Fahrrad- oder Laufzeit, wird man einen einigermaßen verlässlichen Richtwert erhalten. Nach einigen widersprüchlichen Aussagen dann fragen wir nach der «Mopedzeit», die, wie wir feststellen müssen, erblich kürzer als die «Rogerzeit» ist. Im Schritttempo fahren wir über baufällige Brücken, über Schotterpisten, deren Anteil an Schlaglöchern deutlich größer ist als der an Straße. Immer wieder fragen wir, von der Angst getrieben, an einem Ort zu landen, an dem wir besser nicht sein sollten, ob diese Straße für uns sicher sei. Immer wieder lautet die Antwort: «Sí!» Mit vielen Ausrufezeichen.

Erst lange nach Einbruch der Dunkelheit erreichen wir Coatzacoalcos, verfransen uns wieder in viel zu engen Gassen unter viel zu tief hängenden Leitungen. Wir parken auf einem Walmart-Parkplatz und gehen um 22 Uhr noch einkaufen. Für uns eine Tortur, für Mexikaner:innen ein Ausflug. Gut gelaunt schieben junge Mütter ihre Kleinkinder durch die Gänge, flanieren mittelalte Damen mit ihren Schwiegermüttern am Arm entlang der Regale für Chlorbleiche. Ob wir auf diesem Parkplatz sicher übernachten können, fragen wir den Wachmann. «Bestimmt!», grinst er zahnlos.

Eine anstrengende Nacht mündet in einen noch anstrengenderen Morgen. Während wir versuchen, den Verkehrslärm auszublenden, und Timm heute den Unterricht übernimmt, lausche ich am Telefon den Berichten einer familiären Katastrophe zu Hause. Während die Temperaturen steigen, sinkt unsere Stimmung gen Mehrfachminus. Das Gesetz des Ausgleichs aber, stelle ich fest, wirkt auch auf Reisen. Es besagt, dass alle Elemente und Kräfte stets nach Ausgleich streben, um ein Gleichgewicht herzustellen. Auf Einatmen folgt Ausatmen, auf Nacht folgt Tag, auf schwierige folgen glückliche Zeiten. Am Abend blinken über unseren Köpfen wieder die Sterne, im dichten Gebüsch des Dschungels flackern Glühwürmchen. Wir liegen im kühlen Wasser, flüstern leise, da der Pool eigentlich schon lange geschlossen ist. Vom dichten Blätterdach hallen die Rufe der Brüllaffen, Grillen zirpen, es riecht nach feuchter warmer Erde, nach Blumen. Wir freuen uns auf den kommenden Tag.

Die geheimnisvolle Welt der Maya, überwucherte Tempel, blutrünstige Opferrituale, versunkene Städte, verschollene Schätze und Aussagen über das Ende der Welt haben in meinem Kopf einen fiktiven Zwilling: Indiana Jones. Wie Indiana Jones fühlen wir uns, als wir früh am nächsten Morgen die halb verfallenen Tempelanlagen von Palenque aus dem dichten Dschungel ragen sehen. Oft hat man selbst vom abgelegensten Winkel der Welt ein Bild. Das Fernsehen und die modernen Medien erlauben es, ohne dass wir einen Ort jemals besuchen müssten. Irgendjemand war schon dort, hat fotografiert, dokumentiert und erklärt, was wir vorfänden, würden wir uns auf die Reise machen. Tun wir dies, dann war schon jemand vor uns da, nie sind wir die Ersten. Um aber wenigstens das Gefühl zu haben, etwas neu zu entdecken, haben wir dieses Mal keinen Reiseführer gelesen, wollen uns nicht durch Erwartungen die Entdeckerfreude verderben lassen.

Gierig scheinen sich grüne Arme und Finger nach den verwitterten Mauern zu strecken. Von den Bäumen wachsen Lianen, in Astgabeln blühen Orchideen, Mose und Farne bedecken die Stämme der Urwaldbäume. Als ich mich hinhocke, um ein Foto zu machen, bin ich sicher, dass die Kletterpflanzen, die den Stamm des Baumes zu meiner Rechten überwuchern, ein kleines bisschen näher gekommen sind. Der Dschungel lebt, atmet, beobachtet uns. Der Ruf der Brüllaffen wirkt wie eine Warnung, klingt nach Gefahr.

Die Kultur der Maya, dachte ich bisher, sei ähnlich wie das sagenumwobene Atlantis unter ungeklärten Umständen untergegangen und hat uns lediglich ihren Kalender, ihre Tempel und unendlich viele Geheimnisse hinterlassen. Tatsächlich aber ist die Kultur der Maya nach wie vor sehr lebendig. Von der Yucatán-Halbinsel bis nach Honduras leben auch heute noch die Nachfahren der einstigen Herrscher Mittelamerikas, pflegen ihre Traditionen und circa vierzig verschiedene Maya-Sprachen.

Untergegangen allerdings ist ab dem neunten Jahrhundert die

klassische Mayakultur. Viele der damaligen Zentren wurden verlassen. In der Folgezeit bauten die Maya keine großen Tempel und Anlagen mehr. Ihr Einfluss in Mittelamerika schwand nach und nach. Warum das geschah, ist bis heute nicht eindeutig geklärt. Einige Wissenschaftler:innen glauben, dass kriegerische Auseinandersetzungen einen Bevölkerungsrückgang und somit das Verlassen der klassischen Mayastätten gefördert haben. Andere sind überzeugt, dass Überbeanspruchung der Böden und eine damit verbundene Nahrungsmittelknappheit, Dürren oder andere Klimakatastrophen und Krankheiten den Untergang der Zivilisationen begünstigt haben könnten. Auch wenn die spanischen Eroberer die meisten Zeitzeugnisse vernichten ließen, sind heute noch vier handschriftliche Codices erhalten. Sie werden in Mexiko, Paris, Madrid und Dresden aufbewahrt. Der Dresdner Codex befasst sich vor allem mit astronomischen Themen. Für den 21.12.2012 geht aus ihm das Ende des Maya-Kalenders hervor, was viele als den bevorstehenden Weltuntergang interpretiert haben. Andere glauben an ein neues Zeitalter, herbeigeführt durch einen Bewusstseinssprung der Erdenbewohner:innen.

Gerne würde ich an diese Theorie glauben, bin aber doch beunruhigt angesichts der Parallelen zwischen den Gründen, die vermutlich zum Untergang der Maya-Kultur geführt haben, und den Problemen, die heute unsere Zukunft bedrohen. Ich hoffe, dass Archäologe:innen nicht auch Zukunftsforscher:innen sind. Stunden streifen wir durch die vom Dschungel verschluckte Ruinenstadt, erklimmen die Tempelhügel, laufen durch die Gänge des Herrscherpalastes.

Nach Palenque sind die Kinder nicht mehr zu stoppen, wollen alles über die geheimnisvolle Welt der Maya wissen. Mehr durch Zufall entdecken wir Oxkintok. Anders als in berühmten Stätten wie Teotihuacán und Palenque finden laut Gästebuch nicht mehr als zehn Personen pro Tag den Weg zu dieser zwar wenig berühmten, aber keineswegs unbedeutenden Stätte. Während hier in den Achtziger- und Neunzigerjahren umfangreiche Ausgrabungen stattfanden, liegen die Ruinen seit zwanzig Jahren im Dämmerschlaf. Der mexikanische Staat verfügt nicht über die Mittel, die vielen tausend Ruinenstätten im ganzen Land zu bergen.

Und so stehen hier in Oxkintok die seit dem dritten Jahrhundert nach Christus erbauten Tempel, Wohnanlagen, Saunahäuser, Statuen und Lagergebäude nahezu unbewacht und unbeachtet in der sengenden Sonne. Einzig ein zweireihiger Stacheldraht hält Eindringlinge fern. Für uns, die es gewohnt sind, dass alles historisch Relevante erforscht, kartiert und dann hinter Glas gebracht wird, ist es unvorstellbar, dass solcherlei Schätze einfach so in der Landschaft stehen.

Wir sind keine zehn Minuten auf dem Gelände, da nähert sich uns ein Mann mit einem Ordner unter dem Arm, stellt sich als Martín vor und bietet seinen Service als Führer an. Normalerweise erkunden wir lieber selbst, hier allerdings haben wir das dringende Bedürfnis, ein wenig die Arbeit, die hier geleistet wird, zu unterstützen.

Martín berichtet Erstaunliches, zum Beispiel, dass die Maya noch vor den Arabern eine Vorstellung von der Zahl «Null» hatten, dass die Mütter der Maya-Oberschicht ihren Neugeborenen Holzbretter vor die Stirn schnallten, um diese abzuflachen und den Kopf in eine konische Form zu zwängen. Dass «Schielen» ein durchaus erstrebenswertes Schönheitsideal darstellte und man daher die Augen von Babys mit Objekten, die man ihnen vor den Augen baumeln ließ, umlenkte, bis der erwünschte Effekt erzielt war. Mayas benutzten halluzinogene Pilze und andere Pflanzen, um sich in eine religiöse Trance zu versetzen, nutzten Dampfbäder zur rituellen Reinigung. Sie waren erstaunlich versierte Mediziner:innen, nähten Wunden mit Fäden aus Menschenhaar, kannten Schmerzmittel und kultivierten Heilkräutergärten. Oxkintok liegt in einem sehr trockenen Gebiet. Um die Wasserversorgung sicherzustellen, erbaute man hier ein Zisternen- und Wasserleitungssystem, das auch heute noch erhalten ist. Fast wäre Max in einen nicht abgedeckten Schacht gefallen.

Lernen, das soll Einstein gesagt haben, entspringt aus Erfahrung. Alles andere sei bloß als Information zu werten. Um nachhaltig zu lernen, müssen wir unsere Sinne einbeziehen, hören, fühlen, schmecken, riechen, sehen, unsere Umwelt erfahren und begreifen. Als wir am Abend zusammensitzen, die Kinder über den Tag sprechen, bewegt von allem, was sie in den letzten Tagen erlebt haben, bin ich sicher, dass kein Geschichtsbuch, kein Film der Welt ihnen mehr hätte vermitteln können. Zwar werden sie Daten und Fakten wieder vergessen, aber sie haben eine Vorstellung davon, wie beschwerlich der Weg eines Sklaven zu seiner Opferstätte war. Sie werden sich daran erinnern, zu welchen Dschungelgeräuschen die Maya-Kinder eingeschlafen sind, wie erbarmungslos die Sonne auf die Bauern niederbrannte, wie angenehm kühl es im Inneren der Tempelgebäude war. Und dass Indiana Jones der weltbeste Beruf ist.

OPFER

Mexiko: Yucatán-Halbinsel, April 2019

«Weltwunder» ist ein großes Wort. Als Definition von «Wunder» steht im Duden: *Ereignis, das Staunen erregt*. Wie erstaunlich ist dann erst ein Weltwunder? Staunen, sich wundern, fassungslos oder überwältigt sein, das ist mein normaler Zustand. Meine Welt ist voller Wunder. Meine persönliche Weltwunderliste aber sähe anders aus als die Auflistung besonderer Bauwerke, die seit der Antike als die «sieben Weltwunder» bekannt sind. Ich bin überwältigt davon, dass nach einundzwanzig Tagen Brut ein perfektes Küken aus einem Hühnerei schlüpft. Oder wie zarte Mohnblüten ein Sommergewitter abschütteln. Ich kann jedes Jahr wieder den Frühling nicht fassen.

Von den sieben Bauwerken auf der antiken Weltwunderliste sind nur noch die Pyramiden von Gizeh erhalten. Darum gibt es seit 2008 eine neue «Sieben-Weltwunder-Liste». An erster Stelle dieser steht die Maya-Ruinenstadt Chichén Itzá, die die Kinder – im Mayarausch – besuchen wollen.

Über Jahrhunderte war Chichén Itzá ein heiliger Ort. Bis auch diese Stadt 1200 nach Christus von ihren Bewohner:innen verlassen wurde und im Dschungel versank. Der Name Chichén Itzá bedeutet «am Rande des Brunnens der Itzá». Der Brunnen, die Cenote Sagrado, ist eine der Hauptattraktionen dieses Ruinenkomplexes.

Cenote beutet «heilige Quelle». Cenoten, die geheimnisvollen

Eingänge in die Unterwelt der Maya, sind neben Ruinenstädten und Traumstränden einer der Gründe, warum die Yucatán-Halbinsel bei Tourist:innen so beliebt ist. Für die Maya waren die kreisrunden Kalksteinlöcher der Zugang zur Unterwelt, vor allem zum Lebensraum des Regengottes Chaac. Besonders in Dürrezeiten wurden sie als sakrale Opferstätten genutzt.

Über ordentlich angelegte Wege stromern wir durch die Überreste dieser gigantischen Metropole. Die Ruinenstadt ist ein Paradies für Geschichtslehrer:innen. Die Kinder aber sind bald gelangweilt. Zu viel Museum, zu wenig wild. Lernen findet hier hauptsächlich wieder über zwei Sinne statt: sehen und zuhören, was ich von den Infotafeln vorlese. Von Forscher:innen schrumpfen die Kinder wieder zu Schüler:innen.

Auch ich werde unfreiwillig wieder zur Schülerin. Als wir die Ballspielarena der Ruinenstadt betreten, werde ich in die ätzendsten Stunden meiner Schullaufbahn zurückkatapultiert. Vieles, was wir bisher über die Kultur der Maya gelernt haben, hat Albtraumpotenzial. Bisher kam ich klar. Jetzt aber bekomme ich Schweißausbrüche. Schuld ist nicht allein die Sonne, die rücksichtslos auf uns niederbrennt. Ich stehe mitten auf einem gigantischen Spielfeld – größer als ein Fußballfeld in UEFA-Stadien, an der Längsseite von acht Meter hohen Mauern umgeben. Auf diesem Spielfeld erspielten Berufsspieler der Maya und Gefangene gegnerischer Stämme den Ausgang von Kriegen. Das Ballspiel «Juego de pelota» war ein fester Bestandteil der Mayakultur. In vielen Siedlungen finden sich Reste der einstigen Spielarenen. Nirgends aber sind sie so imposant wie hier. Das heilige Spiel wurde meist nach ausgiebigen Beratungen von einem Schamanen eröffnet und von den umgebenden Rängen aus von Priestern, Herrschern und dem Volk beobachtet. Manchmal diente ihr Spiel als Orakel, um die Nachrichten der Götter zu empfangen, oder es warb um deren Gunst. Ziel des Spiels war es, einen harten Kautschukball von der Größe eines Medizinballes durch in sechs Metern Höhe angebrachte

Steinringe zu schlagen. Dabei durften weder Hände noch Füße genutzt werden, stattdessen wurde der Ball mit Hüfte, Schulter und Ellenbogen in der Luft gehalten. Während Berufsspieler meistens eine Schutzausrüstung aus Leder oder Holz besaßen, wurden Gefangene ohne diesen Luxus in die Arena geschickt. Wer die meisten Treffer erzielte, gewann. Der Verlierer wurde noch an Ort und Stelle geopfert.

Wie oft – die Erinnerung an diese Schmach püriert meine Beine – war ich im Sportunterricht das Opfer. Ich bin nicht unsportlich, kann lange und schnell laufen. Ich bin beweglich und hab ein gutes Körpergefühl. Solange mir kein Ball in die Quere kommt. In der Oberstufe waren Volleyball und Basketball Schwerpunktthemen. Damit ich nicht den Spielfluss störte, ließ mich mein Sportlehrer regelmäßig allein gegen die Wand spielen, während die anderen ihrem Leistungsstand entsprechend in Mannschaften aufgeteilt wurden.

Jedes Mal, wenn ich jemandem diese Geschichte erzähle, erinnert sich auch mein Gegenüber an Situationen, in denen Lehrer:innen sie oder ihn gedemütigt und abgestempelt haben. Ihr Einfluss auf das Selbstbild der Schüler:innen ist riesig. Ob sich ein:e Schüler:in als fähig oder dumm, sich wahrgenommen und unterstützt fühlt, hat viel mit dem Verhältnis zum Lehrenden zu tun. Ob die Schule als ein sicheres und motivierendes Umfeld empfunden wird, hängt maßgeblich von den Menschen ab, die dort arbeiten. Niemals würden wir zu einem Zahnarzt gehen, der zwanzig Jahre alte Technik nutzt. Aber wir vertrauen unsere Kinder Leuten an, die nicht den Anspruch an sich haben, sie und ihre Welt zu verstehen.

Meine Kinder hatten Lehrer:innen, die mit dem Schlüsselbund nach Schüler:innen warfen, die Bilder im Kunstunterricht zerrissen oder mit Alkoholfahne zum Unterricht erschienen. Und selten hatte das eine Konsequenz für sie. Ich, das haben mir die letzten Monate Homeschooling gezeigt, wäre eine lausige Lehrerin. Ich hätte weder die Geduld noch die Eloquenz, mich vor einer Klasse zu behaupten. Auch wäre ich niemals fähig, zwanzig Schüler:innen gleichermaßen gerecht zu werden. Um nichts in der Welt möchte ich tauschen und bin unendlich dankbar für jede:n gute:n Lehrer:in. Aber, und das ist die andere Erkenntnis dieser Erfahrung, meine Toleranz gegenüber unengagierten, unreflektierten Lehrer:innen rutscht Richtung Cenotengrund. Und der kann sehr tief sein.

Ein paar Stunden später treibe ich rücklings im eisigen Wasser einer Cenote. Unter mir ziehen schwarze Barsche ihre Kreise. Dort, wo die Sonnenstrahlen die Wasseroberfläche berühren, sickert ein bisschen Himmel in den Bauch von Mutter Erde, lässt das Wasser unwirklich blau leuchten. In einem kreisrunden Loch fünfundzwanzig Meter über mir malen Sahnewolken Muster in den blitzeblauen Himmel. Die Blätter der Bäume tanzen im heißen Nachmittagswind. Meine einzige Verbindung zur Welt dort oben sind die Baumwurzeln und Lianen, die, ohne auf ihrem Weg Halt zu finden, bis zu mir herunterwachsen. Es trieft, rieselt und drippelt, Farne und Moose, schleimige Pilze überwuchern die Cenotenwände, stetiges Tropfen lässt jahrmillionenalte Stalaktiten weiter wachsen. Es riecht nach Erde und Stein, eine feuchte Kühle streichelt unsere Schleimhäute. Obwohl das Cenotenwasser eiskalt ist, friere ich nicht, fühle mich glückdurchsonnt, bin porentief erfüllt von Frieden.

Die Cenote Oxman in der Nähe des Ortes Valladolid gilt als eine der schönsten Cenoten Mexikos. Es ist eine Welt, in der Feen und Regengötter sehr plausibel erscheinen. Die Kinder schwingen an einem Seil durch den Lianenwald, lassen sich juchzend in die Tiefe stürzen. Max überwindet seine Angst vor dem Fall und wächst viele Zentimeter in wenigen Sekunden. «Mama, das musst du auch machen, los!» Widerwillig löse ich mich aus dem Schwebezustand, schwimme an den Rand der Cenote, steige die glitschigen Holzstufen hinauf zur Plattform, greife nach dem Seil.

«Los, Mama, spring, so weit du kannst, lass es ordentlich klatschen!» Als das Seil die höchste Stelle erreicht, lasse ich los.

«Nimm das, Herr W. aus L.!», denke ich und versenke jede Erinnerung an Schulsport mit einer saftigen Arschbombe auf dem Cenotengrund.

ZAHNRAD

Mexiko: Riviera Maya, Mai 2019

Palmblätter rauschen im Wind über unseren Köpfen. Die Füße stecken in watteweißem Sand. Das Meer glitzert. Ich würge. Zum hundertsten Mal heute.

Wir stehen am paradiesischen Karibikstrand von Tulum, der Riviera Maya Mexikos. Roger ist bis auf den Strand gerollt, keine zehn Meter entfernt von der Wasserkante zum Stehen gekommen. Die Villa auf der anderen Seite der Hecke kostet tausend US-Dollar die Nacht. Jetzt steht sie leer, recht lange schon, wie mir der Besitzer des Campingplatzes erzählt hat. Der Grund dafür ist ein durchdringender Geruch nach faulen Eiern. Er verursacht Kopfschmerzen, Schwindel, Würgereiz. Und totale Verzweiflung.

Seit letztem Jahr spuckt der Atlantik tonnenweise Sargassum-Seegras an den Strand. Es rottet in der Sonne und verströmt einen bestialischen Gestank. Lange war dies ein jahreszeitliches Phänomen, jetzt ist es Dauerzustand. Schwitzend, mit Tüchern vor Mund und Nase schaufeln Männer die braungrüne Pest in Schubkarren, wissend, dass es ein aussichtsloser Kampf ist. Barbados hat letztes Jahr den Notstand ausgerufen, die Küste von Belize erstickt ebenfalls. Die Algen breiten sich explosionsartig aus, auch an Orten, an denen sie sonst nie vorkamen. An vielen Stränden, berichten die Arbeiter, verenden die Fische. Der Zersetzungsprozess der Algen entziehe dem Wasser den Sauerstoff, die Tiere ersticken. Korallen sterben ab, weil die riesigen Seegrasteppiche das Licht schlucken.

US-Forscher:innen haben einen Sargassumteppich gigantischen Ausmaßes vermessen. Er erstreckt sich auf einer Länge von fast 9000 Kilometern von Westafrika bis zum Golf von Mexiko. Genährt wird er, vermuten sie, durch eine Nährstoffschwemme in der Amazonasmündung.

Jedes kleine Zahnrad im Uhrwerk unseres geschädigten Ökosystems hat Auswirkungen auf das nächste, setzt eine neue Maschinerie der Zerstörung in Gang. Die Abholzung des Regenwaldes, das Fehlen der Bäume, die die Nährstoffe verwerten, eine vermehrte landwirtschaftliche Nutzung lassen an den Küsten Mexikos die Fische sterben. Das Ausmaß dieser Katastrophe, die Machtlosigkeit der Menschen vor Ort, die Auswirkungen auf deren Leben, letztendlich auf unser aller Leben, bereiten mir eine Riesenangst. Wegschauen geht nicht. Beim Reisen werden die Probleme der anderen zu den eigenen.

Manchmal ist das auch schön: Wir treffen hier am Strand zwei Travellerpärchen wieder, mit denen wir uns im Dschungel am Lago Catemaco angefreundet haben. Mit Iris und Sven haben wir uns verabredet, Ryan und Camille sind überraschend zu uns gestoßen. Stundenlang haben wir am Lago Catemaco gemeinsam versucht, die technischen Probleme der jeweils anderen zu lösen. Weil unser Problem nach wie vor bestand, konnte Ryan nächtelang nicht schlafen und überzeugte seine Freundin schließlich, einen anderen Weg einzuschlagen, um noch ein paar Tage mit uns und unseren defekten Bordakkus zu verbringen.

Echtes Reisen erfordert, dass man es mit allen Sinnen tut. Ansonsten ziehen Bilder unerlebt an einem vorbei. Wir glauben an Fahrtwind. Man muss spüren, wie der Staub zwischen den Zähnen knirscht, riechen, wie die Kadaver überfahrener Tiere im Straßengraben rotten. Man muss fühlen, wie das T-Shirt schweißnass am Körper klebt oder wie die steif gefrorenen Finger nicht greifen können. Wie soll man sonst wissen, wie der Regenwald klingt, wie Wüste riecht, wie Gletscherluft schmeckt? Das dachten wir und verzichteten auf den Einbau einer Klimaanlage. Die Bordakkus und die ratternden Ventilatoren sind unser einziger Luxus. Ein Luxus, auf den wir nun schon eine Weile verzichten müssen. Die nächtlichen Ventilatoren und der gegen die Hitze arbeitende Kühlschrank lutschen regelmäßig unsere Batterien unter die erlaubten 12,3 Volt. Weder die Lichtmaschine noch die Solarzellen schaffen es, sie wieder aufzufüllen.

Und das knabbert an meiner Fähigkeit, so zu empfinden, wie es diese Kulisse erfordert. Jedenfalls bis es Timm mit Ryans Hilfe gelingt, unser Akkuproblem zu lösen. Sofort laden auch meine Batterien wieder. Schwitzen, denke ich mit der Nase im Ventilatorenwind, ist heilsam. Der Schweiß, der mir unaufhörlich aus allen Poren fließt, entgiftet. Vieles kommt zum Vorschein, wenn man den Luxus hat, sein Leben einmal aus der Vogelperspektive zu betrachten. Und doch fällt mir das Fliegen so schwer. Oft sitze ich im Nest und brüte. Brüte, bis neue Erkenntnisse schlüpfen.

Viele Weltenbummler:innen berichten, dass sie von einer längeren Reise verändert zurückgekehrt sind. Auch wir waren nach unserer Afrikazeit nicht mehr dieselben. Wiederkommen war damals sauanstrengend. Auf Reisen verlangt jeder Ort, jede Tageszeit nach einer anderen Variante von uns, wir können uns nach Herzenslust ausprobieren. Das ist, glaube ich, Freiheit. Doch diese Freiheit ist auch anstrengend und verunsichert mich oft. Sie erfordert viel Hinsehen, vor allem wenn gleichzeitig sechs Personen ihre Fühler in alle Richtungen ausstrecken.

Die letzten Wochen und Monate haben mich Toleranz, Einfühlungsvermögen, Selbstachtung gelehrt. Die Grenzen der anderen zu respektieren erfordert, sich mit den eigenen Grenzen auseinanderzusetzen und zu lernen, diese klar zu kommunizieren. Und auch sich selbst nicht zu harsch zu beurteilen, Fehler und Schwächen zuzulassen, zu ertragen, dass auch andere diese sehen und benennen. Denn auch wenn sich mein Umfeld jeden Tag verändert, kann ich vor etwas nicht davonlaufen: vor mir selbst.

Vielleicht begann unsere Reise als ein Weglaufen. Seit einiger Zeit fühlt es sich an, als hätten wir die Richtung gewechselt. Wir laufen nicht mehr weg. Wir gehen auf etwas zu: uns selbst. Je klarer wir dies erkennen können, desto unbequemer werden die Gedanken, die sich mir aufdrängen.

Freundschaften mit anderen Reisenden und Expats können in kurzer Zeit eine ziemliche Intensität entwickeln. Wir lassen uns auf eine Nähe ein, die uns zu Hause den Angstschweiß auf die Stirn treiben würde. Bisher habe ich gedacht, der Grund hierfür wäre unsere genetische Bruderschaft. Dass uns ähnliche Sehnsüchte verbinden. Aber – und dieser Gedanke erschüttert mich – wie sehr bin ich in Deutschland eine andere?

Ist es gar nicht das Umfeld, das mich mich einsam fühlen lässt, sondern meine Einstellung zu ihm? Oder zu mir? Renne ich gegen selbst errichtete Mauern? Bin ich mir in meinem Leben in Deutschland selbst nur einfach nicht nah genug, um den Mut zu haben, mein Herz scheunentorweit aufzureißen? Bin ich mir mein eigenes Gefängnis? Die Verbindung zu anderen führt über die Verbindung zu uns selbst. Zum Glück haben wir noch ein paar Monate Zeit, diese Verbindung zu pflegen.

ZEITSTRAHLWECHSEL

Belize: Hummingbird Highway, Mai 2019

Um verärgert zu gucken, braucht man zweiundvierzig Gesichtsmuskeln. Um zu lächeln, nur siebzehn. Ich entscheide mich fürs Full-Face-Work-out.

180 US-Dollar fordert der mexikanische Grenzbeamte, damit wir nach Belize ausreisen dürfen. Zusätzlich zu unserem Einreisestempel im Pass hatten wir vor zwei Monaten in Tijuana eine Touristenkarte bekommen, die wir nun bei der Ausreise aus Mexiko zurückgeben müssen. Um diese zu erhalten, haben wir damals eine Gebühr von 30 US-Dollar pro Person gezahlt. Der Grenzbeamte will nun, dass wir ihm die Quittung zeigen, ansonsten wäre eine neue Zahlung fällig. Gegen mein Argument, dass wir doch die Karte und den Einreisestempel nicht vorweisen könnten, wenn wir damals diese Gebühr nicht bezahlt hätten, ist er taub. Kein Bitten, kein Lächeln, nicht einmal meine zweiundvierzig Wut-Muskeln können den Beamten erweichen. Wir werden heute also nicht ausreisen, fahren ein paar Kilometer zurück und verbringen eine weitere Nacht in Mexiko, auf einen morgigen Schichtwechsel der Grenzbeamt:innen hoffend.

Als wir unser Nachtcamp aufbauen, fällt mir ein, dass man offiziell keine frischen landwirtschaftlichen Produkte nach Belize einführen darf. Wird man einer Inspektion unterzogen, muss man Fleisch, Eier, Obst und Gemüse abgeben. In einem Anflug von Verschwendungsangst verkoche ich all unsere Vorräte zu einem Festmahl, und mit nur ein paar Nudeln und Reis im Schrank fahren wir am nächsten Morgen erneut Richtung Grenze.

Dieses Mal stehen wir einer Grenzbeamtin gegenüber. Mit dem so typischen mexikanischen Lächeln, das vom Haaransatz bis zu den Ohren definitiv mehr als siebzehn Muskeln bewegt, nimmt sie unsere Pässe und die Touristenkarten entgegen, stempelt uns aus und wünscht eine gute Reise.

«Ich bin sehr traurig, Ihr Land heute zu verlassen», sage ich noch. Als Mexiko im Rückspiegel verschwindet, tropft tatsächlich ein bisschen Trauer auf den Belize-Reiseführer, zeichnet Muster auf die aufgeschlagene Seite, markiert die Sätze: «Wildfleisch spielt eine wichtige Rolle in der belizianischen Küche. Als Delikatesse gilt das Fleisch des Gibnuts, ein mit dem Meerschweinchen verwandtes Nagetier. Es ist auch unter dem Namen ‹Royal Rat› bekannt, seit Königin Elisabeth II. bei einem Staatsbankett mit dieser Köstlichkeit beglückt wurde.»

Entgegen unserer Befürchtung werden wir bei der Einreise in Belize nicht durchsucht. Als wir im Supermarkt der Grenzstadt unsere Vorräte aufstocken, bereue ich unser verschwenderisches Festmahl vom Abend zuvor. Die Zeiten der kulinarischen Dauerparty sind vorbei, das wird uns beim Anblick des Sortiments und vor allem der Preise klar. Mit ein paar Eiern, Bananen, deren Schale mehr schwarze als gelbe Stellen aufweisen, zwei Paketen Spaghetti, ein paar Tomaten und Zwiebeln, zwei Tüten Toast, einem unglaublich teurem Tetra-Pak-Orangensaft und zwei TK-Packungen Hackfleisch zum Preis von Filet verlasse ich mutlos das Geschäft. Mir fällt wieder ein, warum viele Reisende Belize von ihrer Route streichen: Alles ist teuer.

Als ehemalige britische Kolonie ist es das einzige lateinamerikanische Land, in dem Englisch die offizielle Landessprache ist. Nach El Salvador ist Belize, so groß wie Hessen, das kleinste Land Lateinamerikas, knapp 400 000 Menschen leben hier.

Oder: liegen hier. Außer den Grenzbeamt:innen und den Mitarbeiter:innen des Supermarktes liegen fast alle Belizianer:innen, die wir in den ersten eineinhalb Stunden im neuen Land treffen, in der Hängematte. Ein mexikanisches Sprichwort lautet: «Lass der Zeit Zeit.» Mexikaner:innen sind bekannt für ihren entspannten Umgang mit der Zeit. Ihr Rhythmus wird nicht von der Uhr bestimmt, sondern davon, wie lange Dinge brauchen. Raum und Zeit, das wissen Einstein und die Mexikaner:innen, sind Modi, an die wir glauben, keine Bedingungen, unter denen wir leben müssen. Die Zeitmessung, wie wir sie heute kennen, wurde erst von den Eisenbahngesellschaften eingeführt, um Zugfahrpläne etablieren zu können. Bis dahin lebten die Menschen hauptsächlich nach ihrem persönlichen Zeitempfinden. Und das konnte erhebliche Unterschiede aufweisen. Mit der Einreise nach Belize, scheint es, haben wir erneut den Zeitstrahl gewechselt.

Der US-amerikanische Psychologe Robert Levine beschreibt in seinem Buch *Eine Landkarte der Zeit*, dass das Tempo einer Kultur durch hauptsächlich fünf Kriterien bestimmt wird: Je reicher, je industrialisierter das Land und je größer die Städte sind, desto schneller ist das allgemeine Lebenstempo. Je heißer es ist und je wichtiger soziale Beziehungsgefüge sind, desto langsamer ist ein Land. Diesen fünf Kriterien von Levines Analyse folgend, sollte Belize also eines der Länder mit dem geringsten Lebenstempo sein.

Ein Drittel der Bewohner:innen Belizes leben unter der Armutsgrenze, der Staat war 2017 zu neunundneunzig Prozent verschuldet. Industrie ist kaum entwickelt, und hauptsächliche Exportgüter sind Edelhölzer und Agrarerzeugnisse. In der größten Stadt Belizes, Belize City, wohnen nur 63 000 Menschen. Das Klima ist tropisch mit einer Regenzeit von Mai bis November, ab Juli beginnt die Hurrikansaison. Die durchschnittliche Jahrestemperatur beträgt 26 Grad Celsius, in bergigen Gebieten ist es etwas kühler. Belizianer:innen pflegen höfliche Umgangsformen, die Familie und Großfamilie spielen im Alltag eine übergeordnete Rolle. Für sie hängen an jeder Veranda Gästehängematten, fällt mir auf. Familien sitzen zusammen auf Veranden oder im Schatten blühender Bäume, Kinder fahren Fahrrad, ab und zu kreuzt ein wohlgenährter Hund die Fahrbahn. Bunt ist der vorherrschende Eindruck, sowohl bei Häusern und Gärten als auch Menschen. Belize vereint fast so viele Ethnien auf kleinem Raum wie der Plenarsaal der UN-Vollversammlung: Mestizen – die Nachfahren weißer Einwanderer:innen und Mayas –, Kreolen, die Garifuna-Nachfahren, Afro-Belizianer:innen und indigene Kariben, Mayas, deutschsprachige Mennoniten, Chinesen, Inder und Araber: Sie alle prägen die Kultur und das Straßenbild des kleinen Landes.

Bei vielen Themen ist unsere Familie in zwei Lager geteilt. Im besten Falle ergänzen sich diese. Was die Liebe zu Höhlen angeht, befinden wir uns im Ungleichgewicht. Fünf von uns müssen jede Höhle erkunden, ich nicht. In dunklen, engen Orten bekomme ich Beklemmungen, im schlimmsten Falle Panik. Der Gedanke, ein fünf Kilometer langes, dunkles, mit eiskaltem Wasser gefülltes Höhlensystem zu durchschwimmen, mich durch enge Gänge zu quetschen, abseilen zu müssen und am Ende an einen Ort zu gelangen, an dem Kinder dem Regengott der Mayas geopfert wurden, ist meine Definition von Albtraum. Meine Kinder dieser Welt auszuliefern und nicht aufpassen zu können, kann ich aber noch weniger ertragen. Also komme ich mit.

Als wir die Tickets buchen wollen, erfahren wir, dass Kinder mindestens zehn Jahre alt und gute Schwimmer sein müssen. Beides trifft auf Max nicht zu. Ich jubiliere, Timm reagiert: «Kein Problem, die Zwillinge sind zehn und können gut schwimmen.» Carl und Max sind trotz ihres Altersunterschieds gleich groß. Carl hasst es, wenn sie für Zwillinge gehalten werden. Heute nicht. Stattdessen verwandeln er und Lotta Max mit einem braunen und einem orangen Filzstift in sein rothaariges, sommersprossiges Ebenbild.

Wie jedes Mal, wenn wir uns abseits von geteerten Straßen oder Strand befinden, besteht Timm auf Blundstones, unseren australischen Cowboyboots. Lotta und ich, die besser in Sneakern laufen können, finden das lächerlich. Der Guide offensichtlich auch. Beim Anblick unserer knöchelhohen Lederboots kann er sich ein Grinsen nicht verkneifen: «Mit denen werdet ihr viel Spaß haben!»

Was er genau damit meint, wissen wir spätestens, als wir mit Helmen und Kopflampen ausgerüstet an einem Fluss ankommen. Ein Seil ist vom einen zum anderen Ufer gespannt. Mit Kleidung und Schuhen steigen wir ins Wasser. Schon nach zwei Metern kann Max nicht mehr stehen, hangelt sich mühevoll an diesem entlang. Erste Sommersprossen zerfließen, und ich hoffe, dass wir den Höhleneingang erreichen, bevor auch die Haarfarbe schlappmacht. Noch dreimal überqueren wir den Fluss, bis wir nach einem dreißigminütigen Marsch durch den Dschungel den Höhleneingang erreichen.

Überwuchert von Schlingpflanzen, verdeckt von Büschen und fedrigen Farnen, erkenne ich den schlüssellochförmigen Eingang erst auf den zweiten Blick. Er liegt mitten in einem kleinen Teich. In der Traumdeutung bedeutet der Blick des Träumenden durch ein Schlüsselloch, dass seine Fähigkeit, zu sehen und zu verstehen, auf irgendeine Weise beeinträchtigt ist. So fühlt es sich an. Ich habe keine Ahnung, was mich in der sargschwarzen Dunkelheit jenseits des Eingangs erwartet, bin auch nicht sicher, ob ich das wissen möchte. Ich liebe es, mir fremde Welten zu erschließen. Für die Unterwelt gilt das nicht. Die Maya glaubten an eine Dreiteilung der Welt in Himmel, Erde und Unterwelt. Während Frauen, die im Kindbett starben, Selbstmörder:innen und Geopferte direkt in den Himmel aufstiegen, mussten alle anderen sich diese Erlösung erst verdienen. In der Unterwelt wurden ihnen Prüfungen auferlegt, es galt, Kämpfe zu bestehen und Leiden zu erdulden. Um die blutrünstigen Götter gnädig zu stimmen, waren Opfergaben in Form von Nahrungsmitteln, Schätzen, Blut und Menschen unerlässlich. Cenoten und Höhleneingänge waren der Eingang in diese Welt des Schreckens. Ich kann mich nur schwer gegen die Bilder wehren, die mir karawanengleich durch den Kopf ziehen: Mayas, die an schweren Tontöpfen tragen, gefesselte Sklave:innen und weinende Kinder durch die Dunkelheit schleifen, um sie am Ende des kalten, nassen Weges zu opfern.

Max klammert sich an meinem Rücken fest, als wir durch den Höhleneingang schwimmen. Helles Fiepen pikst mein Trommelfell, ein Luftzug, etwas zischt an meinem Kopf vorbei. Fledermäuse galten bei den Mayas als die Hüter der Unterwelt, bewachten den Eingang in die Welt der Toten. Gruftdunst empfängt uns, jagt mir Schauer über die nasskalte Haut. Nach ein paar Minuten haben wir ein Ufer erreicht, klettern ungelenk über den glitschigen Stein. Unser Guide bittet uns, die Kopflampen noch eine Weile auszulassen. Ohne die Möglichkeit, mich im Raum zu verorten, kommt mir jedes Zeitgefühl abhanden, ich verliere mich im Geplätscher und Getropfe, kann nicht sagen, ob wir Minuten oder Stunden auf dem Bauch durch enge Tunnel robben, schwimmen, klettern.

Die Höhlen wurden erst zu Beginn der Neunzigerjahre entdeckt. In der Hauptkammer des Höhlensystems hat man die Reste von vierzehn Skeletten gefunden, darunter sieben Kinder unter fünf, sowie 1400 Tontöpfe. Und diese Kammer ist unser Ziel.

Mit vor Kälte und Aufregung klappernden Zähnen betreten wir sie. Überall an den Wänden, auf dem Boden, in Nischen liegen und stehen Tontöpfe. Sie sehen aus, als wären sie gestern dort abgestellt worden. Zunächst glaube ich an eine Touristenfalle. Dann stehe ich vor den sterblichen Überresten eines der Opferkinder. Seit eine heruntergefallene Touristenkamera einen der Kinderschädel zertrümmert hat, sind Kameras und schwere Gegenstände sowie Schuhe im Bereich der Opferstätte verboten. Auf Socken tippeln wir zwischen den Gaben und Gebeinen der Geopferten herum, und meine Fähigkeit zu verstehen ist tatsächlich in vollstem Maße beeinträchtigt. Ich kann nicht fassen, dass wir zwischen jahrtausendealten Tonkrügen und Überresten von Menschen laufen, möchte am liebsten sofort den Zutritt für alle blind über die

Opferkinder stolpernden Tourist:innen verbieten. Gleichzeitig bin ich fasziniert, dankbar, all das sehen und erleben zu dürfen. Mein innerer Disput ist einer, den Touranbieter und Archäolog:innen ebenfalls leidenschaftlich austragen. Die Wissenschaftler:innen fürchten um den Erhalt der Artefakte, die Touranbieter, für die die Höhlen eine der wichtigsten Einnahmequellen sind, um ihre Existenz.

Der Rückweg ist anstrengend. Wir sind unterkühlt und müde, haben Hunger. So scheint es allen anderen auch zu gehen, ansonsten kann ich mir nicht erklären, dass niemandem Max' magische Verwandlung von einem Rot- in einen Blondschopf auffällt.

Zum Glück glaubt Timm nicht an Umdrehen. Jedenfalls nicht, bevor ein Ziel erreicht ist. Unser Ziel ist Placencia Village, die größte Ortschaft der Halbinsel Placencia. In den frühen 2000er-Jahren wurde Placencia von einem Hurrikan verwüstet. Jetzt ist davon nichts mehr zu sehen. Stattdessen reihen sich Hotelanlagen und Luxusvillen in verschiedenen Baustadien an die einzige Straße der Halbinsel. Jede zweite Villa steht zur Vermietung. Sie alle haben Wasserblick – im Osten der Straße glitzert das Karibische Meer, im Westen das Wasser der Placencia-Lagune. Vor den Häusern wässern Rasensprenger das frische Grün, warten Golfcarts auf den Shoppingtrip der nordamerikanischen und europäischen Touristen. Während ich bei unwirtlichen Orten tolerant bin, schlägt mich das kleinste Zeichen von Pauschaltourismus in die Flucht. Ich hatte ein Fischerdörfchen erwartet, keine Expats und Touristen, die mit Golfcarts zum Einkaufen fahren, und will sofort umdrehen.

Beinahe hätte ich so einen der schönsten Plätze der Karibikküste verpasst. Ich schäme mich ein bisschen für meine arrogante Haltung und verspreche mir, den Ideologiekampf zwischen Globetrottern und Pauschaltouristen, die Haltung, mit der viele Langzeitreisende den Kurzzeittouristen aus dem Weg gehen, in Zukunft nicht mehr mitzumachen.

Tatsächlich wartet am Ende der Insel ein Fischerdörfchen auf uns. Zwar gibt es Souvenirshops, Pizzarestaurants und lärmende Bars, aber von ihnen lass ich mich nicht stören. Ab jetzt nicht mehr.

Was allerdings stört und nicht mehr auszublenden ist, sind die optischen Spuren, die das ständige Schwitzen an mir hinterlassen hat. Mein Körper ist übersät von juckenden Pusteln und erhabenen Striemen, die mich nachts nicht schlafen lassen. Von Tag zu Tag wird es schlimmer. Ich fühle mich ekelhaft, entspreche optisch dem neuen Namen, den mir die Kinder gegeben haben: Butterbirne. Seit Tulum habe ich mir, inspiriert von Camilles glänzender Haarpracht, nicht mehr die Haare gewaschen. «No-Poo» – kurz für «No Shampoo» – ist ihr Geheimnis. Vor achtzehn Monaten hat Camille aufgehört, ihre Haare mit Shampoo zu waschen, benutzt nur noch Wasser, ganz selten eine Spülung. Die ersten acht Wochen, hatte sie mich gewarnt, seien fürchterlich. Dann aber sei das Schlimmste überstanden und Haare und Kopfhaut hätten sich regeneriert, wären ein für alle Mal unabhängig von Shampoo und Pflegeprodukten. Ich bin mir nicht sicher, ob ich mich mit der schweiß- und fetttriefenden, von Pusteln übersäten Frau, die mir aus dem Spiegel entgegenblickt, anfreunden kann. Für heute aber stecke ich mir trotzig eine Hibiskusblüte in den fettigen Dutt und guck stattdessen auf meine hübschen Töchter.

In Placencia tun wir all das, was wir uns für die Ceyes, den Belize vorgelagerten Inseln, die wir wegen der Algenplage canceln mussten, vorgenommen haben: Timm und die Mädchen gehen tauchen, das erste Mal auf achtzehn Meter Tiefe, schwimmen mit Wasserschildkröten, Mantarochen und Haien. Weil auch die Jungen diese Unterwasserwelt sehen sollen, machen wir einen weiteren Ausflug, fahren auf eine der Riffinseln. Dort schnorcheln wir zwischen unwirklich bunten Fischen und Korallen, Rochen gleiten wie fliegend durchs Wasser. Eine uralte Wasserschildkröte blickt uns aus weisen Augen an. Riffhaie, die von allen Seiten unter uns durchtauchen, kitzeln mit ihren Rückenflossen unsere Bäuche. Die

Zeit steht still, unter Wasser gibt es keine Hektik, kein Geräusch stört, nichts und niemand drängt. Am Abend feiern wir diesen gelungenen Tag im Restaurant. Max hat einen Sonnenstich und kotzt auf den Tisch.

In Sekunden bin ich hellwach, setze mich im Bett auf. Draußen hallen Schreie, jemand rennt über den Kies des Parkplatzes, auf dem wir stehen. Gebrüll, Glas splittert, ein dumpfer Knall. Im Halbdunkel sehe ich zu Rogers linker Seite die Umrisse einer Gruppe junger Männer. Sie werfen Steine und Flaschen auf eine Gruppe, die sich zu unserer rechten Seite befindet. Roger steht mittendrin. Das erste Mal auf dieser Reise habe ich richtig Angst, wecke Timm. Die Kinder reiben verschlafen die Augen. «Weg von den Fenstern, kein Licht an!», ist das Einzige, was mir einfällt.

Plötzlich fällt ein Schuss, die Gruppen rennen in alle Richtungen, Schreie, Flüche. Wir kauern uns auf den Boden, zwischen die Schränke und so weit wie möglich weg von den dünnen Außenwänden. Warten. Absolute Stille, dann von Weitem etwas Gepöbel. Nach einer gefühlten Ewigkeit wagen Timm und ich einen Blick aus dem Fenster, sehen eine Gruppe aufgebrachter junger Männer in einiger Entfernung, ansonsten Ruhe.

«Wow, dann mal wieder ab ins Bett», Timm hat sich schnell gefasst. Ich kann noch lange nicht schlafen. Mein Ausschlag juckt, ich kühle ihn mit kalten Lappen, creme mit Kortison, surfe im Internet auf der Suche nach einer Diagnose, die ich finde: Krätze! Alles, die Form der Pusteln und Striemen, das besonders nächtlich fürchterliche Jucken, der stetig schlimmer werdende, gegen Antihistamine und Kortison scheinbar immune Ausschlag, alles spricht dafür. Was tun? Auch hier weiß das Internet die Antwort: Wir müssen raus aus Roger, in Quarantäne, die ganze Familie behandeln. Scheiße, Scheiße, Scheiße …

Timm, wie immer lösungsorientiert, hat damit kein Problem: «Dann buchen wir uns halt eine Woche in einem Hotel ein, du wirst gesund, und danach fahren wir weiter.» Alle Kinderaugen leuchten bei der Aussicht auf eine Hotelpause.

Am nächsten Tag lassen wir mit gemischten Gefühlen die Kinder im Truck. Die Nachbarin, deren Garten an Roger grenzt, passt auf. Wir fahren mit dem Taxi zum Arzt. Der diagnostiziert eine extreme allergische Reaktion, verpasst mir eine Spritze in den Hintern, die sich anfühlt wie ein Pferdetritt, verschreibt Creme und Tabletten, verbietet bis auf Weiteres Kokosnüsse, Ananas, Limetten und Fisch.

«Und?» Alle Kinder stehen erwartungsvoll an der Tür, als wir zurückkommen. «Zum Glück nur eine Allergie», strahle ich.

«Scheiße!», blaffen sie, knallen mit der Tür.

WELT UND DORF

Belize: Springfield Community, Belmopan, Mai 2019

Im Baumschatten steht ein Kutschgespann. Das Pferd, den Kopf gesenkt, vertreibt in Zeitlupe lästige Fliegen mit dem Schweif. Auf der überdachten Kutsche sitzen regungslos eine Frau und sieben Kinder. Vier Jungen und drei Mädchen, allesamt blond. Die Jungs, ein wenig zerstrubbelt unter dem Strohhut, tragen keine Schuhe an den schmutzigen Füßen, die Mädchen haben ihr Haar zu strengen Zöpfen geflochten. Die Älteste trägt wie die Mutter eine schwarze Haube über dem schnurgeraden Scheitel. Die knöchellangen Kleider der Mutter und der Mädchen haben dieselbe Farbe wie die Hemden der Jungen: rauchgrau. Die Hosen der Jungs, schwarz und staubig, werden gehalten von Hosenträgern, dem stillen Symbol ihrer pazifistischen Haltung. Da Waffen früher traditionell am Gürtel befestigt wurden, tragen Mennoniten aus Protest keinen solchen.

Wir winken, lächeln, werden aus unbewegten Gesichtern angestarrt, versuchen es noch einmal mit der Kontaktaufnahme. Timm steigt aus dem Auto, geht auf die Kutsche zu. Deren Besatzung starrt wachspuppenunbeweglich in seine Richtung. Von der anderen Straßenseite, aus der Werkstatt eines Schweißers, tritt ein vollbärtiger Mann. Er wischt sich die Hände an den Hosen ab. Lächelnd streckt er Timm die Rechte zum Gruß entgegen. Ob er wüsste, wo wir sicher übernachten könnten, fragt dieser nach ein paar Minuten Konversation. Sehr gerne vor ihrem Gemeindehaus im Dorf. Dort sei es absolut sicher, antwortet der Mann, erklärt uns den Weg, lächelt noch einmal und dreht sich um. Eigentlich wollten wir nur ein bisschen reden. Nun aber sind wir offiziell eingeladen, am Gemeindehaus der traditionellsten Mennoniten überhaupt zu übernachten. Ich bin aufgeregt wie vor einer Prüfung, auf die ich mich nicht vorbereitet habe.

«Wie besiegen Sie Ihre Neugier auf die Welt da draußen?» Diese und eine Million andere Fragen hätte ich gerne jedes Mal gestellt, wenn ich an den Marktständen der Amischen oder Mennoniten in Kanada, den USA oder Mexiko vorbeigekommen bin. Gefragt habe ich nie. Ich habe nicht einmal Smalltalk gehalten. Ab und zu gab es ein kleines Lächeln von Frau zu Frau beim Äpfelkauf, und manchmal wurde ich gefragt, woher wir kommen. «Aus Deutschland, so wie viele Ihrer Vorfahren.» Wenn ich Glück hatte, gab es dann ein extra Lächeln.

Während der Reformation verfolgt, waren die Mennoniten damals, auf der Suche nach einem selbstbestimmten Leben, im 17. Jahrhundert unter den ersten Auswanderern, die in die Neue Welt zogen. Der Großteil lebt in Afrika, den USA und Kanada. Während weniger traditionelle Mennonitengemeinden sich in der öffentlichen Wahrnehmung oft nicht von anderen Freikirchen unterscheiden, grenzen sich die «traditionalistischen Mennoniten», die «Altkolonier» und die «Mennoniten alter Ordnung» bewusst ab. Sie fürchten den Verlust ihrer Identität durch Schulsysteme, durch moderne Lebensweisen, die sie von Gott entfernen.

Welcome to Springfield Community!
Drive with caution, children on road,
Come decently dressed,
No Sunday business!

Mit diesen Worten begrüßt uns das Ortsschild, und sofort rutscht mir das Herz eine Etage tiefer. Was gilt bei ultrakonservativen Mennoniten als «anständig gekleidet»? Ein schneller Blick scannt alle Familienmitglieder: Lotta, Paula und ich stecken in Jeansshorts und Tanktops, in Lottas Fall bauchfrei. Ich habe blau lackierte Zehennägel, Timm trägt wie an den meisten Tagen (inzwischen auch im Hauttonus verewigt) ein weißes Unterhemd. Die T-Shirt-Aufschriften der Jungs sind ebenfalls nicht mennonitenverträglich: «I want to see the world», verkündet das eine und «I am the Captain» das andere.

«Alle umziehen!» Timm parkt Roger am Rand der engen Schotterstraße, und wir durchforsten unsere Schränke. Timm, Carl und Max finden Karohemden und Jeans, Paula ein langes Kleid zum Wollpulli, ich eine Jeans (ohne Löcher) und eine weite langärmlige Bluse. Lotta hat in ihrem Schrank nicht ein einziges Kleidungsstück, das hier als anständig durchgehen würde, muss aus meinem Schrank Latzhose und Karohemd leihen.

Wir fahren durch Bullerbü-Landschaften: Auf den Äckern wenden Männer mit Strohhüten und Vollbart Heu, Kutschen mit Wasserfässern oder frisch geschnittenem Gras holpern an uns vorüber. Auf ordentlich abgezäunten Weiden grasen Kühe, Pferde, Schafe. Dazwischen scharren Hühner, watscheln Enten und Gänse. In den Schuppen ist akribisch das Brennholz gestapelt, Frauen jäten ihre Gemüsegärten. Vor schlichten Holzhäusern flattert die Wäsche im Wind. Wenn etwas bunt leuchtet, dann sind es die Blüten der Bäume und Wildblumen. Der Boden ist schwarz und fruchtbar, Mennoniten suchen sich ihre Siedlungsgebiete nach dem Boden aus. Kein einziger Strommast, kein Telefonkabel, kein Maschinengeratter – wir sind 200 Jahre zurückgereist, in eine Zeit ohne Strom. Die Bewohner:innen der Springfield Community gehören zu den traditionellsten Vertreter:innen ihrer Glaubensgemeinschaft, stellen fast alles in Handarbeit her. Ihre Sägemühle wird, weil den Ochsen so schnell schwindelig wird, von Pferden angetrieben. Die

Pflanzen in der Gärtnerei gießen sie von Hand, die Äcker pflügen sie mit Ochsen. Ihre Kutschen allerdings haben schon Autoreifen, sind auf VW-Achsen gebaut, und die Mulden der Schubkarren sind aus Plastik, ebenso die Wassertonnen.

Wir parken vor dem Gemeindehaus, neben dem sich die örtliche Schule befindet. Schnell hat sich im Dorf herumgesprochen, dass eine deutsche Familie eingetroffen ist. Immer mehr Männer kommen, wollen mit uns reden. Sie fragen, wie es in Deutschland ist. Für sie sei es merkwürdig, dass es auf der anderen Seite der Welt ein Land gäbe, in dem alle ihre Sprache sprächen und in dem die Menschen doch völlig anders lebten als sie. Dass wir Deutsch miteinander sprechen können, nimmt ihnen die Scheu. Es ist der kleinste gemeinsame Nenner, etwas, das unsere offensichtlichen Unterschiede überbrückt.

Obwohl sie versuchen, ihre kleine Welt vor äußeren Einflüssen zu schützen, haben sie uns eingeladen. Uns, die alles verkörpern, was gegen ihre Überzeugung steht: Wir ziehen hinaus in die Welt, wären ohne moderne Technik aufgeschmissen. Sie hingegen schotten sich ab, wehren sich gegen jede Form modernen Fortschritts. Wir suchen Antworten auf die Fragen des Lebens draußen in der Welt, ihre Antworten liegen zwischen zwei Buchdeckeln und innerhalb ihrer Gemeinschaft. Für uns ist Neugier eine treibende Kraft, für sie ist Neugier der Feind, den es zu unterdrücken gilt. Wir freuen uns jeden Tag über neue Einflüsse und Eindrücke, sie versuchen diesen zu entgehen. Wir wollen Grenzen überwinden, sie welche erhalten. Wir fotografieren, dokumentieren, sind weltweit vernetzt, machen die Welt zum Dorf. Sie hingegen machen ihr kleines Dorf zur Welt.

Ich bin nervös, weiß nicht recht, wie ich mein Modernsein so plötzlich ablegen soll. Auf keinen Fall will ich, dass sie ihre Offenheit uns gegenüber bereuen. Meine Rolle, das merke ich an den scheuen Blicken der Frauen und Kinder, ist hier eine andere. Zu Beginn stehe ich inmitten der Gruppe von Männern und merke schnell, dass sie ein Lächeln oder einen offenen Blick als unangenehm empfinden. Ich ziehe mich zurück, überlasse Timm das Reden.

Auch islamische Kulturen auf unserer Afrikareise erforderten ein anderes Auftreten von mir. Damals aber war ich vorbereitet, wusste, was auf mich zukam. Jetzt ist gefühlt jeder Zentimeter des Weges mit Fettnäpfchen gepflastert: ein direkter Blick, ein falsches Wort, zu enge, zu kurze Kleidung, unbedecktes Haar, Schmuck, lackierte Nägel, der falsche Spruch auf dem T-Shirt, ein Handy in der Hand, die Kamera auf dem Tisch, der Gürtel in der Hose, Fahrräder, ein Fußball, Musik, Fotos und Bücher – alles für uns völlig normal, hier im schlimmsten Fall eine Sünde.

Wir geben Führungen durch Roger. Auch das ein Minenfeld, das ich kaum überblicken kann. Hektisch stopfe ich die zum Trocknen aufgehängten Bikinis in den Badezimmerschrank. Auf dem Bett liegt ein Buch mit dem Titel *Yoga – Weg zur inneren Freiheit* gleich neben meiner Leopardenschlafanzughose. In den Kojen der Kinder liegen Kameras, E-Reader, Lego und Malsachen, in Lottas Bett die Zeichnung einer Frau, die nachlässig in ein Tuch gewickelt aus einem Fenster blickt.

Konrad, der junge Mann, den Timm durch den Truck führt, wird still, beginnt stoßweise zu atmen. Er wird rot. Timm und ich tauschen einen besorgten Blick, scannen die Umgebung, suchen nach etwas, was ihn beunruhigt haben könnte. Konrads Schultern zucken, er deutet auf die Postkarte, die an unserem Küchenschrank hängt: *«Das Leben ist schön. Von einfach war nie die Rede.»*

«Das», erst jetzt wird mir klar, dass er lacht, «stimmt wohl!»

«Glaubt ihr an Jesus?», ist stets eine der ersten Fragen, die wir beantworten dürfen. Beim ersten Mal sage ich aus Höflichkeit: «Ja.» Beim zweiten Mal allerdings frage ich mich das selbst. Was glaube ich, woran glauben wir? Die Bibel ist für mich eine Sammlung von Gleichnissen, nicht ein Buch, in dem ich jemals Orientierung gesucht oder gefunden hätte. In Roger hängt ein Druck von Albrecht Dürers *Betenden Händen*. Schon immer begleitet dieses Bild Timm, hat in jeder gemeinsamen Wohnung gehangen. Für mich bedeuten die gefalteten Hände Innehalten, Dankbarkeit, Versenkung, nichts, was ausschließlich dem Christentum eigen ist.

Ich glaube an das Gute, glaube, dass es durch jeden von uns manifestiert werden kann, nicht zwingend durch Superstars wie Jesus. Ich glaube an Liebe, an Verantwortung für den Nächsten, an Gemeinschaft, daran, dass man andere behandeln sollte, wie man selbst gern behandelt werden möchte. All die Dinge, an die ich glaube, findet man als Kern in jeder der Weltreligionen.

Als ich dies das nächste Mal auf die Frage, ob ich an Jesus glaube, antworte, ist das alte Mütterchen, das mit mir in Roger steht, zufrieden. «Sie denken ja ähnlich», findet sie und drückt mir ein großes Glas eingelegte Mango in den Arm. Ob wir die Kinder religiös unterrichten würden, möchte sie wissen. In Deutschland sei Religion ein Schulfach, wenn auch es alle anderen Weltreligionen mit einbeziehe, antworte ich ihr.

«Na, ob das so gut ist.» Leiser Zweifel, Themawechsel. Ob mir das Reisen gefalle. Sie könne sich das schwer vorstellen, da sie ihren Garten zu sehr vermissen würde. Ich erzähle ihr von meinem Garten und dem Gewächshaus, das Timm mir aus alten Fenstern gebaut hat. Dass auch ich meinen Garten manchmal vermisse, es aber in Ordnung wäre für eine gewisse Zeit. Und so verschieden wir und diese Gemeinschaft auf den ersten Blick erscheinen, bei genauerem Hinsehen finde ich auch Parallelen.

Timm und ich glauben an die Ehe, haben uns früh füreinander entschieden. Wir finden Erfüllung im Familienleben, haben, zumindest für deutsche Verhältnisse, viele Kinder. So zu leben wie alle anderen, damit haben auch wir unsere Schwierigkeiten. Technischen Verführungen stehen wir für unsere Kinder kritisch gegenüber: Sie sind größtenteils ohne Fernseher aufgewachsen, Computerspiele konnten wir bisher vermeiden, Lotta war die

Letzte in ihrer Klasse, die ein eigenes Handy hatte. Der Computer der Kinder wird geteilt und hauptsächlich benutzt, um Hörspiele zu streamen oder Informationen zu recherchieren. Wir sind traditionell in manchen Dingen, unkonventionell in anderen. Dem in Deutschland herrschenden Schulsystem stehen wir teilweise kritisch gegenüber, finden, dass Werte wie Freundschaft und Familie nicht genug Beachtung finden. Unsere Kinder haben in den letzten Deutschlandjahren jeden Samstag auf dem Hof helfen müssen, im Garten gearbeitet. Sie sollten wissen, woher das Essen kommt, dass es Arbeit und Geduld erfordert, es herzustellen. Timm hat Zimmermann gelernt, macht vieles selbst. Uns treibt oft die Sehnsucht nach einem einfacheren, entschleunigtem Leben; und die Tatsache, dass sich Mennoniten für kein Leid der Welt schuldig fühlen müssen, weil sie weder das Klima killen noch andere durch ihren Konsum ausbeuten oder jemals bekämpft haben, finde ich beneidenswert.

Kann man aber, das ist eine meiner brennendsten Fragen, in einer so strikten Gesellschaftsform leben, ohne sich oder andere zu unterdrücken? Ist hier wirklich alles Friede, Freude, Eierkuchen oder steht hinter diesem scheinbar bereitwilligen Gehorsam, dieser unverrückbaren Überzeugung auch persönliches Leid? Wie geht es den Frauen in dieser Gemeinschaft wirklich? Als Johannes, ein Mann, mit dem Timm sich lange unterhält, uns für den nächsten Tag zum Mittagessen einlädt, kann ich mein Glück kaum fassen. Ich werde eine Familie, auch den weiblichen Teil, in einem geschützten Raum treffen, die Möglichkeit haben, einen Einblick in ihr Leben zu bekommen, und vielleicht Antworten auf meine Fragen finden.

BRIEFFREUNDE

Belize: Belmopan, Springfield Community, Mai 2019

In dieser Nacht schlafen wir zum ersten Mal auf dieser Reise mit offenen Türen. Wir fühlen uns sicher und geborgen. Ab und zu prescht eine laternenbeleuchtete Kutsche an uns vorüber. Von den Gehöften klingen die Stimmen der Bewohner:innen, das Lachen und Weinen der Kinder. Grillen zirpen, und die Sterne leuchten über unseren Köpfen. Ab und zu flackert ein Glühwürmchen vorüber. Um 21 Uhr ist es still, der Ort versinkt in tiefer Ruhe.

Am nächsten Morgen wachen wir früh auf, sind angezogen und gekämmt, als um sieben Uhr die ersten Kutschen die Kinder vor der Schule absetzen. Einige Schüler:innen kommen zu Fuß. Sie haben keine Schultaschen, keine Stifte oder Bücher dabei, tragen nichts außer einer Wasserflasche, manchmal ist diese aus Plastik. Unsere Kinder sind aufgeregt, stehen am Fenster und winken. Scheu blicken die Kinder zu uns, gehen zügigen Schrittes vorbei, halten Abstand.

Die Mädchen tragen alle dasselbe Kleidermodell, in verschiedenen Farben und Größen: grün, dunkelblau, lila, grau, braun oder weinrot (wobei, hier heißt diese Farbe sicher anders). Eine schwarze Kappe bedeckt die ordentlich gekämmten Haare. Sie ist am Kinn gebunden, lässt mich an eine Nonnentracht denken. Die Jungen setzen ihre Strohhüte ab, hängen sie in eine Art Tellerregal vor dem Gemeindehaus. In zwei Gruppen betreten Jungen und

Mädchen den Klassenraum, in dem sie zwar zusammen, aber nach Geschlecht getrennt unterrichtet werden.

Kein Mucks ist erlaubt, flüstern die Kinder, darf der Lehrer sie züchtigen. Die Unterrichtssprache ist Deutsch, Lehrbuch hauptsächlich die Bibel und andere von eigenen Verlagen herausgebrachte Bücher. Das Schulamt kommt auch hier zur Kontrolle, sei zufrieden mit dem Lernstand der Kinder, hören wir. Wenn Erntezeit ist, fällt die Schule aus. Dann nämlich wird jede helfende Hand, egal, wie klein, gebraucht.

Es ist eine andere Welt. Nichts von dem, was wir den Kindern vermitteln wollen, ist für die Kinder hier von Belang: Unsere Kinder sollen möglichst viele Sprachen sprechen können, damit sie fähig sind, in der Fremde zu kommunizieren. Wir hoffen, dass sie eigene Ideen vom Leben entwickeln, auf ihre innere Stimme vertrauen. Damit sie das können, sollen sie die Welt in all ihren Farben und Formen erfahren. Wir wollen ihnen nichts verheimlichen oder vorenthalten. Wir möchten, dass sie kritisch sind, dass sie auch mal flussaufwärts schwimmen, wenn es sein muss. Wir glauben, dass sie als fertige Menschen auf die Welt gekommen sind und dass es nicht darum geht, sie nach unseren Wünschen zu formen. Unsere Aufgabe als Eltern ist es, sie zu begleiten, während sie herausfinden, wer in ihnen schlummert.

Doch die Sorgen der Mennoniten beschäftigen auch uns: Wie halten wir unsere Kinder von schädlichen Einflüssen fern? Vieles, was uns in der heutigen Gesellschaft umgibt, finden wir schwierig: exzessiver Medienkonsum, Kinder, die ihren Familien immer früher und schneller entgleiten, sich in medialen Parallelwelten verlieren. Es sind nicht mehr Lebenserfahrung und Weisheit, die zählen. Jugendliche wie Erwachsene tanken die Werte von Influencern, die genauso wenig Checkung haben wie sie selbst, das aber hinter cooleren Fassaden verstecken. Schule, Eltern, Gesellschaft, alle zerren in verschiedene Richtungen, jeder hat eine andere Auffassung. In Gemeinschaften wie der der Mennoniten ist von vornherein klar, welche Werte das sind. Man muss sich nicht in Endlosschleife hinterfragen, eine der härtesten Herausforderungen unseres Elternseins.

Und doch wird mir mulmig, als ich den Kindern beim Pausenspiel zusehe. Nie habe ich so stille und verhaltene Kinder gesehen. Ihnen fehlt jeder Übermut, jedes Zügellose, jede Freude. Auf ein für mich unerkennbares Zeichen gehen alle Kinder nach der Pause und dem Händewaschen zurück in den Klassenraum. Es ertönt keine Glocke, kein Klingeln. Wie in einem Ameisenbau scheinen sich hier alle aufeinander abgestimmt zu bewegen. Als ein paar Meter von uns entfernt eine Kutsche samt Pferd umkippt, lassen die Männer, die neue Zaunpfosten und Anbindebalken am Gemeindehaus errichten, ihre Schaufeln fallen und eilen zu Hilfe. Kein Geschrei, kein lautes Wort. Jeder weiß, was zu tun ist, die Handgriffe sitzen. Nicht einmal das Pferd, das bewegungsunfähig auf der Seite liegt, scheint panisch, lässt sich in aller Seelenruhe abspannen, wartet mit dem Aufstehen, bis die Kutsche zur Seite gerollt wird. Während zwei Männer die Beine des Pferdes abtasten, kontrollieren andere die Kutsche, ein weiterer legt den Arm um die Schulter des minderjährigen Kutschers. Es ist, als hätte jemand in einem in Zeitlupe laufenden Schwarz-Weiß-Film den Ton abgeschaltet.

Um elf Uhr ist die Schule zu Ende, um zwölf Uhr gibt es Mittagessen. Auch wir packen zusammen, um pünktlich bei Johannes' Familie zu sein. Am Eingang eines grauen Holzhauses stehen aufgereiht Johannes, seine Frau Anna und neun der vierzehn Kinder. Annas warme braune Augen weichen meinem Blick nicht aus. All meine Ängste darüber, wie ich mich einer Mennonitenfrau gegenüber verhalten soll, sind sofort verschwunden.

«Willkommen», sagt Johannes. «Wir freuen uns, dass ihr gekommen seid», sind Annas Worte, die sie mit einem festen Händedruck besiegelt. «Kommt doch herein!»

Aus dem Wohnbereich und der dahinterliegenden Küche duftet

es köstlich. Während die großen Mädchen das Mittagessen vorbereiten, setzen wir uns auf die Veranda, erzählen ein wenig aus unserem Leben, Johannes und Anna aus dem ihren.

Sie leben hier seit 22 Jahren mit 40 anderen Familien. Das Land habe die Gemeinschaft damals einem Deutschen abgekauft, hatte dafür eine Firma gegründet, erzählt Anna. Ihre Familie stammt ursprünglich aus Kanada, von dort sind sie aufgebrochen, weil die Regierung die Kinder in die öffentliche Schule stecken wollte. Sie sind dann über Mexiko nach Belize gekommen. Johannes' Vater, der ebenfalls Johannes heißt, stammt aus Mexiko, aus Chihuahua. Aus Belize wollen sie nicht mehr weiterziehen, hier ginge es ihnen gut, hier haben sie gute Böden und die Freiheiten, die ihre Gemeinschaft braucht, um bestehen zu können. Zweimal in der Woche gibt es in der Gemeinde einen Markt, auf dem sie ihre Produkte verkaufen. Mit den Menschen aus der Umgebung versteht man sich gut, respektiere einander. Manche sagen, Mennoniten würden stinken, das störe sie aber nicht.

Die Gemeinschaft folge strengen Regeln, an die sich alle halten müssten. Gibt es Probleme, spräche man darüber. Wenn der die Regeln Missachtende nicht einsichtig ist, müsse er im schlimmsten Fall gehen. «Kommt das oft vor?», möchte ich wissen. «Nein, sehr selten. Manchmal gehen junge Leute, weil sie hinaus in die Welt wollen, manche kommen wieder, andere nicht.» Ob jeder bei ihnen aufgenommen werden könne, auch jemand wie ich, der keinen mennonitischen Hintergrund habe, frage ich. Natürlich ginge das, sagt Anna. Es wäre aber sicher nicht einfach, sich an das Leben hier zu gewöhnen. Wer es aber ernst meine, der könne es schaffen.

Wir wollen wissen, was die Regeln sind, an die man sich halten muss. «Alkohol und Rauchen sind bei uns verboten, man muss sehr hart arbeiten können, weil wir keinerlei Maschinen benutzen.» Der Opa wohne an einem Fluss, dort gäbe es ein Wasserrad, das bei vielem helfen könne. In anderen Communitys sei das schon anders, die benutzten auch Traktoren, rauchten und tränken, hier aber sei das nicht so. Man dürfe die Arbeit nicht scheuen, für viele sei das nichts. Auch die Kinder müssten helfen, jeden Tag nach dem Mittagessen. Besonders in der Erntezeit sei es hart, dann aber falle die Schule aus. Da es keine Kühlschränke gäbe, würde jede Hilfe beim Haltbarmachen gebraucht.

Johannes' Familie bewirtschaftet zwölf Hektar Land, besitzt drei Pferde, ein Schwein, das sie mit Küchenabfällen mästen, Hühner, Katzen, Milchkühe und Bienen. Die Mädchen lernen, wenn sie die Schule nach der siebten Klasse beendet haben, alles, was eine Frau hier können muss: nähen, kochen, waschen, Kinder und Garten versorgen, Feldarbeit. Wenn die Söhne nach neun Jahren von der Schule abgehen, lernen sie erst einmal einen Beruf, werden Sattler, Tischler, Farmer, bevor sie, wenn sie im heiratsfähigen Alter sind, ein Mädchen suchen und eine Familie gründen. Die Gemeinschaft stellt ihnen dann ein Stück Land zur Verfügung, hilft beim Hausbau. Ob es schwierig sei, hier im Ort ein Mädchen zu finden, fragt Timm den ältesten Sohn Menno. «Nein, gar nicht, es gibt ja genügend hier.» Auch ein Vorteil ihrer Lebensweise. Man muss sich nicht erst auf gemeinsame Werte abtasten, kennt sich seit Kindertagen.

Ob sie alles haben, was sie bräuchten, ob ihnen nicht manchmal etwas fehle, frage ich. «Zum Einkaufen fahren wir schon manchmal, aber nur für das Allernötigste, für das meiste können wir selber sorgen.»

Und viel brauchen sie nicht. Kleider werden einmal genäht und weitervererbt. Was kaputtgeht, wird repariert, teure Technik spielt keine Rolle. Gegessen wird, was der Garten und die Landwirtschaft hergeben. Da es keine strengen Winter gibt, es nie kalt ist, kann man immer etwas ernten. Die Kinder haben keine teuren Spielzeuge, nicht einmal Fahrräder. Geburtstage werden nicht gefeiert. Man backt höchstens einen Kuchen, auch Weihnachten werden keine Geschenke gemacht. Niemand hier hat kostspielige Hobbys, in der Freizeit trifft man sich oder singt gemeinsam. «Wir haben keine besonderen Bedürfnisse, weil wir nicht ständig in Versuchung geführt werden, mehr haben zu müssen», sagt mir Anna. Und doch entgehen mir nicht die glänzenden Augen der Kinder, als sie den Fußball und die Fahrräder auf Rogers Dach sehen. Ob aber die Fahrräder für sie einen ähnlichen Stellenwert haben wie für Carl und Max ein Raumschiff, das sie zwar rasend spannend finden, aber nicht besitzen wollen, kann ich nicht beurteilen.

«Lasst uns essen gehen!» Im Entenmarsch betreten wir einen hellen Wohnraum. Die Fenster bestehen aus Fliegengitter und Plastikplane, nicht aus Glas. In der Mitte des Raumes steht ein großer Tisch, an den Wänden entlang Stühle aus Plastik und Holz, zwei Schaukelstühle. Auf dem Fußboden pickt ein Küken die Krümel auf, läuft piepsend im Zickzack, scheint völlig unbeeindruckt von der steifen Stille, die uns umgibt. An den Wänden hängt nicht ein einziges Bild, keine Vorhänge, keine Fotografien, keine Bücher. Nichts, was als Schmuck oder Dekoration verstanden werden könnte. Auf einem Regalbrett liegen ein paar Papiere, ein Monopoly-Spiel und Spielkarten.

Aus der offenen Küche duftet es herrlich nach Essen und Petersilie, die in einem doppelwandigen mit Wasser gefülltem Backblech auf dem Holzofen trocknet. Die großen Mädchen decken auf, stellen die Schüsseln mit dem dampfenden Essen auf den Tisch. Es gibt Reis, Spinat mit bröseligem, fetaähnlichem Käse, ein auf Kartoffeln geröstetes Hähnchen, rote Bohnen, eine Flasche Ketchup, einen großen Krug Wasser, dazu drei Gläser.

Nach einem kurzen Tischgebet, das Johannes spricht, nimmt sich der Opa, dann Johannes und die ältesten Söhne. Danach werden wir als Gäste aufgefordert, uns zu nehmen. Nur mühsam und leider nicht unauffällig kann ich Max davon abhalten, sich das größte Stück Hähnchen zu nehmen. Die kleinen Kinder und der Opa sitzen zum Essen am Tisch, alle anderen balancieren ihre Teller auf dem Schoß, sitzen auf den an der Wand aufgereihten Stühlen. Die Kinder sind still, ähnlich zurückhaltend wie die Kinder auf dem Schulhof. Nur Rosie, die elfjährige Tochter mit Down-Syndrom, versprüht kindlichen Übermut. Sie wird von allen geknuddelt und geherzt. Mit ihr darf man lachen, sie hat die Erlaubnis, allen Tieren Namen zu geben, ihren Willen zu äußern, albern zu sein. Sie scheint die lebendige Erlaubnis, Glück und Liebe zu zeigen, ist das pulsierende Herz der Familie.

Während des Essens sprechen wir über unser Leben in Deutschland, über Afrika, über das Leben in der Gemeinschaft; und meine anfängliche Anspannung weicht schnell. Die Männer sind interessiert, stellen viele Fragen, richten sie auch an mich. Ich hatte Angst, das Falsche zu sagen, Ideen und Einflüsse in die Familie zu bringen, die sie mir übel nehmen würden, aber hier im familiären Umfeld scheint mehr Offenheit erlaubt.

Nach dem Essen wischt sich der Opa die Hände an der Hose ab, holt aus der Brusttasche seinen größten Schatz: einen alten Luftpostbrief seines Freundes Helmut Schneider. Der hatte ihn vor vielen Jahren einmal hier besucht. Seit Langem aber schreiben sie sich nicht mehr. Den Brief allerdings trägt er immer bei sich. Der junge Johannes holt eine Karte, wir sollen ihnen zeigen, wo in Deutschland Herr Schneider wohnt, wo wir wohnen. Helmuts Wohnort können wir nicht finden, an der Postleitzahl aber erkennen wir, dass es in Süddeutschland sein muss.

Ein alter Brief als größter persönlicher Schatz in einer Gemeinschaft, die ganz aus sich selber lebt, berührt mich zutiefst. Viel mehr noch, als Anna mich bei unserem Abschied fragt, ob wir uns nicht auch einmal schreiben wollen. Eine Brieffreundin aus einer Amish- oder Mennonitengemeinschaft steht seit Kanada auf meiner Wunschliste ganz oben. Monatelang habe ich überlegt, wie ich es angehen kann, wie ich Kontakt aufnehmen kann zu einer Frau, die den Kontakt zu mir vielleicht gar nicht möchte. Nun erfüllt mir Anna diesen Herzenswunsch. Einen Wunsch, den ich mich niemals getraut hätte selbst zu formulieren.

LUFTWURZELN

Guatemala: Auf dem Weg nach Antigua, Mai 2019

In der kleinen guatemaltekischen Grenzstadt Melchor de Mencos bieten die Straßen nicht genug Platz für all das Leben, das auf ihnen toben will. Alles passiert gleichzeitig und auf mehreren Ebenen. Aus jedem Geschäft tönt eine andere Melodie, aus jedem Eingang wabert ein anderer Geruch. Die Waren scheinen aus den Eingängen der Geschäfte zu kriechen, türmen sich bis auf die Straße. Autos schlängeln sich hindurch, dazwischen Mopeds und Fußgänger:innen, Händler:innen mit Handkarren und auf Fahrrädern, Straßenhunde, jemand führt ein Schwein an der Leine. Es wird gehupt, gewinkt und gelächelt. Letzteres viel und besonders von den Frauen, wenn sie Carl oder Max erblicken. Immer wieder wuschelt ihnen jemand im Vorbeigehen durchs Haar. Die karibikschwere Stimmung Belizes weicht lateinamerikanischer Lebensfreude, uns hüpft das Herz. Es riecht nach frisch Gebratenem und Gekochtem aus den kleinen Imbisslokalen und von den Ständen der Straßenverkäufer.

Die Grenze zwischen Belize und Guatemala ist wieder eine, an der Welten aufeinanderprallen. Erst jetzt merken wir, wie still es in Belize war, wie zurückhaltend die Menschen waren. Die Holzhäuser Belizes weichen Steinhäusern mit Blech- oder Ziegeleindeckung, über unseren Köpfen wirren wieder niedrig hängende Telefon- und Stromkabel. Genau wie in Mexiko – das allerdings haben wir in Belize nicht vermisst – stehen auch hier vor vielen

Geschäften, Tankstellen und Parkplätzen teils schwer bewaffnete Sicherheitsleute.

Bei Guatemala denke ich zuallererst an farbenfrohe Webstoffe, an die groben Ponchos, die wir zu Schulzeiten alle getragen haben, an Kaffee und an bunt gekleidete Frauen mit dicken schwarzen Zöpfen. Dass Denim-Stoff seinen Ursprung in Guatemala hat, hier Tafelschokolade und Instantkaffee erfunden wurden, dass es hier mehr als dreißig Vulkane gibt, von denen drei äußerst aktiv sind, dass kein Land der Welt mehr Jade produziert als Guatemala, an all diese Dinge denke ich nicht – zunächst.

Von 1960 bis 1996 herrschte hier Bürgerkrieg, unter dessen Folgen die Menschen noch heute leiden. Die soziale Ungerechtigkeit ist enorm, mehr als fünfzig Prozent der Menschen, vor allem die indigene Maya-Bevölkerung, leben in Armut, neun Prozent davon in schwerster Armut. Analphabetismus ist weit verbreitet, das Gesundheitswesen ist katastrophal. Fast die Hälfte aller Kinder unter fünf Jahren sind mangelernährt.

Regiert und besessen wird das Land von einer kleinen Latino-Oberschicht. Fast drei Viertel der landwirtschaftlich nutzbaren Fläche des Landes wird von nur einem Prozent der mehr als fünf Millionen landwirtschaftlichen Betriebe kontrolliert. Für mexikanische Drogenkartelle ist die sozial und wirtschaftlich aussichtslose Lage vieler Guatemalteken eine Einladung. Seit einigen Jahren weiten sie in Guatemala ihre Macht aus. Drogenhandel und Gangkriminalität nehmen zu, versetzen auch hier die Menschen in Angst und Schrecken.

Wie in fast allen Ländern Mittelamerikas ist Korruption unter Regierungsbeamte:innen und Staatsdiener:innen ein Riesenproblem. Der Ex-Präsident sitzt wegen Untreue im Gefängnis. Willkür, Morddrohungen und Anschläge sind an der Tagesordnung. Der Ex-Leiter der deutschen Schule Guatemalas konnte nur mit Mühe und einer filmreifen Flucht den guatemaltekischen Behörden entkommen. Sie hatten einen Haftbefehl erwirkt, weil er sich «erdreistet» hatte, den Sohn einer einflussreichen Familie wegen eines Sexualdeliktes der Schule zu verweisen. Gegen den jetzigen Staatspräsidenten, eigentlich von Beruf Komiker, liegen Vorwürfe wegen sexuellen Missbrauchs und Korruption vor. Auf seine Amtstätigkeiten hat das scheinbar keinen Einfluss.

Zwar glaubt Timm nicht an Umdrehen, an Vollbremsungen aber schon. Als wir auf dem Weg nach Tikal im kleinen Ort El Remate den blau funkelnden Lago Petén Itzá erblicken, müssen wir halten. Der drittgrößte See Guatemalas riecht nach zu Hause, die Sehnsucht nach einem Bad in kühlem Süßwasser wird übermächtig. Wir bleiben über Nacht.

Abends plätschern sanft Wellen gegen den Steg. Grillen zirpen. Wahrscheinlich sind auch die Krokodile zurückgekommen, jetzt, da die Kinder nicht mehr toben und ihnen die Fische verscheuchen. Kurz überlege ich, ob ich mit dem Handy leuchten soll, gucken, ob ihre Augen eine rot glühende Antwort geben. Doch ich entscheide mich für Dunkelheit und dafür, ein kleines bisschen länger so zu tun, als sei ich zu Hause. Als säße ich auf dem heimischen Steg. Der Geruch des Seewassers hat mich heute einmal um den Erdball gezogen, zurück an den See vor unserer Haustür. Zurück auf den Steg, von dem aus die Kinder jeden Sommertag mit einer Arschbombe begrüßten. Mich würgt ein fetter Kloß im Hals. Ist das Heimweh? Ich hatte noch nie wirklich Heimweh. Zu mir gehört Fernweh. Sobald ich einen Sehnsuchtsort erreicht habe, werde ich wieder davon gepackt, verzehre mich nach einem neuen Ort. Ich vermisse nicht unser Zuhause, nicht den Ort. Ich habe Sehnsucht nach dem Gefühl von Heimat. Es ist eine Sehnsucht, die zugleich meine größte Angst ist: Ankommen.

Während ich hier in Guatemala den Duft von zu Hause einatme, an zwei Orten gleichzeitig bin, trifft mich das Gefühl, fremd zu sein, mit voller Wucht. Heute tut es weh. Reise ich, weil ich mich in der Ferne ungestraft fremd fühlen kann? Weil dies an Orten, an denen man tatsächlich fremd ist, weniger wehtut? Werde ich jemals meinen Ort finden? Oder werde ich für immer suchend in der Welt herumtreiben? Ist es Vancouver? Oder würde mich auch dort nach kurzer Zeit wieder das Fernweh packen? Bin ich überhaupt mit Wurzeltrieben ausgestattet, die nach der Erde greifen können? Oder habe ich nur Luftwurzeln? Immerhin bedeuten solche einen Wettbewerbsvorteil bei der Besiedlung sonst ungeeigneter Standorte. Oft bilden Pflanzen Luftwurzeln, die von ihren Erdwurzeln nicht ausreichend ernährt werden können. Sind meine Erdwurzeln zu schwach ausgebildet, oder habe ich nur noch nicht den richtigen Boden gefunden? Ich hatte so gehofft, eine der Reisenden zu sein, die in der Ferne zu sich und ihren Wurzeln finden. Doch ich fühle mich diesen beiden Zielen entfernter als jemals zuvor.

Am nächsten Tag sind wir früh wach, wollen die Ersten sein, die am Tor der Tikal-Ruinen ankommen. Und wie immer, wenn wir gut organisiert sind, kommt etwas dazwischen. Heute hat es sechs Beine, einen glänzenden braunen Körper und huscht unter unseren Kühlschrank, als wir gerade am Frühstückstisch sitzen. Wo eine Kakerlake sichtbar ist, leben viele, das weiß ich sicher, seit ich im Halbdunkel auf der Suche nach einem Messer in Kapstadt unsere Küchenschublade aufgemacht habe und das Besteck vor lauter Gewimmel nicht mehr sehen konnte.

Sofort ziehe ich los, um Kakerlakenspray zu kaufen. Die Kinder leeren alle Schubladen, und Timm baut mit schmerzendem Rücken den Herd und den Kühlschrank aus. Das im Dorf erhältliche Spray verspricht augenblickliche Wirksamkeit für bis zu sechs Wochen. Es soll ungefährlich für Menschen sein, so die Verkäuferin. Verzweifelt versuche ich, das zu glauben, werde aber immer wieder vom kleinen Anzugträger in meinem Kopf daran erinnert, dass Kakerlaken einen Atomkrieg überleben und sogar neun Tage ganz ohne Kopf weiterleben können. Nachdem ich jeden potenziellen Schlupfwinkel in Roger eingesprüht habe, quälen mich Kopfweh und Hautjucken, Timm hat Rückenschmerzen, die Kinder Gewitterlaune. Beste Voraussetzungen, um in der brütenden Hitze im Dschungel versunkene Maya-Ruinen zu besichtigen.

Google Maps gibt für die Strecke von Belize nach Antigua zehn Stunden fünfunddreißig Minuten an, wir brauchen mehr als vier Tage. Weil wir gelesen haben, dass beide Teerstraßen Richtung Antigua in erbärmlichem Zustand sind, weil vom Pazifik dunkle Wolken, ein Hurrikan und damit verbunden das Risiko von Erdrutschen drohen, beschließt Timm, keinem der Routenvorschläge zu folgen, sondern selbst einen Weg zu finden, mittendurch. Es ist eine Abkürzung, für die wir eigentlich keine Zeit haben, weil in zwei Tagen unser zweiwöchiger Spanischkurs in Antigua starten soll.

Am Wegesrand leuchten Blumen und Plastikmüll, suhlen sich Schweine in den Pfützen vom letzten Regen. Unter Vordächern oder Bäumen sitzen Familien auf Kunststoffstühlen, an den unmöglichsten Orten sind Hängematten aufgespannt. Auf heißen Ton- oder Steinplatten backen Frauen mit bauschigen Röcken und Babys auf dem Rücken Tortillas, andere balancieren riesige Bündel auf dem Kopf. Im Gras, auf Zäunen oder von Dächern hängend trocknet frisch gewaschene Wäsche. Ein Kind im Grundschulalter galoppiert auf einem viel zu großen Pferd ohne Sattel an uns vorbei. Pick-ups und Laster ächzen unter ihrer schweren Menschen- oder Güterlast. Viele Fahrzeuge haben dunkel abgeklebte Windschutzscheiben, und ich hoffe jedes Mal, dass wir uns innerhalb des Apple- oder Batman-Ausschnitts im Sichtfeld des Fahrers befinden. Es wimmelt von abgemagerten Straßenhunden, viele auf der Suche nach Futter. Andere aufgebläht und regungslos am Straßenrand – Futter für Erstere. Flächendeckend bröseliger Asphalt, unvermittelt auf der Straße stehende Tiere, aus heiterem Himmel haltende Busse und Händler am Straßenrand zwingen uns immer wieder, plötzlich zu bremsen. Kuppeln ist Schwerstarbeit. Timm zuckt bei jeder Unebenheit zusammen, weil alle paar Sekunden der Schmerz Blitze durch seinen Rücken und das rechte Bein jagt.

Nach fünf Stunden sind wir keine zwanzig Kilometer gefahren, der Asphalt weicht steinigem Schotter, die Straßenbreite halbiert sich, es beginnt zu regnen.

Manchmal, und das ist Timms Argument dafür, dass wir uns noch immer auf einer Straße befinden, kommt ein «Chickenbus» um die Kurve gekachelt. Hühnerbusse heißen die in den USA ausgemusterten und hier bunt bemalten Busse, weil das Platzangebot für Passagiere ähnlich knapp ist wie das für Hennen in einer Legebatterie. Ausweichen ist jedes Mal schwierig, zur Seite geht es viele Meter steil bergab. Oft fahren wir rückwärts, und zwar um die Kurve am Abgrund entlang. Je höher uns die Straße die Berge hinaufführt, desto kühler wird es. Am Straßenrand schneiden Männer mit Macheten frisches Grün für ihre Tiere, als der Regen stärker wird, bauen sie sich einen Regenponcho aus den zahlreich am Wegesrand hängenden Wahlplakaten, schneiden unverdrossen weiter.

Über steile Pässe, durch Flüsse, durch verwinkelte Dörfer und hügelige Landschaften reisen wir auf engen kurvigen Straßen. Den Großteil des Tages verbringen die Kinder auf dem Dach, und am Ende eines ganzen Fahrtages haben wir wieder nur 120 Kilometer geschafft. Als wir den Ort Santa Cruz El Chol erreichen, geht gerade das letzte Tageslicht zur Neige. Die einbrechende Nacht beballert uns noch einmal mit allen Farben, die sie gleich verschlucken wird, denke ich. Plötzlich nämlich befinden wir uns mitten in einem kunterbunten Festumzug mit geschmückten Wagen, von denen verkleidete Damen Süßigkeiten in die Menge werfen. Als einzig waagerechte Campingmöglichkeit wird uns der Platz neben der Festhalle zugewiesen.

Die Nacht, das ist sicher, wird heute keine einzige Farbe schlucken. Stattdessen beglückt sie uns mit Autoscootermusik, einer eindrucksvollen Lichtshow und dem Pipi der männlichen Bevölkerung des Ortes. Wir stehen neben einem Sandhaufen, etwas abseits der Feierlichkeiten und im Fünfminutentakt erleichtern sich die Herren des Dorfes unter Lottas Kojenfenster. Dass ich nur zwei Meter weiter auf der Leiter sitze und Tee trinke, stört niemanden. Als ich, eigentlich zur Abschreckung, das Außenlicht anschalte, wird dies mit einem «Muchas gracias» zum bierseligen Lächeln kommentiert. Wen stört schon ein bisschen Pipi am Reifen?

ERSCHÜTTERUNGEN

Guatemala: La Antigua Guatemala, Mai 2019

Ich stehe am Straßenrand, vor mir Timm mit heruntergelassener Hose, seine Boxershorts so gekrempelt, dass die rechte Pobacke frei liegt. Meine massierenden Hände hinterlassen einen feuchten Schimmer auf seinem strammen Gesäß, auf den Oberschenkelmuskeln, ich creme, bedecke jeden Zentimeter mit einer dicken Schicht Voltaren. Es ist die zweite Tube in drei Tagen. In immer kürzeren Abständen müssen wir anhalten, die Prozedur wiederholen. Schmerztabletten allein reichen nicht mehr, um die Qual zu dämpfen. Der Weg nach Antigua wird zum Höllenritt. Für Timm, dem der Schmerz das Gesicht zerfurcht, für mich, die es ansehen muss und nicht ändern kann.

Ich verfluche die Tatsache, dass ich seit Kanada ihm das Fahren überlassen habe, mich habe einschüchtern lassen von den schlaglochübersäten Pisten, von der Kraft, die es erfordert, dieses Monster zu lenken, zu bremsen und auf Spur zu halten. Ich wünschte, ich könnte übernehmen. Ohne Übung aber überfordern mich die Straßenverhältnisse. Ich bin nicht vertraut mit der Motorbremse, meine Beine sind zu kurz, um vernünftig kuppeln zu können. Ich verfluche meine Bequemlichkeit, meine Feigheit, meine Größe und Statur und das Reisen im Allgemeinen – jedenfalls bis wir die ersten Straßenzüge Antiguas erblicken.

Antigua, eigentlich die Kurzform von «La Antigua Guatemala», war von 1543 bis 1773 die Hauptstadt der spanischen Kolonien in

Zentralamerika. Mitte des 18. Jahrhunderts lebten hier 50 000 Menschen, es gab Krankenhäuser, Schulen, eine Druckerei, eine Universität, mehr als fünfzig Kirchen und Kapellen. Im Laufe der Zeit legten schwere Erdbeben die Stadt mehrmals in Schutt und Asche, und man verlegte die Hauptstadt in die Gegend des heutigen Guatemala City.

Ganz aufgeben allerdings wollte niemand das geschichtsträchtige Antigua, immer wieder wurde es, wenn auch mühsam, wieder aufgebaut. Heute leben hier 35 000 Menschen, die Hauptwirtschaftszweige sind Kaffeeanbau und Tourismus. Hier aber springt einem Letzterer nicht unbarmherzig ins Gesicht. Keine einzige Bausünde stört das koloniale Stadtbild. Keine Neonreklame stiehlt der alten Lady ihren Glanz. Schilder, selbst Straßenschilder, sind streng verboten. Die Vorfahrtsregeln entnimmt man den an die pastellfarbenen Fassaden angebrachten, handbemalten Fliesen.

Halb verfallene Kirchen und Stadtmauern konservieren den historischen Charme, auf den Plätzen, dem Markt und in den Parks pulsiert das Leben. Farbenfroh gekleidete Maya-Frauen verkaufen Kunsthandwerk und Obst, die bunten Chicken-Busse knattern schwarz rauchend durch die engen Kopfsteinpflastergassen. Es riecht wie auf der Landebahn eines Flughafens, dann wieder nach köstlichem Gebäck und gebratenem Fleisch, nach Räucherwerk und Blumen.

Mit letzter Kraft rollt Timm vor die Haustür unseres Airbnb. Leider nur fast. Das Tor ist zu niedrig, und wir können Roger nicht innerhalb des Komplexes unterbringen. Wir parken die erste Nacht auf der Straße, vor dem Laden eines netten Herren, der verspricht aufzupassen.

Früh am nächsten Morgen werden wir aus dem Halbschlaf gerissen, weil jemand ausdauernd an die Holztür des Hauses bollert. Es ist der Sicherheitsbeamte des Wohnkomplexes, in dem sich unser gemietetes Haus befindet. Ein Nachbar hätte ihn verständigt, es gebe ein Problem mit unserem Truck. In Sekunden sind wir angezogen und auf der Straße. Roger steht keine drei Minuten von uns entfernt. Von Weitem schon sehe ich den Ladenbesitzer. Sein Körper gekrümmt wie ein «C» verrät, was mich erwartet: una catástrofe. Es tue ihm so leid, er habe nichts machen können, es sei heute Nacht um zwei Uhr passiert, und als er auf die Straße kam, konnte er niemanden mehr sehen. Mein Herz rutscht bodenwärts und wird, als ich sehe, was passiert ist, nur durch ein paar letzte Fasern vom Aufklatschen abgehalten. Der Bürgersteig ist übersät von Scherben. Das Beifahrerfenster ist eingeschlagen, das kleinere hintere Fenster am Sitz der Kinder ebenfalls.

Weil Timms Bein zu sehr schmerzt, klettere ich nach oben, um einen Blick in die Fahrerkabine zu werfen. Der Mann krümmt sich vom «C» zum Punkt. Sie ist komplett ausgeräumt. Außer dem Lenkrad ist nichts mehr da. Die Diebe haben das gesamte Armaturenbrett inklusive Radio, Navi, Rückfahrkamerabildschirm ausgebaut, aus einem großen Loch hängen die sauber abgeschnittenen Kabel. Das Handschuhfach ist leer, Taschenmesser, Ferngläser, Ladekabel, USB-Sticks – alles weg. Ich bin sprachlos, kann nicht antworten, als Timm fragt, was alles fehlt. Trotz der Hektik hatte ich gestern zum Glück nicht vergessen, die Zwischentür zum Wohnkoffer abzuschließen, öffne sie mit zitternden Händen und flauem Magen, um zu gucken, ob es hinten genauso aussieht wie hier vorne. Wir haben Glück. Mehr Glück, als uns auf den ersten Blick bewusst ist. In einer Ritze des Handschuhfachs lag, von den Dieben nicht erkannt, der Ersatzschlüssel für die Zwischentür!

Am Himmel ziehen graue Wolken auf, die Wetterapp sagt, wir hätten noch zwei Stunden Zeit, bis es für zwei Tage regnen wird. Das ist nicht viel Zeit, um eine Lösung zu finden. Navigieren können wir im Notfall mit unseren Mobiltelefonen, Musik hören auch. Auf die Rückfahrkamera können wir verzichten, wenn jemand aussteigt und beim Einweisen hilft. Die Fensterscheiben allerdings müssen so schnell wie möglich ersetzt werden, und wir brauchen einen bewachten Parkplatz. Während ich mich an den Rechner setze und alle möglichen Autoglaser abtelefoniere, fährt Timm Schrottplätze ab. Frust hat zu wenige Buchstaben für das, was ich fühle. Auf einen verzweifelten Instagram-Aufruf melden sich Follower:innen aus Mexiko und Guatemala, bieten ihre Hilfe bei der Suche an, wollen sogar den Transport organisieren, sollten sie passende Scheiben finden. Wir finden keine, weder in Guatemala noch in Mexiko oder Deutschland.

Timms Bein wird stündlich schlimmer, inzwischen schüttet es wie aus Eimern. Er schneidet Schablonen aus dünnem Sperrholz zurecht, lässt beim Fensterglaser Scheiben anfertigen, die er mit Carls Hilfe einbaut. Am späten Nachmittag steht Roger wieder wasserdicht und mit frisch gezimmertem Armaturenbrett auf einem bewachten Parkplatz. Timm allerdings steht nicht mehr, weil ihm am Ende des Tages das rechte Bein den Dienst versagt.

Am nächsten Morgen kann Timm sich kaum mehr bewegen. Bei jedem Schritt durchzuckt sein rechtes Bein ein stechender Schmerz. Sitzen ist unmöglich, selbst Liegen tut weh. Um den für ihn gebuchten Spanischkurs nicht verfallen zu lassen, nehme ich seinen Platz ein, und er schleppt sich stattdessen zum Arzt.

Im Innenhof eines kolonialen Stadthauses stehen zwanzig Zweiertische, an denen sich jeweils ein:e Schüler:in und ein:e Lehrer:in gegenübersitzen. Fähnchen verraten die Nationalität des Schülers: zwei Koreaner, eine Dänin, ein US-Amerikaner, ein Japaner und eine Neuseeländerin sitzen an den Tischen, die mir am nächsten sind. Weil wir glauben, dass die Kinder weniger schüchtern sind, wenn sie sich zu zweit eine Lehrerin teilen, haben wir eine Lehrerin für die Mädchen, eine für die Jungen und eine für Timm – jetzt mich – gebucht.

Der Arzt diagnostiziert Timm einen entzündeten Ischiasnerv, verschreibt ihm stärkere Schmerzmittel, Entzündungshemmer und gibt ihm alle zwei Tage eine hoch dosierte Spritze. Er soll versuchen, sich mäßig zu bewegen, und so gehen wir jeden Tag spazieren. Selten funktioniert das schmerzfrei. Gut, dass in Antigua die Augen so viel zu tun haben und immer wieder das Kommando über das Nervensystem übernehmen.

Nach drei Tagen können die Kinder ihr Eis und das Essen im Restaurant bestellen. Noch nie habe ich sie mit einem solchen Eifer lernen sehen. Max und Carl lieben ihre Lehrerin, den ganzen Nachmittag reden sie über sie: «Maritza mag auch am liebsten Schokoeis ... Diese Hunde mag sie nicht so gerne ... In diesem Park spielt sie auch immer mit ihren Kindern ...» Wenn ich möchte, dass Max ohne Murren seine Fingernägel schneiden lässt oder duscht, dann muss ich nur Maritza bitten, ihm zu sagen, dass das nötig sei.

Meine Lehrerin Patricia erzählt mir aus ihrem Alltag, von ihrer Familie. Wir sprechen über Politik, darüber, dass ihr kleiner Enkel zu zierlich ist, dass sich die Mütter hier Schuhcreme oder Chilipulver auf die Brustwarzen schmieren, wenn sie ihre Babys abstillen wollen. Sie erzählt mir von den Osterprozessionen, die der Höhepunkt des wichtigsten Festes der Stadt sind. Dann werden die Kopfsteinpflasterstraßen mit Mustern aus gefärbtem Sägemehl und Blütenblättern verziert, die Leidensgeschichte Jesu nachgestellt, indem lebensgroße Puppen durch die Straßen getragen werden.

Antigua ist von den Vulkanen Agua, Acatenago und Fuego umgeben. Am 3. Juni 2018 brach der Fuego das letzte Mal aus, begrub mehrere hundert Menschen unter Lavaströmen und Geröll. Es regnete Asche, in Guatemala-Stadt schien tagelang nicht die Sonne, und der Flugverkehr musste eingestellt werden. Auch davon erzählt mir Patricia. Am ersten Jahrestag des Vulkanausbruchs fühle ich mich den ganzen Tag beklommen, bin traurig und gucke immer wieder hoch zum Gipfel des Fuegos, dessen Rauchsäule mir heute besonders mächtig und unheilvoll erscheint. Ich hatte Gedenkgottesdienste oder zumindest Fahnen auf Halbmast erwartet. Stattdessen geht das Leben seinen normalen Gang, Business as usual. Die Menschen hier sind an Katastrophen gewöhnt, ein Erdbeben ist für sie so normal wie für uns ein Stau auf der A7. Der Fuego spuckt täglich glühende Lava in den Himmel. Die Zahl der Opfer, so erzählt mir Patricia, stehe nicht fest. Obwohl der Vulkan genau beobachtet wird, war die Wucht dieses Ausbruchs überraschend. Ganze Ortschaften wurden von den glühenden Lavaströmen erfasst, die Menschen, die an diesem Sonntag mit der erweiterten Familie beim Mittagessen zusammensaßen, hatten keine Chance zu fliehen. Viele der Toten hatten noch Gegenstände in den Händen, waren mitten aus dem Alltag gerissen worden. Als Patricia mir das erzählt, breche ich an meinem Schultisch in Tränen aus. Mein Nervenkostüm ist etwas dünn in den letzten Tagen.

Nach dem Einbruch in Roger bin ich in meinem Sicherheitsempfinden erschüttert, traue mich nicht mehr mit meiner Kamera auf die Straße. Am Haus entdecken wir mehrere schlecht reparierte Einbruchsspuren, und auf dem Innenhof steht neben der Tüte mit unseren zusammengefegten Glassplittern eine weitere, doppelt so große, vielleicht von unseren Vormietern. Jedes Mal, bevor wir das Haus verlassen, verstecken wir alle möglichen Wertgegenstände, verbringen dann bei der Heimkehr Ewigkeiten damit, sie wiederzufinden: «Wo ist Papas Rechner?» – «Im Backofen!», «Wo das Objektiv?» – «Im Kühlschrank hinter der Milch!», «Wo sind die Dollars?» – «Im Vorratsschrank im Pappteil der dritten Klorolle links!». Ich schlafe ein bisschen weniger tief, wache bei unbekannten Geräuschen auf. Einmal davon, dass mitten in der Nacht unsere Betten wackeln, sich knarzend über den Fußboden schieben. Ein Erdbeben, das stärkste, das wir bisher erlebt haben.

GEFAHR UND DAS RETTENDE

El Salvador: San Salvador, Juni 2019

Am Tag nach unserer Abfahrt aus Antigua regnet es in Strömen. Die Guatemalteken stört das nicht. Sie ziehen sich Plastiktüten über die Schuhe, Plastikplanen um die Schultern, unterhalten sich seelenruhig im Bindfadenregen. Wir hingegen haben keine Zeit. Auch nicht für den Lago Atitlán, angeblich den schönsten See der Welt. Zwei Wochen Ruhe und die hoch dosierten Schmerzmittel helfen nicht mehr. Timm ist keine Sekunde schmerzfrei, will so schnell wie möglich El Salvador und Honduras, wo wieder Unruhen brodeln, hinter sich bringen.

Ich habe keinen Einblick in das Arbeitspensum unserer Schutzengel-Eskorte, aber in den Folgetagen entkommen sie nur knapp dem Burn-out. Auf dem Weg zur Grenze nach El Salvador schicken sie uns ein altes Mütterchen, das rät, so schnell wie möglich weiterzufahren, weil der Platz, an dem wir campen wollen, gefährlich ist. Ein Motorradfahrer gibt uns Zeichen, dass eines unserer Fahrräder sich gelöst habe, lotst uns auf einen abgelegenen Parkplatz. Die Schutzengel schicken uns ein Bauchgefühl, und wir sehen die Gruppe Männer im Busch nur im Rückspiegel. An der Grenze zu El Salvador sorgen sie für ein paar Grenzbeamte, die uns die ganze Nacht im Auge behalten. Es riecht nach Urin und Verwesung, weil wir direkt neben den Mülltonnen im Flutlicht stehen. Trotzdem fühle ich mich, als hätte ich im Wellnesshotel eingecheckt, weil sich die Anspannung der letzten Stunden lösen darf.

Jeder Traveller berichtet, oft ungefragt, von den Schikanen und anstrengenden Prozeduren an zentralamerikanischen Grenzen. Wir haben Glück. Da wir früh startbereit sind, treffen wir auf ausgeruhte Grenzer:innen, sind in eineinhalb Stunden in Guatemala aus- und in El Salvador eingestempelt.

El Salvador ist einer der Schurkenstaaten Mittelamerikas und wird aufgrund der Kriminalitätsstatistik von vielen Traveller:innen gemieden. Wir wählen den Weg, weil er der direkteste ist, weil Honduras, wo wir ansonsten mehr Zeit verbringen müssten, in den letzten Wochen immer wieder von Straßenblockaden lahmgelegt wurde, es gewaltsame Ausschreitungen gegeben hat. El Salvador ist das kleinste Land in Zentralamerika, so groß wie Hessen, und dennoch das am dichtesten besiedelte. Es ist nach Uruguay das einzige lateinamerikanische Land, in dem keine indigene Sprache mehr gesprochen wird, seit 1932 während eines Aufstandes der Landarbeiter gegen die herrschende Großgrundbesitzer-Elite fast jeder indigene Mann über zwölf sowie viele Frauen und Kinder ermordet wurden. Die «Matanza», die Schlächterei, gilt als einer der größten Völkermorde der jüngeren Geschichte. Von 1980 bis 1991 tobte hier ein blutiger Bürgerkrieg, heute terrorisieren das Land zwei rivalisierende Jugendbanden, die Mara Salvatrucha (MS-13) und die M-18. Sie beherrschen ganze Stadtviertel San Salvadors. Initiationsritual für die Aufnahme in den Banden ist ein Mord. Drogenkonsum und -handel, Menschenhandel, Prostitution, Schutzgelderpressung, Entführungen und Auftragsmorde – das gesamte Arsenal menschenverachtender Scheußlichkeiten gehört hier für viele zum Alltag.

Nur fünfeinhalb Stunden bis zur Grenze nach Honduras, verspricht uns Google Maps. Aus dichtem Grün kratzen Vulkane an den tief hängenden Wolkenschichten. Es ist heiß, stickig. Mich legt die kaum atembare Luft lahm, Timm der Schmerz. Nach nur sechsundzwanzig Minuten und fünfzehn Kilometern ist Schluss:

Er kann nicht mehr. An einem Werbeschild für Thermalquellen verlassen wir die Hauptstraße, hoffen auf die heilende Kraft des sulfurhaltigen Wassers.

Die Schwerelosigkeit im warmen Wasser entlastet zwar den gepeinigten Rücken und das lädierte Bein, doch als Timm nach drei Stunden aus den Thermalbecken steigt, versagt sein Kreislauf. Da liegt er nun, mein Fels, von der Brandung verschluckt. Mit Mühe kann ich ihn auf eine Liege hieven, laufe zu Roger, hole Wasser und Elektrolyte, kämpfe gegen das Bedürfnis aufzugeben.

Die Nacht verbringe ich im Gästebett, um Timm ein wenig mehr Platz zu lassen. Es ist unerträglich heiß. Von außen kommen kleine schwarze Fliegen durchs Mückennetz, beißen brennende Beulen in unsere Haut. Wir schließen die Fenster. Schwitzen. Da wir den ganzen Tag im Schatten standen – es war die einzige waagerechte Fläche auf dem Parkplatz –, konnten die Solarzellen die Batterien nicht laden. Die Ventilatoren bleiben aus. Jedes Mal, wenn ich für ein paar Minuten wegdämmere, wecken mich die knatternden Mopeds der Sicherheitsleute, die schwer bewaffnet das Gelände patrouillieren.

Als Timm am Morgen wach wird, kann er kaum das Bett verlassen. An der Rezeption buche ich eine Massage. Obwohl ich gestern dachte, die Anspannung keinen Tag mehr auszuhalten, fühlen sich unsere Probleme heute an wie Zuckerwatte: Ein bisschen drauf rumgelutscht, verlieren sie an Substanz. Grund für meine Zuversicht ist die Bekanntschaft mit Dorys und Gilberto. Wir haben sie gestern an einem der Pools kennengelernt, wo sie den freien Tag mit ihren Töchtern verbrachten. Sie bekamen mit, wie Timm zusammensackte, sind sofort aus dem Wasser gesprungen, um zu helfen. Gilberto, der einen Lkw-Führerschein hat, bot an, Roger nach San Salvador zu fahren, Dorys lud uns ein, ein paar Tage in ihrem Haus zu verbringen. Sie würde sich um die Kinder kümmern, während ich mit Timm zum Arzt ginge. Noch will Timm nicht aufgeben, aber allein das Wissen um dieses Back-up, die Möglichkeit, jemanden anrufen zu können, sollte ich nicht weiterwissen, gibt mir den Schub Zuversicht, den ich gerade so dringend brauche.

Wo ein Wille, ist noch lange kein Weg. Am späten Nachmittag rollen wir mit letzter Kraft vor die Notaufnahme des Hospital de Diagnóstico, dem angeblich besten Krankenhaus der Stadt. Timm schafft es noch, aus der Fahrerkabine zu klettern, dann versagen ihm die Beine. Sanitäter holen ihn mit dem Rollstuhl ab, innerhalb weniger Minuten hängt er am Morphintropf. Die Wachleute des Krankenhauses bewachen den Truck und die Kinder, ich folge ins Krankenhaus.

Eine Krankenschwester übergibt mir den Ehering, den Timm seit unserer Hochzeit vor vierzehn Jahren nicht abgenommen hat, verschwindet zwischen den Flügeltüren. Ich bleibe zurück in der Empfangshalle des Krankenhauses. Neben mir sitzt eine Frau, der Blick starr, die Hände krampfen um einen Plastiksack, eine blutverschmierte junge Frau liegt schluchzend auf ihrem Schoß. Jemand schreit. Ein junger Mann läuft unruhig auf und ab, blickt immer wieder auf sein Telefon. In einem Nebenraum wird es hektisch, Sanitäter rennen. Wie mein Herz. Es rennt, stolpert. Auf meinem Schoß ein Klemmbrett mit Formularen, die ich ausfüllen soll. Was ist Timms Blutgruppe? Ich weiß es nicht. Nach 23 Jahren zusammen kenne ich seine Blutgruppe nicht …

Es folgen Röntgen, MRT, Bluttests, irgendwann Arztgespräche. Alle geben sich Mühe, reden langsam und deutlich. Mein Verstand versucht zu folgen, mein Herz schmiegt sich an Timm, dem das Morphin endlich die Gesichtszüge glättet. Nach einigen Stunden steht die Diagnose: Bandscheibenvorfall im unteren Lendenwirbelbereich. Ein Stück der zerstörten Bandscheibe drückt in den Nerv, verursacht die starken Schmerzen im Bein. Es sollte so schnell wie möglich operiert werden, um bleibende Schäden zu vermeiden. Der Arzt rät, die Bandscheibe zu entfernen, durch ein Plastikimplantat zu ersetzen, die beiden betroffenen Wirbel zu versteifen.

Würden wir diesen Weg gehen, bräuchte Timm idealerweise drei Monate Zeit, um zu heilen. Drei Monate, die wir in San Salvador bleiben müssten.

Jede Minute, die ich nicht bei Timm bin, verbringe ich am Rechner, bemüht, die Kinder meine Angst nicht spüren zu lassen. Ich suche nach Unterkünften, klicke mich durch die Website der deutschen Schule vor Ort, versuche, mir eine Pause hier vorzustellen. Ein Blick aus dem Fenster: mit Natodraht gesicherte Häuser, verbarrikadierte Seitenstraßen, die von Sicherheitsmännern mit Maschinengewehren bewacht werden, um das Grauen, das auf den Straßen herrscht, von den Wohnhäusern fernzuhalten. Unmöglich! Ich möchte nicht in einem Land bleiben, in dem sich halbstarke Jugendbanden nehmen, was sie wollen. Was, wenn ihnen meine Töchter gefallen? Müdigkeit und Anspannung setzen ein Kopfkino in Gang, das es unmöglich macht, eine Entscheidung zu treffen. Panik nimmt meinen Lungen den Platz, ich bekomme keine Luft.

Die ganze Nacht recherchiere ich, um Fragen stellen zu können, telefoniere mit befreundeten Ärzten zu Hause, rufe die Krankenkasse an. Die Mitarbeiterin am anderen Ende der Hotline ist erbost, beschimpft mich. Wer würde freiwillig mit vier Kindern durch Zentralamerika reisen? Irgendwann, nachdem sie all ihre Wut losgeworden ist, sichert sie mir trotzdem die Kostenübernahme für den Eingriff zu. Max' Patenonkel, unser Hausarzt, klärt den Befund mit befreundeten Orthopäden ab. Die Operationsmethode des hiesigen Krankenhauses gilt in Deutschland als antiquiert. Er rät, den Nerv mittels einer epiduralen Infiltration ruhigzustellen und einen Arzt zu suchen, der mit moderneren Operationsmethoden vertraut ist. Sicher würden wir den in Kolumbien finden. Ein Krankentransport allerdings kommt für Timm nicht infrage. Er will weder uns noch Roger hier zurücklassen, ist nicht bereit, unseren Reisetraum hier und jetzt zu begraben. Sein Plan ist es, den Nerv zu betäuben, bis nach Kolumbien zu fahren und dort eine längere Pause einzulegen. Das sei, so der hiesige Arzt, als würden wir, statt den Stein aus dem Schuh zu nehmen, den Fuß betäuben. Er kann nicht garantieren, dass der Nerv keine bleibenden Schäden erleidet, dass Timm wieder normal wird laufen können.

Bei mir laufen vor allem Tränen. Damit die Kinder nichts merken, sitze ich auf der Dachbank, heule mir im Dunkeln von allen unbemerkt die Mutlosigkeit von der Seele. Jedenfalls denke ich, dass es niemand merkt. Früh am nächsten Morgen steht eine Krankenschwester vor Rogers Tür. Sie hat eine Tüte mit Kuchen, Brötchen und Süßigkeiten in der Hand, überreicht mir eine Karte. Viele ihrer Kolleg:innen und das Sicherheitspersonal haben unterschrieben. Wir sollen nicht den Mut verlieren. Alles würde wieder gut.

Ich lächele ein wenig mutlos. Das allerdings wird mir in den folgenden Stunden vergehen: der mutlose Teil.

Im Minutentakt bekomme ich Nachrichten, Einladungen, Hilfsangebote. Passant:innen ist aufgefallen, dass unser Truck seit zwei Tagen unbewegt vor dem Krankenhaus steht, sie haben sich den Instagram-Link, der auf Rogers Seite prangt, angesehen. Die deutsche Botschaft hinterlässt eine Visitenkarte, Verwandte bringen zu den Besuchen im Krankenhaus auch unseren Kindern Geschenke. Dorys und Gilberto rufen stündlich an, kommen vorbei und bringen Essen. Bei achtzig Nachrichten höre ich auf zu zählen, ich schaffe es nicht, die Kinder zu unterrichten, weil es immer wieder an der Tür klopft. Irgendwann sitze ich schluchzend am Küchentisch, die Kinder tätscheln mir den Rücken.

Es ist, als wären diejenigen, die unter dem Terror leiden, extra gut, um das Karma der anderen auszugleichen. Ich kann die Welle an Hilfsbereitschaft nur schwer fassen. Gänsehaut überzieht meinen ganzen Körper, inklusive Herzklappen und Magenschleimhaut. Es ist, wie Hölderlin sagt: «Wo aber Gefahr ist, wächst das Rettende auch.»

HINDERNISSE

Nicaragua: Nahe der Grenze zu Costa Rica, Juni 2019

Den Blick auf unendlich gerichtet, die Füße im feuchten Sand vergraben, schaue ich hinaus aufs Meer. Das Meer ist Medizin, heilt fast alles, von entzündeter Laune bis zu erhöhtem Kabinendruck. Oft wusste ich in den letzten Tagen schon beim Aufwachen, dass dies wieder ein Tag sein würde, über dessen Ende ich froh wäre.

Seit wir San Salvador verlassen haben, war Timm trotz des Eingriffs, der den lädierten Nerv beruhigen sollte, nicht einen einzigen Tag schmerzfrei und ist extrem reizbar. Ich sollte Mitgefühl haben, aber bin stattdessen wütend, weil er sich so selten helfen lassen will, immer mehr macht, als er sollte. Das ihm zustehende Mitgefühl verbrauche ich darum seit einiger Zeit für mich selbst. Die bisher erfolgreiche Strategie, mir ab und zu die Heimreise oder unsere Scheidung vorzustellen, funktioniert nicht mehr. Ich weiß, dass es keinen anderen Weg gibt als mittendurch. Dieser Weg war ziemlich blockiert in den letzten Tagen.

Sorgenvoll hatten wir in den letzten Wochen die politisch angespannte Lage in Honduras beobachtet. Seit Mai kam es landesweit immer wieder zu Demonstrationen und Straßenblockaden, da man beim neuerlichen Amtsantritt des Präsidenten im Januar 2019 Wahlbetrug vermutet. Bei Gegenmaßnahmen der Polizei wurden zahlreiche Menschen verletzt und getötet. Obwohl das Land eines der Juwele Zentralamerikas sein soll, beschlossen wir, so schnell wie möglich Richtung Costa Rica zu fahren. Zwei Stunden bräuchten wir, so unsere Schätzung, um Honduras zu durchfahren, würde alles gut gehen. Ging es natürlich nicht.

Vor uns reihten sich die Lkws bis zum Horizont, es wimmelte von Polizei. Wir waren noch nicht einmal dreißig Minuten gefahren. Ich stieg aus, fragte einen Polizisten nach dem Grund des Staus. Ein Problem mit einem Lkw, ein paar Stunden müssten wir einplanen, lautete seine Antwort. Stunden, die wir nicht hatten. Fest entschlossen, uns nicht ausbremsen zu lassen, zog ich weiter durch endlose Blechschlangen, fragte die Trucker, was das Problem sei. Ihre Version war schonungslos: Straßenblockaden. Ob wir mit einer baldigen Weiterfahrt rechnen könnten, fragte ich und wurde herzlich ausgelacht. Zurück im Truck, ergab ich mich dem Schicksal, wärmte den Kindern ein paar Spaghetti auf, als ein Pick-up mit vermummten Männern auf der Ladefläche an uns vorbeiraste, die Parolen durch Megaphone brüllten. Sie hielten bei den Polizisten, mit denen ich zuvor gesprochen hatte, das Gespräch schien friedlich. Ich nahm all meinen Mut zusammen, stieg aus und bat die Männer zögerlich, ob sie mir helfen könnten, diesem Stau zu entgehen. Ich hätte einen kranken Mann und vier Kinder an Bord, kaum Wasser, Essen und Bargeld, könnte unmöglich mehrere Tage dort ausharren. Einer der Männer hatte Mitleid, versprach, mit den Verantwortlichen zu sprechen. Als wenig später zwei Überlandreisebusse an uns vorbeifuhren, ohne aufgehalten zu werden, heftete sich Timm an deren Stoßstange.

Wir fuhren ewig. Unter den Trucks hatten die Fahrer ihre Hängematten aufgespannt, überall waren Essens- und Getränkestände aufgebaut. Dieser Stau, das dämmerte uns nach mehr als dreißig Kilometern Lkw- und Autoschlangen, hätte uns Tage gekostet. Dann war vor uns plötzlich die Straße frei. An einer Barrikade aus Paletten und brennenden Reifen wurden wir durchgewinkt, niemand stellte sich uns in den Weg. Überall am Straßenrand sahen wir die Spuren vergangener Sperren: Steinwälle, ausgebrannte Autos, qualmende Reifenstapel, Barrikaden aus Holz, Brandspuren auf dem Teerbelag. Obwohl wir erschöpft waren und sonst Grenzen immer nur ausgeschlafen und am Morgen in Angriff nehmen, wollten wir unbedingt noch am selben Tag über die Grenze nach Nicaragua.

Es soll die schlimmste Grenze in Zentralamerika sein. Drohnen sind hier streng verboten, werden sofort konfisziert, und die Halter müssen, sollten sie bei einer Durchsuchung gefunden werden, mit hohen Geldstrafen rechnen. Lottas Drohne hatten wir in viele Einzelteile zerlegt und diese im ganzen Truck versteckt; alle Social-Media-Accounts hatte ich auf «privat» gestellt, sollte ein Grenzer auf die Idee kommen, auf Instagram nach Drohnenaufnahmen zu suchen. Wir hatten uns auf das Schlimmste eingestellt und waren wider Erwarten ohne die kleinste Unannehmlichkeit nur drei Stunden später in Nicaragua. Auch dieses Land, das steht in Timms verzerrtem Gesicht geschrieben, würden wir auf kürzestem Weg durchfahren müssen, um so schnell wie möglich Kolumbien zu erreichen. Dort würde er dann endlich operiert werden können.

Und nun haben wir es fast geschafft. Unser heutiges Camp am Meer – die letzte Nacht in Nicaragua versöhnt mich mit den Strapazen der hinter uns liegenden Tage. Während sich am Horizont die Sonne auf ihr Nachtbad vorbereitet, stellen neben mir zwei Rentner ihre Campingstühle in den Sand, grüßen freundlich. Sie lebten in dem kleinen Häuschen zu unserer Rechten, würden jeden Abend den Sonnenuntergang ansehen, erzählen sie mir. Woher wir kämen und ob ich ihr Internet, ihre Dusche oder die Waschmaschine nutzen möchte. Sie freue sich so sehr, sagt die Frau, endlich wieder Touristen hier zu sehen. Das bedeute, dass es wieder bergauf gehe mit ihrem Land.

Vor fast genau einem Jahr brach in Nicaragua innerhalb weniger Wochen das gesamte öffentliche Leben zusammen. An jenem Tag schlug die Polizei einen friedlichen Protest von hauptsächlich alten

Leuten gegen eine geplante Rentenreform durch den amtierenden Präsidenten Ortega und die Vizepräsidentin, seine Frau, nieder. Das gewaltsame Vorgehen der Polizei gegen die friedlich demonstrierenden Rentner:innen war der Startschuss für eine landesweite Rebellion gegen die undemokratische und autoritäre Politik des Regentenpaares, deren sieben Kinder alle einflussreiche Posten im Land bekleiden, das Militär, die Medien und das Bankwesen kontrollieren. Das Regime verabschiedete im Eilverfahren ein neues Gesetz, das auch jeglichen friedlichen Protest als «Terrorismus» bestrafen konnte. Das Land verwandelte sich in einen Polizeistaat, Zehntausende flohen, vor allem nach Costa Rica. Während der andauernden Straßenblockaden und Demonstrationen verschwanden laut Menschenrechtsorganisationen 1400 Menschen, über 500 starben. Tausende wurden verletzt, viele leiden unter Folgeschäden.

Vor zwei Monaten, im April, jährte sich der Tag der Proteste, seitdem wird die Polizeipräsenz im ganzen Land wieder verstärkt, um ein erneutes Aufflammen zu unterbinden. Es wären schwierige Zeiten gewesen, die Frau hat Tränen in den Augen, der Mann streichelt ihr die Hand. Trotzdem sei sie sicher, dass sich das alles gelohnt habe, dass es besser würde in Nicaragua. Ihr Sohn sei nach Costa Rica gegangen, um dort zu arbeiten und so die Familie in Nicaragua zu unterstützen. Costa Rica sei ein schönes Land mit sehr freundlichen Menschen. Der allerschönste Ort aber sei für sie ihr Häuschen am Strand, ihr Campingstuhl neben dem ihres Mannes mit Blick auf den Sonnenuntergang.

Gute Menschen, die hatten wir auch in Nicaragua getroffen, ausnahmslos. Ich erzähle der Frau von Benjamin und seiner Familie, die in der Nähe von Granada leben. Benjamins Bruder war einer der vielen Menschen, die in San Salvador an unsere Tür geklopft hatten, um ihre Hilfe anzubieten. Er gab uns Benjamins Adresse und Telefonnummer, rang uns das Versprechen ab, uns unbedingt bei ihm zu melden, sollten wir in Nicaragua sein. Benjamin wartet

Schiffsmotoren und reist viel, auch nach Deutschland. Er kommt aus El Salvador, wo heute der Großteil seiner Familie wohnt, hat ein paar Jahre in Panama gelebt, bevor es ihn nach Nicaragua zog. Auch er hofft, dass es politisch bald ruhiger wird, und glaubt, dass das Land auf einem guten Weg ist. Er liebt es, Overlander:innen bei sich zu beherbergen, Geschichten aus aller Welt zu hören. Seine Frau Mariella und ihre Schwiegermama zauberten uns vor ein paar Tagen ein köstliches Abendessen aus Käse, Frijoles, Rührei und selbst gebackenen Tortillas. Sie erzählten von ihrem Leben, wie es sich anfühlte, letztes Jahr für drei Monate das Grundstück nicht verlassen zu können, dass sie aber trotzdem nicht eine Sekunde daran dachten, Nicaragua zu verlassen. Diese Art von Konflikten gehöre in Zentralamerika zum Leben dazu, daran hätten sie sich längst gewöhnt.

«Das stimmt», pflichtete der Mann mir bei. Es ist das erste Mal, dass er etwas sagt. «Diese Spannungen gehören hier zum Leben, so wie Tag und Nacht.»

Ich blicke über das Meer, atme tief ein. Wie Tag und Nacht, klingen die Worte des Mannes in meinem Kopf nach, und morgen ist ein neuer Tag, wenn ich Glück habe, ein sonniger.

PLATZ FÜR NEUE PLÄNE

Costa Rica: Atenas, Juni 2019

Meine Tränendrüsen sind spendable Organe. Schon immer. Es braucht nicht viel, sie zu aktivieren. Noch nie aber habe ich beim Anblick eines Müllautos geweint. Jedenfalls bis jetzt. Schon nach wenigen Kilometern in Costa Rica brechen die Dämme.

Die Straßen haben einen durchgängigen Teerbelag. Kein Hubbel, kein Schlagloch, keine plötzlichen Hindernisse zwingen zum abrupten Bremsen. Die Autos wirken verkehrstüchtig, und wir müssen keine Angst haben, dass die Stoßstange des Vordermanns in naher Zukunft ein Hindernis auf der Fahrbahn darstellen könnte. Das Laubgewimmel der Büsche, Bäume, Gräser strahlt in den verschiedensten Grüntönen von Erbsen- über Spinatfarben bis zu Jägermantelgrün. Wenn etwas pink, blau oder lila leuchtet, dann ist es eine Blume, kein Plastikmüll. Der Name Costa Rica, zu Deutsch «reiche Küste», ist zumindest botanisch betrachtet eine Untertreibung. Bei der Erschaffung dieses Landes scheint Gott einen extrem kreativen Tag gehabt zu haben. Das kleine Land ist so proppevoll mit Wundern und Abwechslung, so vielseitig, dass ein fünfzehnmal größeres Land mit ihnen gefüllt als «artenreich» betitelt worden wäre. Obwohl nur 0,03 Prozent der globalen Landmasse auf Costa Rica entfallen, beherbergt es mehr als vier Prozent der weltweit angenommenen Arten.

Zwanzig Mikroklimazonen gibt es in diesem Ländchen, das

kaum größer ist als Dänemark. Nirgendwo auf der Welt existiert eine ähnliche geologische Vielfalt auf so kleinem Raum. Die zentralen Kordilleren, die Cordilleras, bilden eine von Nordwest nach Südwest verlaufende Grenze, die die niederschlagsreiche Karibikküste und die wechselfeuchte Pazifikküste voneinander trennt. Mangrovensümpfe, Nebelwälder, Regen- und Trockenwälder, viele erloschene, eine Handvoll aktiver Vulkane, Gebirgshochland, Traumstrände, Seen – die Landschaftsformen sind vielseitig. Rund siebenundzwanzig Prozent der Landesfläche stehen unter Naturschutz, zwei Drittel Costa Ricas sind bewaldet. Schon früh hat man erkannt, dass der Reichtum des Landes diese Biodiversität ist, hat seit den Siebzigerjahren den Ökotourismus stark gefördert. Fast den gesamten Strombedarf deckt Costa Rica aus regenerativen Quellen wie Wasserkraft, Geothermie und Windkraft. Das Land gilt als eines der fortschrittlichsten Lateinamerikas. Schon während des Zweiten Weltkrieges war in Costa Rica ein kostenloses Gesundheitssystem eingerichtet worden. 1948 wurde die Armee abgeschafft und die frei gewordenen Mittel in das Schul-, Renten- und Gesundheitssystem investiert. Anders als die Nachbarländer litt Costa Rica nie unter Bürgerkriegen, Unruhen oder Diktaturen, sondern ist seit den Fünfzigerjahren eine stabile Demokratie. Diese Umstände brachten Costa Rica den Beinamen «die Schweiz Lateinamerikas» ein.

All das weiß ich noch nicht, als wir auf der Landstraße Richtung San José, der Hauptstadt, fahren. Ich sehe nur einen Müllaster, der rechts blinkt, am Straßenrand hält. Ich sehe die Männer, die ordentlich am Straßenrand gestapelte Säcke in dessen Bauch verschwinden lassen. Sie winken, rufen: «Pura Vida!»

Die ganze Anspannung der letzten Wochen verflüssigt sich wie ein Platzregen. Ich schluchze: «So schön hier ... sogar ... Müllautos!»

Nirgends sehe ich bewaffnete Sicherheitsleute, keinen NATO-Draht. Nur Zäune und ab und zu vergitterte Fenster in gepflegten

Gärten. Kein einziger magerer Straßenhund springt vor unseren Truck, am Wegesrand sprudeln glasklare Bäche, und es riecht nach frisch gemähtem Gras und Blumen. Und obwohl wir in immer kürzeren Abständen anhalten müssen, weil Timms Rücken schmerzt, flattert mein Herz mit den Schmetterlingen am Wegesrand: Hier sind wir sicher. Hier können wir uns endlich um Timms Gesundheit kümmern, können uns ausruhen und überlegen, wie es weitergeht. Wir müssen vielleicht nicht bis Kolumbien durchhalten. Costa Rica wäre eine echte Alternative, der Platz für neue Pläne.

«Pura Vida» ist das «Moin» Costa Ricas – und noch viel mehr. Es heißt «Hallo», «Guten Tag», «Herzlich willkommen», «Danke», «Bitte», «Mach dir keine Sorgen», «Guten Appetit», «Gute Nacht», «Sehr erfreut» und passt eigentlich immer. Auch unsere Vermieterin begrüßt uns mit diesen Worten, nachdem wir die holperige Zufahrt zum Haus bezwungen haben. In einem gigantischen Garten steht zwischen hohen Bäumen das schönste Haus, das ich seit Langem gesehen habe. Es ist umgeben von einer überdachten Veranda, überall verstreut sind Sitzecken und Hängematten. Hier könnte ich einen Rollstuhl mit dem Stand der Sonne ums Haus schieben, und die Aussicht wäre immer wieder anders. Etwas oberhalb des Hauses wohnt das junge Verwalterpaar aus Nicaragua mit seinen beiden Töchtern. Zum Haus gehören drei Hunde, die im Schatten der Veranda schlummern. Im Garten glitzert ein blauer Pool, Iguanas huschen die Bäume hinauf, Nachbars Hühner scharren im Gras, Kolibris surren an mir vorüber, verschwinden in den Blüten des wilden Ingwers, der, ein Meer aus Magenta, an der Stirnseite des Hauses wächst.

Bis vor Kurzem hat hier Mariechens Bruder mit seiner Familie gewohnt, ist aber, weil der Verkehr zu anstrengend geworden ist, näher an die Stadt, näher an die Schulen der Kinder gezogen. Wir sind die ersten Gäste, seit seine Familie ausgezogen ist, erzählt uns Mariechen, deren Name von einem deutschen Opa stammt.

«Könnten wir auch sechs Monate bleiben?», fragt Timm. Ich wundere mich kein bisschen, habe nicht das Bedürfnis, dass wir noch einmal darüber reden sollten. Alles an diesem Ort schreit: «Bleibt!» Sogar der Unterstand auf der Rückseite des Hauses ist hoch genug, um Roger überdacht zu parken. Sie wird es mit ihrer Familie besprechen, lächelt Mariechen und überlässt uns der Obhut der Verwalterin Maria, die sich ab jetzt um uns kümmern wird.

VOM OVERLANDER ZUM EXPAT

Costa Rica: Atenas, Juli 2019

Raus aus der Kleinstadt, rein in die wilde Welt! Mit diesem Ziel vor Augen sind wir im Juli 2018 in Deutschland losgefahren. Und nun, ein Jahr später, landen wir genau dort, wo wir eigentlich nicht mehr sein wollten: in einer Kleinstadt. Wir hatten so viel Zeit und Mühe investiert, uns in die Rolle der Overlander einzugewöhnen, und schon nach einer Woche hat der Expat das Kommando übernommen. Während der Overlander in uns sich schmollend weigert, den Truck zu verlassen, uns des Hochverrats beschuldigt, ist der Expat viel zu beschäftigt, um ihm Gehör zu schenken.

Mariechens Familie ist einverstanden, uns hier sechs Monate zu beherbergen, macht uns ein großzügiges Mietangebot. Also räumen wir den Truck aus und das Haus ein. Timm, der inzwischen nicht einmal mehr schmerzfrei liegen kann, muss dringend operiert werden, wir brauchen einen Arzt, ein Krankenhaus. Die Kinder wollen in die Schule gehen, der Mietwagen wird auf Dauer zu teuer, und wir brauchen ein Auto, um uns frei bewegen zu können.

Schon oft in unserem Leben hatten wir das Gefühl, dass, wenn wir auf dem richtigen Weg waren, sich scheinbar alle Türen automatisch öffneten. So ist es auch dieses Mal. Costa Rica verfügt über ausgezeichnete Privatkliniken. Weil die Kosten in den USA zu hoch sind, kommen viele Amerikaner:innen für ihre Behandlung hierher, es gibt einen regelrechten Medizintourismus. Privatkliniken gleichen Fünf-Sterne-Hotels, und die oft im Ausland ausgebildeten Ärzt:innen sprechen gutes Englisch, sind in ihrer Methodik auf dem neusten Stand der Medizin.

Innerhalb von nur acht Tagen haben wir einen englischsprachigen Arzt gefunden, der Timm minimalinvasiv operieren wird. Unsere Krankenkasse gibt sofort ihr Okay. Wir bekommen, obwohl Ferien sind, Termine für eine Schulbesichtigung in der deutschen Schule in San José sowie in der bilingualen Atenas Green Valley School. Nach wenigen Tagen haben wir die Zusagen beider Schulen. Wir finden schnell das perfekte Auto im Internet, haben, entgegen allen Geschichten über schreckliche Autoverkäufer in Costa Rica, den herzlichsten und freundlichsten Mann erwischt. Eduardo besorgt für die Beurkundung des Autokaufs einen Anwalt, der auch Englisch spricht. Er hilft mir bei der Zulassung, bei der technischen Inspektion und Abnahme, sendet mir regelmäßig Reminder, was ich wann und wo zu erledigen habe.

Um den Kaufpreis zahlen zu können, müssen wir einige Male den Höchstbetrag mit unserer Kreditkarte abheben. In Costa Rica kann das nur der Inhaber der Karte persönlich und unter Vorlage des Passes. Viermal muss ich Timm, der inzwischen im Krankenhaus liegt, abholen, um mit ihm zur Bank zu fahren. Unglücklicherweise ist es die erste Woche des Monats. Zu dieser Zeit werden in Costa Rica die Pensionen ausgezahlt, und die Schlangen in den Banken sind lang. Der Krankenhauskittel und die Kanüle im Arm verhelfen Timm zu einem Sitzplatz in der Behindertenabteilung, und das garantiert eine zügige Bedienung, immerhin.

Schweren Herzens entscheiden wir uns gegen die deutsche Schule. Der Verkehr ist, das wird mir in der Woche, in der ich mich um den Autokauf und die Zulassung kümmere, bewusst, zu anstrengend. Jeden Tag würden wir bis zu vier Stunden im Auto verbringen. Während Lotta, Paula und Max befürchten, dem Unterricht in der Green-Valley-Schule auf Englisch und Spanisch nicht folgen zu können, freut Carl sich auf das Abenteuer: «Wenn ich die Wahl habe zwischen einer Teerstraße und einer Schotterpiste mit Flussquerungen, würde ich immer die Schotterpiste wählen!»

Als ich am Abend vor Timms Operation vor dem Krankenhaus in unser neues Auto steige, leuchtet vor der untergehenden Sonne ein Regenbogen. Ein bisschen dick aufgetragen, denke ich, verstehe aber die Message: Alles wird gut.

Nach der reibungslos verlaufenen OP ist der Arzt zuversichtlich, dass Timm wieder schmerzfrei leben können wird. Der gereizte Nerv wird heilen, aber in Zukunft wird Timm lernen müssen, seinen Körper anders wahrzunehmen und zu belasten. Die folgenden Wochen sind nicht einfach. Der Wunsch, Costa Rica zu entdecken, und die Notwendigkeit, sich zu schonen, führen Krieg.

Untersuchungen haben ergeben, dass Hamster bis zu acht Meilen pro Nacht in ihrem Rad laufen. Wäre Timm ein Hamster, würde er sechzehn Meilen laufen. Er hätte dabei ein Handy am Ohr, einen Laptop vor der Nase und würde sich nebenbei die Fußnägel klippen. Für seine Mitmenschen ist das Tempo, mit dem er durch seinen Tag rauscht, manchmal schwer wegzustecken, weil es einem das Gefühl vermittelt, immer hinterherzuhinken. Die Erfahrung, selbst einmal in der Hinkeposition zu sein, ist für Timm eine neue. Nicht mitzuhalten, Menschen hauptsächlich von hinten zu sehen, ist er nicht gewohnt. Es ist für ihn das erste Mal, dass nicht allein sein Wille das Kommando über ihn und seinen Körper führt. Pausen machen zu müssen, weil der Körper streikt, nicht leistungsfähig zu sein und Grenzen akzeptieren zu müssen, fordern ihn heraus.

Dann aber, nach ein paar Wochen erzwungenen Ausgebremstseins, passiert etwas, das ich niemals für möglich gehalten hätte: Timm findet Gefallen an Pausen! Er erkennt, dass es den Motor schont, wenn man nicht permanent im oberen Drehzahlbereich fährt. Ich sehe ihn nun immer öfter in der Hängematte liegen und lesen. Wenn er zu früh bei einem Termin erscheint, nimmt er sich Zeit für einen Kaffee, beobachtet das Treiben auf der Straße. Er setzt sich ein paar Minuten in die Kirche, allein, um Stille zu tanken. Er geht spazieren, einfach nur so zum Spaß, ohne Ziel und Zeitvorgabe. Er erlaubt sich einen Mittagsschlaf. Zwar steht er noch immer morgens um vier auf, um zu arbeiten, serviert mir zum Morgenkaffee seine neusten Hirngespinste, aber dafür lauscht er am Nachmittag dem Regen. Das ist ein Quantensprung – für ihn und für unsere Familie. Von der Idee, unsere Reise in achtzehn Monaten zu schaffen, haben wir uns längst verabschiedet, und auch das Ziel, wieder in die gleichen Klassenstufen eingeschult zu werden, ist den Kindern nicht mehr wichtig. Sie wollen den Weg genießen, sie wollen sich Zeit nehmen für Schotterpisten und Flussquerungen. Denn wenn der Weg das Ziel ist, fahren wir lieber langsam.

Die ersten Wochen in Costa Rica schenken uns allen eine wichtige Erkenntnis: Wir lieben es, unterwegs zu sein. Aber genauso wichtig ist es, immer mal wieder den Anker zu werfen, an manchen Orten länger zu bleiben. Ein Alltag, bis jetzt mein Feind, kann auch Freiheit bedeuten. Die Freiheit, sich nicht jeden Tag neu entscheiden zu müssen. Die Freiheit, nicht jede Sekunde nutzen zu müssen, die Freiheit, sich Zeit lassen zu dürfen.

ZAUNLOSER VORGARTEN

Costa Rica: Santa Teresa, Nicoya Peninsula, Juli 2019

Am 11. Juli 2019 verliebe ich mich. Hals über Kopf, mit Haut und Haar. Worte wie «auf ewig dein» flirren vor meinen verzückten Augen. Weil wir ein paar Tage nach Timms OP das Stillsitzen nicht mehr aushalten, setzen wir uns ins Auto, fahren auf die Nicoya-Peninsula, in den Nordwesten Costa Ricas, und landen in Santa Teresa, sind schockverliebt.

Ein endloser Strand in allen Schattierungen von Zucker. Der Dschungel ist sich ausnahmsweise selbst nicht genug, kriecht die Hügel hinab, damit die Blätter zum Meeresrauschen tanzen können. Das dichte Blätterdach, aus dem es zwitschert, zirpt, quakt und brüllt, bietet Schatten. An den hohen Bäumen, die den Strand säumen, hängen Turntücher, darin kopfüber Kinder mit von der Sonne ausgeblichenen Strubbelköpfen. Um einen Mann toben fünf Hunde und eine Ziege im weißen Sand. Eine wahnsinnig schöne Frau im Häkelkleid kniet hinter einem Mann, der auf einem Treibholzstamm sitzt, schneidet ihm die Haare. Zu seinen Füßen spielt ein kleiner Junge nackt im Sand. Sonnenbrillen haben hier auch ein Glas fürs dritte Auge.

Während ihre Menschen auf Surfboards durch die Wellen toben, jagen die Hunde sich über den Strand oder liegen zu einem Knäuel gekuschelt im Schatten. Zum Sonnenuntergang spucken Artist:innen Feuer, überall wird geknutscht. Niemand trägt Schuhe, weder in den Coffeeshops noch zum Einkaufen, stattdessen

Bikini und Boardshorts. An der staubigen Hauptstraße reihen sich Surfboardverleihe, Naturkostläden, Yogastudios, kleine Hotels, Cafés und Strandbars aneinander. Quads und Mopeds haben Transportvorrichtungen für Surfboards. Ab und zu prasselt ein Regenschauer nieder. Dann ist es, als hätten sich alle Wolken der Welt getroffen, um hier gemeinsam wieder ins Meer zu fließen. Wäre ich eine Wolke, würde ich's genauso machen. Wir tanzen durch die dicken Tropfen, waschen uns das Salzwasser von der sonnenwarmen Haut. Hier möchte ich meine Füße in den Sand stecken, Wurzeln schlagen, beginne zu träumen.

Jeden Morgen würde ich auf der Veranda meines vanillefarbenen Holzhauses zusehen, wie das Paradies aus der Dunkelheit kriecht und die Sonne dotterfarbenes Licht verschüttet. Nach ein paar Sonnengrüßen würde ich, das Surfbrett unter dem Arm, den Strand entlanglaufen, der Gischt entgegen. Meinen vom vielen Yoga strammen Hintern würde ich unerschrocken aufs Surfboard schwingen, ein paar Wellen surfen, viele nicht. Weil ich zu beschäftigt wäre, dieses wunderschöne Fleckchen Erde in den Wellen dümpelnd vom Board aus zu bestaunen. Mit mir und der Welt zufrieden, würde ich mich nach vielleicht zwei Stunden an den Strand schwemmen lassen, an dem inzwischen meine Hündin Alma schwanzwedelnd auf mich wartet. Zusammen gingen wir nach Hause. Die Kinder hätten Obstsalat gemacht, Timm frischen Espresso aufgebrüht, alle wären entspannt. Lotta klimperte auf ihrer Gitarre, die Jungs kuschelten mit ihren Katzenbabys in der Hängematte, Paula hinge kopfüber im Turntuch vom höchsten Baum des Gartens. Und jeden Tag nach dem Frühstück würden wir als Familie losziehen und einen großen schwarzen Müllsack voller Mikroplastik vom Strand aufsammeln. Zwar bleibt der Strand von Santa Teresa aufgrund der Strömung verschont, im Sand des benachbarten Strandes Playa Hermosa aber zeichnen die kleinen Plastikteilchen bunte Muster in den Sand.

Unser Vorgarten ist groß geworden. Vor allem gibt es keine Zäune mehr. Als wir in einem *Spiegel*-Artikel lesen, dass ungewöhnlich viele tote Grauwale an die Pazifikküste Kanadas und der USA angespült werden, sind es unsere Wale. Die Wale, die wir in der Baja California gestreichelt haben. Das Korallensterben in der Karibik betrifft unsere Korallen, die, die wir in Belize bewundert haben. Es sind unsere Wälder, die in Kalifornien oder Kanada brennen oder sterben, unsere Mexikaner:innen, El Salvadorianer:innen und Guatemaltek:innen, die unter Gang- und Narcokriegen leiden. Es ist unser Atlantik, der von Algen verseucht langsam erstickt, unsere Fische, die darunter leiden. Es sind unsere Strände, die im Plastikmüll versinken.

Das ist kein Besitzdenken, sondern Verantwortung. Uns berührt und betrifft, was sich vor unseren Augen abspielt. Beim Reisen wird man unfreiwillig Zeuge all dieser Katastrophen, die man zu Hause so bequem wegzappen kann. Für die Kinder ist das oft hart. Sich verantwortlich zu fühlen für etwas, an dem man scheinbar nichts ändern kann, entzieht besonders Lotta manchmal den Boden unter den Füßen. Sie macht sich große Sorgen um unsere Welt, darum, wie es mit unserem Planeten weitergehen soll, wie wir all die Probleme lösen können. Es gibt Momente, da fühlt sie sich nicht mehr sicher, nicht mehr beschützt, da werfen sich Schatten über ihren jugendlichen Optimismus. Dann fließen Tränen. Und dann möchten Timm und ich die Kinder in den Armen wiegen und sagen: «Bis du heiratest, ist alles wieder gut.» Die Befürchtung, dass bis dahin mitnichten alles gut sein wird, dass es schlimmer sein wird, zertrümmert wiederum unser Fundament.

Oft sagen die Kinder, dass sie eines Tages auch mit ihren Familien die Welt bereisen wollen. Wird aber Reisen in fünfzehn Jahren noch in der Form möglich sein, in der wir es heute tun? Oder werden der Klimawandel und die daraus entstehende wirtschaftliche Not es nicht mehr erlauben? Werden Unruhen, Wasserknappheit, Naturkatastrophen unsere Art, die Welt zu erleben, zu gefährlich werden lassen? Wird die Welt der Zukunft eine sein, die nicht mehr bereisbar, vielleicht nicht einmal mehr belebbar ist?

In jedem Land, das wir in den vergangenen elf Monaten bereist haben, hörten wir, das Wetter sei ungewöhnlich für die jeweilige Jahreszeit. Viel zu warm, zu kalt, zu viel oder zu wenig Regen, zu früher oder zu später Jahreszeitenwechsel, zu warmes Meer, zu kalte Luft, mehr Moskitos, weniger Schmetterlinge – die Liste ist endlos.

Wir wissen das alles. Mit eigenen Augen zu sehen, wie in Zentralamerika Berge von Müll in der Natur brennen, schwimmen und stinken, es mit der eigenen Nase zu riechen, ist hart. Und doch schenkt die Reise den Kindern eine wichtige Erkenntnis: Veränderung beginnt bei ihnen selbst. Das eigene Verhalten hat unmittelbare Auswirkungen auf das Umfeld. Ein einziges Lächeln macht aus Fremden Freunde. Ein bisschen Futter macht einen Straßenhund satt, zumindest für ein paar Stunden. Eine Stunde Müll sammeln, und der Strand ist wieder golden – nur ein kleines Stück, und sicher nicht für lange, aber für diesen Moment. Und viele kleine Momente ergeben einen großen Moment.

Die Kinder haben sich auch in dieser Hinsicht in den letzten Monaten verändert. Ihr Blick auf die Umwelt ist ein anderer. Sie sind empathischer, respektvoller, hilfsbereiter und offener geworden. Immer wenn mich die Angst ergreift, dass sie schulisch etwas verpassen könnten, dann ist es diese Entwicklung, die mich beruhigt.

Wir wissen nicht, welche Anforderungen die Jobs der Zukunft an unsere Kinder stellen werden. Sicher wird es nicht die Fähigkeit sein, den klassischen deutschen Literaturkanon herunterbeten oder sämtliche Daten der Antike einordnen zu können. Worauf es in Zukunft ankommen wird, ist, Grenzen abbauen zu können, den Bedürfnissen der Umwelt gegenüber weniger blind zu sein. Sich nicht als das Zentrum des Universums zu sehen, kommunizieren zu können, kreativ Konflikte zu lösen, in unbekannte Richtungen zu denken. Mit offenen Augen durch die Welt zu gehen, sich von eigenen Erfahrungen leiten zu lassen statt von den Informationen, mit denen man von allen Seiten gefüttert wird, wird enorm wichtig sein. Wer Freunde in der ganzen Welt hat, kann nicht AfD wählen. Wer mit eigenen Augen sieht, wie wir unsere Umwelt und Mitmenschen ausbeuten, kann nicht gedankenlos im eigenen Komfort verweilen. Wer sehen darf, wie grandios und vielfältig unser Planet ist, kann nicht anders, als ihn schützen zu wollen. Wer sich immer wieder in neuen Kulturen und Gesellschaftsformen, mit neuen Sprachen und Regeln zurechtfinden muss, der wird keine Probleme haben, in neuen Situationen frisch zu denken – auch ohne einen Schimmer von lateinischen Deklinationen, auch ohne das Periodensystem aufzeichnen zu können.

IN ANDERE KÖPFE GUCKEN

Costa Rica: Nach einem Jahr auf Reisen, 15. Juli 2019

Vier Tage später sind wir ein Jahr unterwegs. Am 15. Juli 2018 standen wir schluchzend auf dem Rondell unseres Hofes und nahmen Abschied von unseren Lieben. 365 Tage, in den Ohren der Kinder ist das eine gewaltige Zeitspanne. Bei Max entspricht das einem Achtel seines Lebens, ist wahrscheinlich ein Viertel der Zeit, an die er sich erinnern kann. In Timms und meinem Zeitempfinden ist die Spanne von einem Jahr verschwindend klein, und doch ist es kaum zu glauben, wie viel Leben in diese kurze Zeit passt: dreizehn Länder, 28000 Kilometer, dreimal ausprobiert, wie sich Wohnen an anderen Orten anfühlt. Wir haben im Schnee gecampt, Wale gestreichelt, vor Bären gezittert, mit Mennoniten zu Mittag gegessen. Wir sind durch Höhlen getaucht, haben im Dschungel geschwitzt, Vulkane beobachtet, Erdbeben gefühlt, Wellen gesurft, Cenoten durchschwommen, verschiedene Kulturen erlebt, Unbekanntes gegessen, Freundschaften geschlossen, Sprachen gelernt, Vorurteile überwunden. Wir sind in Kakteen gefallen, haben Hunderte Stunden geschraubt, ein paar geheult, Tausende gelacht und gekuschelt. Nicht immer war es leicht, aber wie Max sagt, «gehören Wolken in den Himmel, weil der Himmel sonst nicht himmelig aussieht».

Hatten wir Pläne, als wir losgefahren sind? Nicht wirklich Pläne, eine Idee der Strecke, ein Ziel, ein elastisches Zeitfenster und vor allem Sehnsucht und Hoffnungen. Sehnsucht nach Abenteuer, nach neuen Erkenntnissen, nach Abwechslung, nach Veränderung. Wir wollten Zeit zusammen verbringen, als Familie wachsen, unsere Kinder bei uns haben, bevor sie das Nest verlassen. Wir haben gehofft, ihnen Perspektiven aufzeigen zu können, von denen sie sonst keine Ahnung gehabt hätten. Wir wollten frei sein. Frei von sozialen Zwängen, frei von Leistungsdruck. Wir wollten gucken, wohin es führt, wenn man lockerlässt. Anfangen, probieren, rausfinden, was funktioniert und was nicht, was anderes probieren, wenn man auf die Nase fällt. Wie oft hat man im Alltagsleben den Luxus, sich diese Haltung leisten zu können? Normalerweise hat man eine Trillion Verpflichtungen, hetzt von To-do-Listen getrieben durch den Alltag, muss funktionieren. Wenn was schiefgeht, das muss nur ein verbummelter Turnschuh sein, hakt es sofort im Getriebe, die Taktung ist gestört und man selbst verstimmt.

Wir haben eine Million Wege gefunden, wie es nicht funktioniert, ein paar, die uns weiterbrachten. Wir lernen noch immer, wir suchen weiter.

Und was hat's gebracht? Mühe, Streit und Tränen, das schon. Aber auf der anderen Seite ist die Waagschale randvoll gefüllt mit Glück, Inspiration, Liebe, Dankbarkeit, Zugehörigkeit, Stärke, Wachstum, Kreativität. Auf Reisen herrscht Präsenzpflicht. Man kann sich nicht durchwurschteln, Dinge schleifen lassen oder sich Bequemlichkeiten erlauben. Tut man es, zahlt man später dreifach dafür. Man muss sich zu jeder Zeit mit der Umgebung auseinandersetzen, wach sein, auf Empfang. Nur im Jetzt können wir unsere Zukunft gestalten, und dahin wirft uns die Reise immer wieder mühelos. Es ist gar nicht möglich, zu lange Vergangenem nachzuhängen oder zu planen, die Gegenwart drängt sich immer wieder laut dazwischen, zwingt uns auf den Boden zurück. Vielleicht ist das der Grund, warum wir die Zeit so viel intensiver erleben.

Fehlt uns etwas? Natürlich vermissen wir Freunde und Familie, sind wir traurig, das Neugeborene lieber Freunde nicht persönlich begrüßen zu können. Natürlich fehlt uns deutsches Brot, und der Gedanke an deutsche Käseköstlichkeiten treibt uns die Tränen in die Augen. Ich habe meine wenigen, unter den Achseln inzwischen zartgelb geränderten Shirts ziemlich satt, die Kinder fantasieren von ihrem Spielzeug, Lotta von durchkicherten Nächten. Und doch tut uns der Mangel gut. Etwas zu vermissen, ist heilsam, weil es Prioritäten wieder zurechtrückt. Unsere Freunde werden auf uns warten, unsere Familien tragen wir im Herzen, unsere Zeit im Leben des Babys unserer Freunde wird kommen, auch wenn wir es jetzt nicht im Arm halten können. Sich an dem zu freuen, was uns gerade zur Verfügung steht, und nicht das geringste Bedürfnis nach «Mehr» zu haben, ist ein großes Glück.

Die Kinder sind nicht mehr nur Geschwister, sie sind zu Freunden geworden. Die Erfahrungen, die sie teilen, haben sie zusammengeschweißt, ihnen eine Nähe beschert, die ihnen hoffentlich für immer erhalten bleibt. Sie unterstützen und erziehen sich gegenseitig auf eine Weise, die es Timm und mir erlaubt, uns ab und zu völlig zurückzunehmen, einfach nur dazusitzen und zu staunen. Unsere Familie ist ein Mikrokosmos, der für sich funktioniert, der jedem einen Platz garantiert, der Sicherheit verspricht, auch wenn draußen der Sturm tobt. Wir hatten gehofft, dass uns die Reise in diese Richtung führen würde. Meine mäkelnden inneren Stimmen, die Angst, den Kindern zu viel zuzumuten, egoistisch zu sein, ihnen Schaden zuzufügen, sind verstummt. Sie haben sich respektvoll erhoben, honorieren unseren Mut, es gewagt zu haben, mit tosendem Applaus.

Ein Jahr auf Reisen ist ein Meilenstein. Für uns alle. Und weil ich eines Tages nicht nur meine eigenen Gedanken erinnern möchte, habe ich jedes Familienmitglied gebeten, mich auch in ihre Köpfe gucken zu lassen. «Was mögt ihr, was ist nicht so toll?» war mein Briefing.

MAX (8)

Was ich an der Reise mag:

Ich mag, dass wir mehr zusammen machen.

Ich mag, dass wir uns viel besser kennenlernen.

Wir lernen viele Kulturen kennen, und wir wissen viel mehr.

CARL (10)

Ich mag an der Reise sehr, dass wir die ganze Zeit zusammenhalten. Nichts kann uns stoppen, auch wenn es mal hart ist.

Wir lernen sehr viel und lernen andere und verschiedene Kulturen kennen.

Wir sehen alles zusammen und haben Erinnerungen als Familie, und das ist wunderschön.

Wir können dort bleiben, wo wir wollen, und wenn es mal nicht so schön ist, dann geht's halt weiter.

Wir können so lange reisen, wie wir wollen, und nichts ruft uns nach Hause.

Ich habe in einem Jahr meine Familie so kennengelernt wie noch nie, ich weiß genau, was jemand mag und was nicht.

Wir sind den ganzen Tag zusammen, und das ist das schönste Gefühl, und das würde ich für nichts tauschen.

PAULA (12)

Was mir am Reisen besonders gefällt, ist, dass man eigentlich immer was lernt. Von Sprachen und Tieren, Ländern und Kulturen bis zu «Situationen». Ich glaube, dass nicht alle von meinen Freunden mal einfach so in einer Schule zu Besuch gewesen sind oder gelernt haben, mit fremdsprachigen Kindern zu spielen und sich, so gut es geht, zu unterhalten. Vor allem gefällt mir, dass unser Leben überhaupt gar nicht langweilig ist. Jeder Tag ist anders, und man lebt sein Leben nicht einfach in denselben Abläufen. Sonst geht man zur Schule, macht irgendwann Abi und arbeitet dann, kriegt Kinder, heiratet, wird Oma, und natürlich gibt es dort auch tolle und spannende Sachen, die passieren. Aber im Grunde ist sein Leben wie das eines jeden anderen. Und irgendwann ist man vergessen. Das finde ich traurig. Man hat sein Leben gelebt, hat z. B. «Plastikwasser» und andere Dinge genutzt, ohne etwas zu ändern. Ich weiß nicht, ob man das versteht, ich kann es einfach nicht beschreiben. Ich glaube halt, dass wir dadurch, dass wir reisen, viel mehr von der Welt sehen und verstehen. Ich glaube, dadurch, dass wir nicht nur gute Dinge, sondern auch schlechte sehen, haben wir mehr Möglichkeiten, etwas daran zu ändern. Ich glaube, dass man dadurch, dass man die ganze Welt sieht, mehr das Gefühl hat, auf sie aufzupassen, weil plötzlich alles unser Zuhause ist und man für sein Zuhause sorgen muss. Deswegen glaube ich, dass wir durch das Reisen auch anderen helfen können. Dass wir es nutzen können. Zumindest habe ich mir das vorgenommen. Ich habe selbst gemerkt, wie klein meine Welt in Deutschland eigentlich war. Man hatte dort Freunde und hat eigentlich nur über sein Leben nachgedacht. Inzwischen ist meine Welt so viel größer!!! Durchs Reisen sieht man die ganze Welt als seine Welt. Was mir am Reisen noch besonders gefällt, ist, dass wir als Family immer zusammen sind und uns alle auch viel besser kennen als z. B. andere Familien. Natürlich vermisse ich meine Freunde, aber ich liebe Reisen einfach!

LOTTA (16)

Ich finde, reisen zu können, ist ein echtes Geschenk. Ich habe in dem letzten Jahr so viel gelernt und erlebt. Ich habe meine ganze Familie, einschließlich mich, ganz neu kennengelernt. Wir sind zu einem unzertrennbaren Team zusammengewachsen. Jeder kennt die Stärken und Schwächen von jedem. Außerdem habe ich gelernt, über meinen Schatten zu springen. Während ich in Deutschland schon Respekt davor hatte, ein Referat vor meiner Klasse zu halten, habe ich auf der Reise gelernt, wie es ist, in einem ganz neuen Land in einer ganz neuen Sprache neue Menschen kennenzulernen und Freundschaften zu schließen. Ich bin nicht nur Menschen gegenüber offener geworden, sondern auch was meine Zukunft betrifft. Ich sehe inzwischen die ganze Welt als mein Zuhause. Ich weiß noch nicht, in welchem Land ich Abi mache oder auf welchem Kontinent ich später leben möchte. Alles steht mir offen, und ich glaube, es ist ein unheimliches Geschenk, so frei sein zu können. Auch habe ich Selbstständigkeit gelernt. In Deutschland habe ich Schule als eine Art Pflicht gesehen und Vokabelnlernen als Strafe. Durch das Homeschooling habe ich gelernt, mir Dinge selbst zu erarbeiten, habe sogar Spaß an der Schule und lerne inzwischen freiwillig Spanisch. Zum Französisch kriege ich mich noch nicht so ganz motiviert, aber vielleicht kommt das ja noch. Eine weitere Sache, die ich durch die Reise gelernt habe, ist, wie verschieden die Menschen, Kulturen und Länder auf der Welt sind. Ich bin so dankbar, dass ich schon so viel von der Welt sehen durfte. Ich freue mich unheimlich doll auf die Zeit, die noch kommt.

TIMM (43)

Nach einem Jahr Reise kann ich eine durchweg positive Bilanz ziehen. Wenn ich zurückblicke, gibt es keinen Tag, keinen Moment, an dem ich an unserem Vorhaben gezweifelt oder mir gewünscht hätte, woanders zu sein. Es gab keine Hürde, die wir nicht nehmen konnten. Wir mussten uns mit Motorschaden und ernsten Krankheiten auseinandersetzen, nichts jedoch hat uns von unserem

Weg abbringen können. Neben den unendlich vielen Erlebnissen und Erfahrungen, die uns diese Reise schenkt, ist für mich das Größte das familiäre Zusammensein. Durch die viele Zeit, die ich mit meinen Kindern und mit Michaela zusammen sein darf, habe ich die Chance, diese in unterschiedlichen Situationen völlig neu kennenzulernen und meine Beziehung zu jedem Einzelnen zu vertiefen und zu stärken. Es gelingt uns, durch das Erlebte aneinander zu wachsen und voneinander zu lernen. Wir sind als Familie zu einer Einheit zusammengewachsen, die uns im normalen Alltag in Deutschland verloren gegangen ist. Dadurch, dass wir nur sehr wenig im Voraus planen und oft gar nicht wissen, wie der heutige Tag endet und was der morgige bringt, bleibt uns nur, im Hier und Jetzt zu sein. Das kombiniert mit den schönen Erlebnissen, der Natur und den lieben Menschen empfinde ich als wahres Glück – nothing can stop us!

APPLAUS

Costa Rica: Atenas, August 2019

Ich sitze auf der Veranda, eingekuschelt in eine leichte Decke. Noch ist es warm, gleich aber wird ein kühler Wind aufziehen, der Blick auf die Uhr verrät es. Es ist Regenzeit. Jeden Morgen, wenn ich die Augen öffne, glitzert die Sonne durch das dichte Blätterdach, jeden Nachmittag um Punkt zwei zieht sich der Himmel zu und entlädt sich in Regen, Blitz und Donner. Als Reisende leiden wir unter schlechtem Wetter, hier ist es Balsam für unsere norddeutsche Seele. Ich liebe die nachmittäglichen Gewitter, mag den herabstürzenden Regen und die Donnerexplosionen. Natur ist hier so gewaltig, so ungezähmt, so allgegenwärtig. Nach den Gewittern sind alle Spannungen entladen, ausgetobt und leer gedonnert, ist die Luft klar, wie frisch gewaschen. Ich liebe es, wenn die Sonne langsam wieder durch die Wolkendecke kriecht und der Tag weitermacht, als sei nichts gewesen. Wenn die Grillen ohrenbetäubend zirpen, als sei es ihr Verdienst, dass das Gewitter weiterzieht.

Noch ist es nicht so weit, mir bleiben dreißig Minuten. Dreißig Minuten Sommer, bevor der Herbst losbricht. Schmetterlinge flattern durch die bunten Gartenblumen, sammeln den letzten Nektar, bevor sie sich verkriechen müssen. Es ist, als kämpften ihre Flügel mit verschiedenen Richtungsangaben – vor, zurück, hoch, zurück, links … Papageien schreien gut getarnt von den Wipfeln der Bäume am Haus. Sophie, Marias dreijährige Tochter, wehrt sich lautstark gegen ihren Mittagsschlaf. Ein bunter Specht durchlöchert das Totholz des Guanacastebaums am Pool, ab und zu kracht ein größerer Ast herunter, verfehlt uns zum Glück jedes Mal, bisher.

Und in ebenfalls dreißig Minuten, immer dann, wenn die ersten richtig dicken Tropfen fallen, die ersten Donnerschläge die Scheiben zittern lassen, werden die Kinder nach Hause kommen. Glücklich. Timm wird sie im Auto gefragt haben, wie ihr Tag war, und sie werden in einer Skala von eins bis zehn geantwortet haben: Lotta sieben wahrscheinlich, Max und Carl zehn, Paula neun. Man braucht schließlich Luft nach oben für die richtig guten Tage. Für Max ist jeder Tag richtig gut, für Lotta sind sie gut, aber nicht perfekt.

Paulas Englischlehrer hat den Jungs ihrer Klasse gesagt, dass sie, wenn sie die hübschen blonden Mädchen am Strand beeindrucken wollen, zwei Dinge bräuchten: Deo und Englisch. Mit Lotta haben wir nun ein solch hübsches blondes Mädchen vom Strand in die Kleinstadt gebracht. Die Jungs sind begeistert, die Mädchen zurückhaltend, aus ersterem Grund. Lotta wünscht sich nichts so sehr wie eine Freundin, ein Mädchen, mit dem sie all das besprechen kann, was sie uns nicht erzählen will oder kann. Stattdessen wimmelt es um sie herum von Jungs, die vieles wollen, aber nicht reden. Und die Mädchen halten Abstand.

Die meisten ihrer Klassenkamerad:innen kennen sich schon aus dem Kindergarten. Es gibt feste Gruppen, die, in einem Alter, in dem es so viele Erschütterungen gibt, aneinander festhalten. Wie in jeder Kleinstadt, ob in Norddeutschland oder Ost-Costa-Rica, gelten Regeln und Gesetze, die man als Fremde:r nicht sofort durchschaut, besonders nicht dann, wenn man die Sprache nicht beherrscht. Es wird mehr Zeit brauchen, bis auch Lotta mit einer Neuen nach Hause kommt.

Immer wieder gibt es Gruselmomente. Aber fast jedes Mal wachsen die Kinder an ihnen. Lotta hält vor der Klasse auf Englisch einen einstündigen Vortrag über unsere Reise, Paula gewinnt mit einer Zeichnung den Talentwettbewerb der Schule und kann den Preis entgegennehmen, ohne im Erdboden versinken zu wollen. Carl fährt mit der Fußballmannschaft und einem Trainer, der ausschließlich Spanisch spricht, auf Auswärtsspiele. Max begleitet einen neuen Freund auf eine Familienfeier. Er zuckt nicht einmal, als er erfährt, dass sein Steak einmal ein Pferd gewesen ist (was sich später als Scherz herausstellt).

Alle Kinder meistern die Sprachbarriere erstaunlich gut. Statt Angst zu haben, sehen sie all die Schwierigkeiten, die es mit sich bringt, wenn man an einem neuen Ort mit einer unbekannten Sprache lebt, als Herausforderung. Und als Möglichkeit, tiefer in die Kultur einzutauchen. Sie erleben, dass jedes neue Umfeld ihnen die Chance gibt, neue Seiten an sich zu entdecken, mitzubestimmen, welches Bild die anderen von ihnen bekommen. Zu Hause steckt man oft in Bildern fest, die andere einmal festgelegt haben, wird immer wieder auf diese zurückgeworfen. Manchmal kleben diese Stempel ewig. Und dann können auch positive Zuschreibungen eine Last sein. Die Kinder entwickeln sich, sind im permanenten Umbruch. Hier und jetzt können sie sich frei entfalten, ohne ihr Umfeld zu erschüttern.

Erschüttert aber wird unsere Welt trotzdem hin und wieder: Bei jedem Erdbeben wackeln die Wände, klirren die Scheiben. Im Anschluss klemmen die Türen, wir müssen warten, bis die nächste Erschütterung sie wieder befreit. Vielleicht aber wird auch das nächste Erdbeben nicht mehr reichen, die Türen zu lockern. Es wurde im Laufe der letzten Wochen immer feuchter im Haus. Vieles beginnt zu schimmeln, muffig zu riechen, das Holz der Türen verzieht sich. Stören tut uns das nicht. Dafür sind wir viel zu dankbar, an diesem Ort verschnaufen zu können.

Noch fünfzehn Minuten. Der Himmel beginnt sich umzuziehen, tauscht Blau gegen Grau, einen Streifen Lila und Schwarz. Gleich werden auch die Kinder kommen. Ich freue mich auf sie, kann kaum erwarten, was sie zu erzählen haben. Gestern haben sie den halben Nachmittag mit Pia und YouTube-Videos Tanzen geübt, um sich nicht noch einmal zu blamieren. Wann immer die Konzentration in der Klasse nachlässt, machen die Lehrer Musik an, alle tanzen. Alle bis auf unsere Kinder. Das wird sich heute geändert haben, hoffe ich.

Dann brechen die Wolken. In Säulen stürzt das Wasser ins Grün. Es rauscht, prasselt, trommelt und klatscht. Scheinwerfer lassen goldenen Punkte tanzen, nähern sich dem Haus. Unter dem Vordach springen die Kinder aus dem Auto, stürmen die Treppe hinauf in meine ausgebreiteten Arme. «Wir haben getanzt heute!» Und der Regen klingt wie Applaus.

WILDES LEBEN

Costa Rica: Atenas, September 2019

Jeden Morgen kommt Sophie mich besuchen. Wir sitzen dann auf den Stufen zum Garten und trinken unseren «Cafecito». Sophie trinkt Cranberrysaft aus einem kleinen blauen Emaillebecher, ich eine Tasse des Kaffees, der in den Hängen um unsere kleine Stadt wächst. Atenas, unsere neue Heimat auf Zeit, liegt zentral im Herzen von Costa Rica auf einer Höhe von knapp 700 Metern, umgeben von Kaffeeplantagen. Seit in den Achtzigerjahren ein *National-Geographic*-Journalist behauptete, Atenas hätte das beste Klima der Welt, prangt dieser Satz an jeder Bushaltestelle, auf den Ortsschildern und wird uns von jedem Einwohner beteuert. Die Temperaturen sind anders als an der im Sommer heißen Pazifikküste und der feucht-schwülen Karibikküste das ganze Jahr über stabil. Nachts neunzehn Grad, tagsüber höchstens vierunddreißig, im Durchschnitt sechsundzwanzig Grad. Jahreszeiten gibt es nicht, stattdessen eine Regen- und eine Trockenzeit. In diesem Klima gedeiht der beste Kaffee der Welt. Anders als in anderen zentralamerikanischen Ländern hat sich hier nie eine Großgrundbesitzerelite ausgebildet, ist hier die Wirtschaft nicht auf Ausbeutung und Sklavenarbeit gegründet. Stattdessen organisieren sich die Bauern in Kooperativen. 130 000 Kaffeeplantagen soll es in Costa Rica geben. Sie sind in einem umfangreichen Netz untereinander und mit Großhändlern organisiert. Jeder Kleinbauer hat so die Möglichkeit, seine Produkte zu verkaufen.

Die Kooperative von Atenas betreibt einen Supermarkt, ein Café, eine Tankstelle, einen Wochenmarkt und einen Landhandel. Jedes der Mitglieder profitiert von den Einnahmen, und das schlägt sich auf das Gemeinschaftsgefühl nieder.

Die Menschen hier sind zufrieden, jede:r vom Tankwart bis zur Marktverkäuferin scheint das, was er oder sie tut, gern zu machen. Bedankt man sich für etwas, bekommt man immer ein «Con mucho gusto» («Sehr gern geschehen») entgegengelächelt. Der Parkplatzwächter des «Coope»-Supermarktes begrüßt mich jedes Mal mit «Guten Tag, meine Königin», die Bäckerin schenkt uns ein Extra-Baguette, damit wir die vielen Kinder satt bekommen, die Werkstattschrauber winken, wenn wir vorbeifahren. Fatima, die Kassiererin der Pulperia, in der wir Kleinigkeiten und Fleisch kaufen, erkundigt sich nach der Schulwoche der Kinder, danach, wie es Timms Rücken geht. Der Kassierer an der Zollstation ist mit Timm auf Facebook befreundet. Maria, Christian und die Töchter Pia und Sophie werden zu unserer costa-ricanischen Familie.

Sophie, die kleine Morgensonne ... Ihr Erzählfluss ist kaum zu begradigen, wenn wir morgens zusammen Kaffee trinken. Viele Gedanken purzeln durch ihren Kopf und aus ihrem kleinen Mund. Zum Beispiel, dass sie den Bauern von gegenüber heiraten wird. Er ist Mitte siebzig und nicht sehr schön, aber er hat ein weißes Pferd und meistens ein Bonbon in der Tasche. Außerdem hat er eine Menge Kühe, die immer mal wieder ausbrechen und die wir dann nach Hause zu treiben helfen. Bei einem solchen Einsatz muss es passiert sein: Timm wurde von einer Mücke gestochen, die ihm das Ei einer Dasselfliege injiziert hat. Die Dasselfliege, Torsalo genannt, quält hier vor allem Kühe und Hunde. Gelangt ihr Ei über einen Mückenstich unter die Haut des Wirts, wächst sie dort zu einer dicken Made. Vier Wochen frisst sie sich satt, wird vom Pickel zur schmerzenden Beule, bis sie mit zwei Zentimetern endlich schlüpft und tiefe, manchmal entzündete Krater in ihrem Wirt hinterlässt.

Es braucht lange, bis wir verstehen, dass der Pickel an Timms Stirn kein entzündeter Mitesser ist, dass er sich die Bewegung unter der Haut, den stechenden Schmerz und das Gefühl, es würde nachts etwas an ihm fressen, nicht einbildet. Irgendwann, als das nächtliche Fressen nicht mehr auszuhalten ist, fragen wir Doktor Google um Rat. Ich soll Timm ein rohes Steak auf die Stirn legen und die Made zum Umzug motivieren. Wir entscheiden uns für einen anderen Weg, verschließen das Atemloch des Biestes mit Vaseline. Die Larve, die zu ersticken droht, wird nun versuchen, sich freizugraben. Mit einer Pinzette bewaffnet, steht Timm vor dem Spiegel. Genau in dem Moment, in dem die weiße Schwanzspitze in der Mitte des Pickels erscheint, greift er zu, zieht ihren mit Widerhaken gespickten Körper vorsichtig aus dem Loch. Von meinem Magen aus muss in dem Moment auch einiges verfrüht meinen Körper verlassen. Ein paar Tage später aber, als wir Hund Newton siebzehn Maden aus dem Fell operierten, bin ich abgehärtet und kann Christian assistieren.

In vielem lehrt mich Costa Rica Entspannung. Natur ist gegenwärtiger als in Deutschland. 300 000 der 500 000 Tierarten, die in Costa Rica leben, sind Insekten. Ein Großteil von ihnen lebt in und um unser Haus. Damit es auch in der Regenzeit gut durchlüftet wird, sind im Untergeschoss die Fensterscheiben durch Holzgitter ersetzt. Durch sie wandert fröhlich das Leben von draußen nach drinnen und von drinnen nach draußen. Oft mit unserem Essen im Gepäck.

Rote, große Blattschneideameisen schleppen in Karawanen Brotstücke und gekochte Spaghetti aus dem Fenster, kleine schwarze Ameisen krabbeln durch die Betten und überall in der Küche. Sie beißen schmerzhafter, als man es ihrer Größe zutrauen würde. Riesenhafte schwarze Ameisen mit furchteinflößenden Mundwerkzeugen räumen die Krümel unter den Tischen weg, leben im ganzen Haus, lassen uns aber in Ruhe, wenn wir uns nicht aus Versehen auf sie setzen oder stellen. Wenn sie beißen, tut es höllisch weh. Mehr als die schwarzen Skorpione, die sich in jedem Winkel des Hauses verstecken: in der Besteckschublade, zwischen den Kochtöpfen, in der gefalteten Wäsche, hinter Bilderrahmen, in den Schulrucksäcken der Kinder. Einmal zieht eine Skorpionmama in meinen Schuh, bringt dort ihre dreißig Jungen zur Welt. Sie leben ungestört, die Kleinen wachsen heran, bis ich eines Tages meinen Fuß hineinstecke, ohne wie sonst üblich, den Schuh auszuschütteln. Es tut weh, sehr weh, und innerhalb von eineinhalb Stunden schwillt meine Zunge an, und mein Mund wird taub. Alles normal, es wird mich stärker machen, sagt die Apothekerin und rät mir, Gewürznelken zu kauen.

Überall im Haus leben Geckos, deren Rufe uns in der Nacht versichern, dass sie sich um die Mücken kümmern. Ab und zu verirrt sich ein Glühwürmchen von draußen nach drinnen, tanzt über unser Bett. Schuhgroße Kröten, deren toxischer Schleim eine dänische Dogge ins Jenseits befördern könnte, treffen sich nachts am Pool. In den umliegenden Bäumen kraxeln Leguane, fressen sich an den Obst- und Gemüseabfällen satt, die wir ihnen bereitlegen. Unter dem Dachvorsprung unseres Hauses leben Fledermäuse, ab und zu verirren sie sich nachts ins Haus, wenn wir vergessen, ein Fenster zu schließen. Ihre Köttel rieseln vom Dach in meinen Morgenkaffee. Wildbienen bauen ihre Nester an jeder nur möglichen Stelle im und um das Haus, und mehr als einmal müssen wir bewegungslos innehalten, bis der Schwarm samt Königin in ein neues Nest umgezogen ist.

Im Angesicht all dieses wilden Lebens fällt mir der Gedanke, mich irgendwann wieder mit gezähmter Natur, mit aufgeräumten Naturräumen zufriedengeben zu müssen, schwer.

GLITZERSCHUPPEN

Costa Rica: Atenas, Oktober 2019

Grün, das ist für mich der Ausdruck für vieles, was ich liebe. Grün beruhigt mich, Grün inspiriert mich, Grün ist meine Lieblingsfarbe, Grün ist mein Lieblingsgefühl.

Ich bin mir sicher, dass der Überfluss an Grün dafür verantwortlich ist, dass die Ticos, die Costa Ricaner, zu den glücklichsten Menschen der Welt zählen. Im *World Happiness Report 2019* befindet sich Costa Rica auf Platz zwölf von 156 Nationen. Kanada ist auf Platz 9, Deutschland auf Platz 17, Tendenz absteigend. Selbst das vom Narcokrieg geplagte Mexiko belegt Platz 23, El Salvador Platz 35.

Wenn wir auf unseren Reisen von unserem Gesundheits- und Schulsystem, vom deutschen Sozialsystem, von Kindergeld, Hartz 4 und Wohngeld berichten, dann bekommen wir jedes Mal zu hören: «Ihr Deutschen müsst die glücklichsten Menschen der Welt sein!» Sind wir nicht. Warum, das versuche ich seit Jahren zu verstehen. Die soziale Ungerechtigkeit ist in Westeuropa die niedrigste weltweit, der Lebensstandard, Sicherheit und politische Stabilität sind hier höher als überall sonst. Warum fühlen sich Deutsche immer unglücklicher? Hier in Costa Rica leben die Menschen einfach, können von dem, was wir materiell in Deutschland anhäufen, nur träumen. Wenn mit Blick auf Mexiko und El Salvador Sicherheit, politische Stabilität und soziale Gerechtigkeit anscheinend keinen allzu großen Einfluss auf das Glücksempfinden der

Menschen haben, was ist es dann? Was macht es aus, das Glück, das von den Costa Ricanern aus direkt in unsere Herzen springt?

Familie, Gemeinschaft, Dankbarkeit sind feste Bestandteile der Tico-Seele. Fragt man hier jemanden, wie es ihm geht, dann antwortet er meistens: «Gut, Gott sei Dank!» Religion ist sicher nicht der Schlüssel zum Glück. Was aber das eigene Glücksempfinden in die Höhe katapultiert, ist die Fähigkeit, dankbar zu sein. Vielleicht haben wir in Deutschland verlernt, Glück zu fühlen, weil wir glauben, dass es immer mehr sein müsste, besser sein könnte. Mit stabilem WLAN, der Möglichkeit, zu festen Zeiten zu arbeiten und vermehrtem Kontakt nach Deutschland, rutscht die Heimat wieder in unseren Fokus. Sie von hier aus zu betrachten, wirft viele Fragen auf: Was bedeutet uns Heimat und zu Hause? Wie wollen wir leben? Wo wollen wir leben? All diese Fragen arbeiten seit einiger Zeit in uns. Ich weiß eigentlich nicht einmal, was Heimat ist. Ist es der Ort, an dem man aufgewachsen ist, oder der, an dem man zuletzt gelebt hat? Oder ist es der, an dem man sich am liebsten aufhält? Kann man mehrere haben? Der Duden nennt keinen Plural, das Synonymwörterbuch keinen Zwilling. Heimat scheint kompromisslos.

Im Englischen kennt man das deutsche Konzept von «Heimat» nicht. Hier wird das Wort, in dem bei uns so viel zwischen den Zeilen steht, in mehrere Begriffe aufgeteilt: Homeland (Heimatland), Home (Zuhause), native Country (Herkunftsland). Bei uns heißt Heimat das alles und noch viel mehr. Ich suche weiter, finde zu «heimatverbunden» folgende Synonyme: sesshaft, bodenständig, verwurzelt. Das alles sind wir nicht. Wir sind das Gegenteil. Und das klingt traurig: Als Synonyme zu «Auswanderer» finde ich «Heimatloser» und «Vertriebener». Laut Synonymwörterbuch habe ich also keine Heimat. Ich habe keine Verwurzelung. Dabei war das doch der Plan. Wir hatten es versprochen.

Nach der Geburt eines jeden Kindes verließ Timm das Krankenhaus mit einer grünblauen Krankenhaustüte. Darin ein blutiger

Klumpen Plazenta. Auf den wollten wir einen Baum pflanzen. Es gab nur ein Problem: Wir konnten keinen Platz finden, an dem wir so lange bleiben wollten, dass wir den Bäumen beim Wachsen hätten zusehen können. Also wanderten die Plazenten ins Gefrierfach. Eine nach der anderen. Da wir die von Max nicht aus Südafrika nach Deutschland transportieren konnten, hat er als letztes Kind zuerst seinen Geburtsbaum bekommen. Eine Woche vor unserer Abfahrt pflanzten wir seine Pin Oak in unserem Lieblingspark in Kapstadt. Die Plazenten von Lotta, Paula und Carl fanden fünfzehn Jahre nach Lottas Geburt, wieder kurz vor unserer Abreise, endlich ihren Platz unter den Wurzelballen einer Platane, einer Kastanie und einer Eiche im Garten unseres Hofes. Und damit versprachen wir wiederzukommen. Der Ort, an dem unser Kinderwald wächst, hoffte ich, würde in mein System sickern, mich binden, irgendwie. Als wir losfuhren, dachten wir, wir hätten uns mit einer Heimat ausgestattet, würden nun mit dem «Für immer» beginnen. Und jetzt, mit etwas Abstand, stelle ich fest, dass ich wieder einmal verpasst habe zu verwachsen. Das war so nicht gewollt. Werde ich jemals einen Ort so lieben können, dass ich bereit bin, für ihn alle Möglichkeiten sausen zu lassen? Ich weiß nicht, was ich in Bezug auf Heimat fühle, hoffe, dass ich in der Fremde Antworten finde. Denn die Antworten auf die wichtigsten Fragen habe ich nie zu Hause gefunden. Erst in der Auseinandersetzung mit dem Unbekannten kann ich ergründen, was Teil von mir ist oder sein darf. Ich brauche den Kontrast, um sehen zu können.

Unterwegs bekommen wir, je nach kulturellem Umfeld, immer wieder neue Seiten unserer Persönlichkeit gespiegelt. Seiten, die wir nie entdeckt hätten, wären wir zu Hause geblieben. Das ist eines der größten Geschenke der Reise an unsere Kinder: Jedes neue Feedback erlaubt ihnen, ihrem Selbstbild eine weitere Glitzerschuppe hinzuzufügen. Wer in Deutschland als Freak erscheint, mag in den USA als Visionär gelten. Wer in Deutschland als fett bezeichnet wird, wird in Afrika als schön, weich und begehrenswert empfunden. Das Bild, das man von sich hat, ist immer abhängig vom Kontext; und je mehr Input die Kinder bekommen, desto umfassender wird ihr Selbstbild sein. Und desto weniger werden sie sich je wieder auf nur eine Facette ihrer Persönlichkeit begrenzen lassen.

Ist der richtige Weg vielleicht, zuerst sich selbst zu finden und dann nach dem Ort zu suchen, der zu einem passt? Ich möchte nicht, dass den Kindern ihre Identität von einem Ort auf den Leib geschneidert wird. Ich möchte, dass sie sich ausprobieren können, dass sie sich eine Million Mal am Tag umziehen, sich nicht in die enge Tracht eines einzigen Ortes zwängen, weil Gewohnheit und Sitte das erfordern. Ich will nicht, dass sie sich in Anpassung verlieren. Es ist unmöglich, der ganzen Welt zu gefallen. Ich möchte, dass sie zuallererst sich selbst mögen und vertrauen. Dann bedeuten Wurzeln nicht mehr die Entscheidung gegen Flügel. Vielleicht ist Heimat nicht der Ursprung, sondern das Ziel. Bis dahin aber, denke ich, müssen wir noch ein bisschen weiter fliegen.

Schon jetzt zeichnet sich ab, dass wir nicht so schnell werden zurückkehren wollen. Alle Kinder möchten gerne eine längere Zeit im Ausland leben, Lotta wünscht sich sogar, ihr Abi an einer deutschen Auslandsschule zu machen. Ein alter Sehnsuchtsort schiebt sich immer häufiger in unsere Gedanken: Sydney. Was wäre, wenn nach unserer Ankunft in Argentinien unser Weg nicht zurück nach Deutschland, sondern nach Australien führen würde? Zwei Jahre Down Under, bis Lotta ihr Abi und Paula die zehnte Klasse beendet hat? Ab Januar 2021 würden wir dann in Australien leben, erst viel später als erwartet zurück nach Deutschland kommen und so unserem Glitzerschuppenkleid vielleicht noch ein paar Federn hinzufügen.

FAST WILDE WEIHNACHTEN

Costa Rica: Atenas, Dezember 2019

Der Dezember ist das Grand Finale des Jahres, das Feuerwerk, in dem das Jahr noch einmal alles aufführt. Ein paar letzte rauschende Feste, ein Glitzern, Glimmen, Schwelgen. Man trifft Familie und Freunde, man schlemmt, man prasst, man kauft Geschenke für die, die man Ewigkeiten nicht gesehen hat, versucht, alle Konflikte auszublenden für ein paar friedliche Festtage. Man macht es sich schön.

Der Dezember ist auf Reisen für uns der anspruchsvollste Monat. Die Kunst besteht darin, lokale Begebenheiten und Möglichkeiten einzubauen, ohne die Stimmung zu verfälschen. Nikolaus, Adventskalender, die Geburtstage von Carl und Max, Adventszeit, Weihnachten und Silvester – all diese Ereignisse sind emotional ziemlich aufgeladen. Die Kinder freuen sich das ganze Jahr auf diese Highlights. Entsprechend groß ist der Druck, sie nicht zu enttäuschen.

Dieses Jahr ist es einfacher. Nachdem wir nun ein paar Monate in Costa Rica verbracht haben, kennen wir uns aus. Die Kinder haben Freunde, mit denen sie ihre Geburtstage feiern können; ich habe genug Zeit, heimlich Einkäufe zu machen, die Adventskalender zu basteln. Die einzige Schwierigkeit besteht darin, dass die Weihnachts- und Geburtstagswunschlisten der Kinder immer kürzer werden. Nicht nur Platzmangel ist der Grund dafür. Wir alle fühlen uns zufrieden und erfüllt, fühlen keinen Mangel, den wir durch Materielles befriedigen müssten. Carl und Max wünschen sich neue Stifte, einen MP3-Player und Lego. Auf Lottas Wunschzettel steht Künstlerbedarf: Ölfarben, Leinwände und Terpentin. Paula möchte nichts außer einer Muschelkette und einer weißen Hippiebluse. Und überrascht zu werden, steht bei allen Kindern ganz oben auf der Liste.

Viel wichtiger als Geschenke sind uns allen die kleinen Dinge, die den Geburtstag zum Ehrentag und die Weihnachtszeit festlich machen. Es sind die Traditionen, die wir jedes Jahr zu diesen Tagen pflegen. Die Kinder möchten zu jedem Geburtstag die bunte Wimpelkette, die wir seit ihrer Geburt aufhängen, wenn ein Familienmitglied Geburtstag hat. Sie möchten morgens aufgeregt im Bett liegen, warten, bis der Rest der Familie singend an ihrem Bett steht und sie zum Geburtstagstisch führt. Den müssen, außer Geschenken, auf jeden Fall ein Geburtstagskuchen mit brennenden Kerzen und bunte Luftballons schmücken. Bevor ausgepackt wird, werden die Kerzen ausgepustet, am besten in einem Zug und ohne den Kuchen zu bespucken. Am liebsten hätten sie auch hier die Adventskalender, die ich ihnen genäht habe, als sie noch Babys waren. Sie möchten am Abend vor Nikolaus Schuhe putzen, sie wünschen sich einen echten duftenden Weihnachtsbaum, nach dessen Spitze sie sich strecken müssen. Der Baumschmuck muss rot-weiß sein, die Lichter dürfen auf keinen Fall bunt blinken wie hier in Costa Rica üblich, das Weihnachtsessen soll maximale Ähnlichkeit mit dem von zu Hause haben.

Eine Geburtstagsfeier mit Freunden, einen Tag Hauptperson zu sein, Kuchen mit in die Schule zu nehmen und etwas Besonderes zu unternehmen, sind für beide Jungs viel wichtiger als außergewöhnliche Geschenke. Und glücklicherweise können wir ihnen dieses Jahr all diese Wünsche erfüllen. Nach einem halben Jahr in der Schule haben sie Freunde, mit denen sie feiern können. Carl wünscht sich, zweimal zu feiern: eine Trampolinparty mit seinen Freunden und einen Ausflug mit der Familie. Wir überraschen ihn mit einem Ausritt durch den Dschungel – mit Flussquerungen – und einem Picknick. Max möchte mit all seinen Liebsten an einem Tag feiern, mit ordentlich Bass und Rambazamba. Er bekommt eine Fußball-Pool-Party mit Piñata, Lotta und Paula bereiten für ihn und seine Gäste eine Schnitzeljagd vor. Beide Jungen sind glücklich.

Viele Reisende bekommen zu Weihnachten Heimweh. Es ist die Zeit des Jahres, in der man merkt, dass man doch ein Fremder ist, dass man am jeweiligen Ort keine Tradition hat. Ein Geburtstag ohne Freunde ist nur ein halber Geburtstag, Weihnachten ohne Familie ist nur ein halbes Weihnachten. Umso glücklicher sind wir, auf beides nicht verzichten zu müssen. Wie auch letztes Jahr in San Francisco kommen uns Oma Karin und Patenonkel Hendrik besuchen. Das ist das wichtigste Weihnachtsgeschenk von allen. Und trotzdem sind wir an Weihnachten ein bisschen wehmütig. Weihnachten in der Sonne ist anders. Ich mag Dunkelheit und Kerzenschein, Kaminfeuer und Gemütlichkeit, die Düfte der Weihnachtsmärkte. All das gibt es hier nicht. Besinnlichkeit weicht einer bunt blinkenden Sause, und darunter leidet das Weihnachtsgefühl. Zumindest bis wir am 24. Dezember unter einer etwas trockenen, rotweiß geschmückten Pinie sitzen, aus der es ab und zu Skorpione rieselt.

Wie jedes Jahr essen wir Hochzeitssuppe, das Familienrezept dem Angebot des Wochenmarktes entsprechend abgeändert. Rotkohl habe ich ebenfalls auf dem Markt gefunden, mit Zimt, Nelken und Cranberry-Marmelade gewürzt, statt Kartoffelklößen gibt es Gnocchi, statt roter Grütze Apple Crumble. Wir zünden Teelichter an, ignorieren, dass die Wärme nicht dem Kaminfeuer, sondern der Tropennacht entspringt. Um Paulas Wunsch nach wilder Weihnacht vom letzten Jahr wenigstens ein bisschen zu entsprechen, verzichten wir darauf, von Weihnachtsmusik beschallt um den feierlich gedeckten Kaffeetisch zu sitzen. Stattdessen dreschen wir wie die Hooligans auf eine von Carl gebastelte Weihnachtspiñata ein. Wir brauchen 96 Schläge. Carl hat das Pappgerüst mit stabilem Panzertape verklebt. Zum Glück, denn manchmal ist es heilsam, sich in lokalen Gepflogenheiten zu verlieren. Je länger, desto besser – so kann sich der Staub der eigenen Tradition ein wenig lüften.

STERBEN ÜBEN

Costa Rica: Osa Peninsula, Januar 2020

Lichtreflexe verglühen auf der spiegelglatten Wasseroberfläche, meine Füße versinken im warmen Sand. Ich beobachte unsere Kinder, die auf dem Surfbrett zwischen den Pelikanen dümpeln. Das Wasser des Golfo Dulce ist still wie ein See, allein der Salzduft erinnert daran, dass wir am Meer sind. Auf dem Weg hierher begegneten uns lächelnde Menschen mit Fahrrad und Angel oder auf dem Moped mit Surfboard unter dem Arm. Hier liegen die Kühe in bauchhohem Gras, blicken beim Wiederkäuen zufrieden auf den glitzernden Ozean. In den Baumwipfeln über mir streiten leuchtend rote Aras. Kleine rehbraune Äffchen, nicht größer als heimische Eichhörnchen, toben durch das Geäst der Manzanilla-Bäume, Schmetterlinge umflattern uns paarweise. Timm liegt in seiner neuen Hängematte, das Buch aufgeschlagen auf der Brust. Er trinkt Kaffee, den ich für uns und die Fischer gekocht habe. Eben noch saßen wir zusammen im warmen Sand.

Die Hängematte ist ein Abschiedsgeschenk von Maria und Christian. Sie soll uns an Timms Lieblingsplatz in Costa Rica erinnern: die hellblaue Hängematte auf der Veranda des Hauses. Der Gedanke an Christian, Maria, Pia und meinen Sonnenschein Sophie schnürt mir erneut den Hals zu. Ich hatte gewusst, dass es nicht einfach werden würde weiterzuziehen. Dass es allerdings schwerer wäre als unser Aufbruch in Deutschland, das hatte ich nicht erwartet.

«Es ist ein bisschen wie Sterben üben», sagte Timm am Morgen unserer Abfahrt zu mir, als mein Hals so eng war, dass der Morgenkaffee nicht durchrutschen wollte. Wir saßen auf den Verandastufen, die Porzellanbecher in den Händen, blickten auf den Garten, der sich so sehr verändert hatte in den letzten sechs Monaten. Als wir ankamen, war das Gras saftig grün, die Bäume warfen dichte Schatten, es quakte im Gras. Dampfend stieg der zuvor niedergegangene Regen hoch zu den Wolken, nur um am nächsten Tag erneut herabzustürzen. Nun konnten wir nur noch Spuren des einstigen Grüns erkennen. Viele Bäume hatten ihre Blätter verloren, das Gras, vergilbt, bröselte unter unseren Schritten. Statt der Kröten sangen nun die Grillen, an einigen Bäumen knospten zarte Blüten. Jahreszeiten stehen in Costa Rica kopf. Im Sommer verlieren die Bäume ihre Blätter und blühen stattdessen. Die Natur folgt anderen Gesetzen, ihr Motor ist der Wandel. Leben ist Veränderung. Auch uns hat die Zeit in Costa Rica verändert. Wie sehr, können wir noch nicht abschätzen.

Wir sprachen darüber, dass es eine Umstellung werden würde, wieder auf engem Raum in Roger zusammenzuleben. Unser Aufbruch, da waren wir uns einig, würde kein Weiterfahren sein, er wäre ein Neubeginn. Wir würden Mittelamerika hinter uns lassen, nun Südamerika bereisen. Ein neues Abenteuer wartet.

Und nun schütteln mich seit drei Tagen in regelmäßigen Abständen Weinkrämpfe. Wir werden Maria und ihre Familie vielleicht nie wiedersehen. Dieser Gedanke tut so weh, dass nicht einmal die malerischen Camps der letzten Tage mich dauerhaft trösten können. Wir haben keinen Mobilfunkempfang, und ich bin fast ein bisschen froh darüber, weil ich keine «Gute-Reise»-Nachrichten mehr beantworten muss, mein Herz so die Möglichkeit hat, eine kleine Pause vom Traurigsein zu machen.

Schon vor Wochen hatten wir den Abschied von unserer kleinen Stadt geplant. Wie jeden Freitag in den letzten sechs Monaten wollten wir in unsere Lieblingseisdiele fahren, nur dieses Mal statt des Wochenendes unsere Weiterreise feiern. Stattdessen würgten wir zwischen salzigen Tränen an den viel zu süßen, viel zu großen Eisportionen, beschlossen, all das, was wir noch zu erledigen hatten, nicht mehr zu tun. Wir hatten keine Kraft mehr für letzte Male, flüchteten, ohne die fehlenden Medikamente zu besorgen, mit leerem Kühlschrank und ohne Handyguthaben. Hauptsache, keine Abschiede mehr. Wir kamen nicht weit an unserem ersten Tag, campten im Paradies – der in Costa Rica vorherrschenden Landschaftsform. Das Meer rauschte, die Grillen zirpten, und als der letzte Badegast verschwunden war, standen wir allein am palmengesäumten Strand. Ein vergessenes Gefühl. Ich schlief nicht viel in dieser Nacht, wachte um vier Uhr morgens auf, ging am Strand spazieren: Stille. Leere, ein Neuanfang. Eine frische Jahreszahl. Alles scheint möglich im ersten Monat eines neuen Jahres. Januar fühlt sich an, wie in ein blütenweißes, frisch bezogenes Bett zu krabbeln. Ein Bett, in dem noch nicht der Schweiß vergangener Träume müffelt. Januar ist ein guter Monat für Aufbruch. Ich liebe Neuanfänge, bin süchtig nach dem Gefühl, dass alles möglich ist. Theoretisch ist das an jedem Tag zu jedem Moment der Fall. Nie aber fühlt es sich so kraftvoll an wie zu Neujahr, wenn scheinbar die halbe Welt auf der Welle des Neubeginns surft.

2019 fragten wir uns bei allem, was wir taten oder entschieden, ob es uns unserem Jahresmotto, «Balance» zu finden, näherbringen würde. Wir haben viele Antworten bekommen, Erkenntnisse gewonnen, neue Rituale etabliert und uns von manchem getrennt. Wenn wir zurückblicken, haben wir die Idee von «Balance» gut in unser Leben integriert, werden uns bemühen, es auch weiter zu tun. 2019 war kein einfaches Jahr. So einiges hätte durchaus Potenzial gehabt, uns aus der Bahn zu werfen. Der Motorschaden in San Francisco hätte das Ende unserer Reise bedeuten können. Im Rückblick aber war er ein Glücksfall. Weil er an einem Ort passierte, an dem wir schon immer einmal leben wollten. Nie hätten wir uns sonst erlaubt, mehrere Monate in San Francisco und Berkeley zu verbringen. Mit dem Motor hatten wir auch Rogers letzten Schwachpunkt generalüberholt, konnten entspannt Richtung Mittelamerika starten.

Timms Bandscheibenvorfall, für viele unter der Rubrik «Schicksalsschlag» einzuordnen, hat uns im Rückblick mehr positive als negative Erfahrungen beschert. Er hat uns Freunde in El Salvador und Costa Rica geschenkt, hat uns erfahren lassen, dass die Welt ein Ort voller hilfsbereiter, großherziger Menschen ist. Hilfe zu benötigen, sie annehmen zu können, war eine wichtige Lektion. Insgeheim hatte Timm sich seit unserer Abfahrt gewünscht, an einem Ort hängen zu bleiben. Timms Bandscheibe hat uns zu unserem Glück gezwungen. Die Pause in Costa Rica erlaubte uns, alles Erlebte sacken zu lassen, uns neu zu ordnen, unserem Leben vielleicht eine neue Richtung zu geben. Wenn Gott ein Geschenk macht, verpackt er es zunächst in einem Problem, so scheint es. Wir starteten ausgeruht und voller Tatendrang in ein neues Jahr.

2020 nun brauchte ein neues Motto. Allein die Tatsache, dass wir uns ein Jahr lang auf Balance konzentriert haben, erlaubte es uns, das neue Motto zu formulieren: «No Limits!» Für 2020 ist unser Ziel, uns von allen Limitierungen zu befreien. Von den hausgemachten – wie falschen Glaubenssätzen, Ängsten und schlechte Angewohnheiten – wie auch von denen, die uns unsere Umwelt auferlegt. Loslassen, Wandlung erlauben – 2020 verspricht, ein spannendes Jahr zu werden.

Am Abend dann hat der Blick auf die stillen Wasser des Golfo Dulce auch meine inneren Wogen geglättet. Nach Sonnenuntergang essen wir am Lagerfeuer, der Vollmond malt Palmenschatten auf den leuchtenden Sand. Der Vollmond – er zieht an den Meeren, bewegt das Wasser, auch in uns. Ich glaube an Ebbe und Flut, an Hell und Dunkel, an Auf und Ab. Der Vollmond ist ein wundersamer Verwandler: Sonnt man sich in seinem Licht, fällt jedes Loslassen ein bisschen leichter. Und neu anfangen auch, hoffe ich.

HÄSSLICHE STIEFSCHWESTER

Panama: Playa Las Lajas, Januar 2020

Panama und wir, das ist nicht Liebe auf den ersten Blick. Vielleicht liegt es daran, dass wir unser geliebtes Costa Rica nicht verlassen wollen, vielleicht daran, dass auch Panama uns scheinbar nicht will.

Der Grenzübergang ist einer der chaotischsten, unübersichtlichsten und aufreibendsten unserer bisherigen Reise. Pünktlich am 10. Januar 2020, dem Tag, an dem unser Costa-Rica-Visum ausläuft, stehen wir an der Grenze. Zumindest an dem Punkt, an dem wir die Grenze vermuten. Auf unsere Frage, wo sich das Immigrationsgebäude befindet, hat jeder eine andere Antwort. Erst nach einem großzügigen Trinkgeld zeigt uns ein Parkwächter den Weg. Wir warten Stunden, Roger wird zweimal durchsucht, wir müssen Hunderte Fragen beantworten.

Panama wirkt wie die hässliche Stiefschwester von Costa Rica. Und weil es das weiß, ist es weniger freundlich, gibt sich ein bisschen ruppig. Panama versucht, auf andere Weise auf sich aufmerksam zu machen. Mit Lautstärke zum Beispiel.

Wir sind relativ unerschrocken. In Panama aber treibt mir eine alltägliche, unscheinbare Handbewegung die Schweißperlen auf die Stirn: das Öffnen eines Kofferraumes. Wir sind es aus Costa Rica gewöhnt, dass zum Wochenende eine Menge Musik gehört. Doch in Panama wird jene Musik nicht nur in gesundheitsschädlicher Lautstärke, sondern auch zu ungünstigen Zeiten gespielt –

die ganze Nacht. Erzeugt wird der Terror von gigantischen Lautsprechern, die meist den Kofferraum ausfüllen. Und weil der dann voll ist, muss der Rest des Gepäcks abenteuerlich gestapelt auf dem Dach transportiert werden. Die Oma sitzt auf dem Schoß der Schwiegertochter, und die Kinder sitzen im Fußraum. Immer wieder kann ich nicht glauben, welche Massen an Gepäck und Menschen hier ein Kleinwagen ausspuckt.

Unser erstes Camp nach dem Grenzübergang schlagen wir an Panamas längstem Sandstrand, dem Playa Las Lajas, auf. Zwölf Kilometer ununterbrochener, palmengesäumter weißer Sandstrand. Es ist Freitagnachmittag, wir werden, bevor wir uns überhaupt in dem kleinen Ort orientiert haben, auf eine große Wiese mit Meerblick gelotst, können unser Glück kaum fassen, beschließen, das ganze Wochenende zu bleiben, und zahlen bis Montag früh.

Am Samstagmorgen sind wir alle zeitig wach. Lotta und Timm gehen am Strand joggen, ich rolle meine Yogamatte unter einem mit Palmblättern gedeckten Schattendach am Strand aus. Endlich wieder Zeit und Ruhe für eine ausgiebige 80-Minuten-Sequenz. Jedenfalls bis Minute fünfunddreißig. Dann spuckt ein Reisebus mit Reifenpanne seine menschliche Ladung an den Strand. Mangels anderer Attraktionen umringen mich die Rentner:innen im Halbkreis, beobachten und kommentieren meine Bemühungen, Körper und Geist in Einklang zu bringen. Bierdosen zischen, man diskutiert, ob das gesund ist, manchmal lacht jemand. Ich höre die Auslöser von Handykameras. Krampfhaft halte ich meine Augen geschlossen, atme gegen den Fluchtreflex an. Immer wieder plumpse ich unelegant aus meiner Verbrezelung. Als ich mich nach vollendeter Praxis mit einem Knicks von meinen Zuschauer:innen verabschiede, bin ich um eine Erfahrung reicher: Mich öffentlich zum Horst zu machen, tat gar nicht weh! Ich bin «No Limits!» bereits in den ersten Januartagen ein großes Stück näher gekommen.

Die ausgebliebene Entspannung am Morgen macht sich dann

am Mittag negativ bemerkbar, als Scharen von Strandbesuchern «unser» Paradies stürmen. Jeder Kofferraum spielt seine eigene Hymne. Allen gemein ist ein wummernder Bass, der unsere Herdabdeckung vibrieren lässt und die Alarmanlagen aller umstehenden Autos auslöst. Niemanden stört das. Ich fühle mich schrecklich deutsch in meiner Wut über die Ruhestörung, bin entsetzt über den Egoismus der Panamesen, die ihre Mitmenschen mit von Stadiontröten unterbrochenem Frauengestöhne beschallen. Nach vierundzwanzig Stunden stöhne auch ich. Ohne eine Minute geschlafen zu haben, flüchten wir am Sonntag. Die vorausgezahlte Gebühr bekommen wir nicht zurück. Eine ungeheure Wut frisst sich durch meinen Bauch und nagt an meinem Willen, Panama das kleinste bisschen zu mögen.

Wir finden keinen Supermarkt, keinen Platz, an dem wir den schulfreien Tag genießen könnten, parken kurz vor Sonnenuntergang auf einem kleinen Parkplatz mit Blick auf schlickiges Mangrovenwatt in El Salado. Ab und zu weht ein fischiger Geruch von den Salzgewinnungsbecken, die dem Ort ihren Namen gaben, durch die offenen Fenster. Es ist unerträglich heiß und stickig. Für das einzige bisschen Luftbewegung sorgt der Bass aus den Kofferraumboxen eines Autos, das – wie sollte es anders sein –, gerade als wir wegschlummern, neben uns parkt und uns mit Musik und Discolicht eine weitere Nacht wach hält.

Gestresst von Hitze, Lautstärke und einem unproduktiven Schulmorgen, beschließen wir am nächsten Tag schon, dass Panama auf unserer «Doofe-Reiseländer-Liste» gleich hinter Äthiopien auf Platz zwei stehen soll. Da klopft zaghaft eine Nachbarin, die auf der gegenüberliegenden Straßenseite wohnt, an Rogers Tür. Ob wir etwas brauchen, ob wir ihre Dusche oder Waschmaschine benutzen möchten, fragt sie. Und woher wir kommen, interessiert sie. Kurz darauf bremst ein Mann seinen Pick-up, schenkt uns eine Plastiktüte voller Limonen, um Limonade zu machen.

Ein Rentnerpärchen, das ein paar hundert Meter weiter die Straße Richtung Süden wohnt, bringt Orangen, sitzt später mit Timm auf der Bank, den Blick auf die Mangroven, und fragt, wie es ist, ein so unstetes Leben zu führen. Wie es die Kinder verdauen, immer wieder an anderen Orten aufzuwachen. «Gut», entgegnet Timm, «zumindest wenn sie die Nacht zuvor nicht von wummernden Bässen wach gehalten wurden.»

«In Panama findet man immer einen Grund, zu feiern und zu tanzen», lächelt die Oma, und in mir versteckt sich der bis eben mit den «Benimmregeln für ein rücksichtsvolles Miteinander» wedelnde Anzugträger in der hintersten Reihe, schaut verschämt auf die in vorderer Reihe tanzenden, mit Limonen jonglierenden Panameños.

NEUROGENESE

Panama: Panama City, Januar 2020

Neurogenese» nennt man die Bildung neuer Nervenzellen in Hirnarealen, die für Geruchssinn und Gedächtnis zuständig sind. Panama war ein neurogenetischer Quantensprung. Selten habe ich so viele Gerüche in so kurzer Zeit mit so vielen Erinnerungen verknüpft. Auf einige würde ich lieber verzichten.

Gerade jetzt bildet sich eine neurogenetische Verknüpfung: der Geruch erbrochener Pommes mit frittierten Calamares und die Erinnerung an ein Wellental vier Meter unter mir. Weil zwischen Panama und Kolumbien 100 Kilometer Straße durch den Darrien Gap fehlen, muss jeder Overlander hier sein Gefährt verschiffen. Auch wir haben in den letzten Tagen Roger für die berüchtigte Überfahrt präparieren müssen. Das Frachtschiff braucht für die Überfahrt von Colón nach Cartagena in Kolumbien nur 24 Stunden, die Vorbereitungen sind aber genauso aufwendig wie für die Verschiffung von Europa nach Kanada, der Preis ist ebenfalls vergleichbar. Glaubt man den Berichten in zahlreichen Reiseforen, dann ist ein vollständiges, unbeschädigtes Fahrzeug bei der Ankunft in Cartagena eher die Ausnahme. Auf einer Farm außerhalb Colóns haben wir jedes bewegliche Teil an Roger abgeschraubt und im Wohnkoffer verstaut, mit unserem Esstisch die Dachluke verrammelt, alles so dicht aneinandergestapelt, dass wir uns nur noch auf ein paar Zentimetern im Türrahmen drehen konnten.

Dreimal ist sowohl die Abfahrt des Transportschiffes als auch die des Katamarans, über dessen Reling Paula und ich seit Stunden hängen, verschoben worden. Schuld war ein Unwetter, dessen Ausläufer auch jetzt noch unsere Mägen in Aufruhr versetzt.

Als der französische Kapitän Michel heute Nachmittag die Schlafplätze verteilte, war ich mucksch. Alle anderen acht Backpacker:innen, die mit uns die nächsten fünf Tage durch das Inselparadies der Kuna-Yala-Inseln segeln werden, hatten private Kabinen bekommen. Unserer Familie wurden die Betten im Gemeinschaftsraum zugewiesen. Timm und ich schlafen unter Michels wachsamem Blick zwischen Esstisch und Steuerrad. Heute Nachmittag war das ein Grund, das Boot gleich wieder zu verlassen, jetzt bin ich froh. Niemals hätten wir diese Wellen unter Deck ausgehalten. Noch nie in meinem Leben war mir so schlecht. Um mich auch daran zu erinnern, wenn im Rückblick wieder alles rosa erscheint, füge ich den gerade entstehenden neurologischen Verknüpfungen ein Versprechen hinzu: NIEMALS wird Timms Traum von einer Weltumseglung auch meiner werden!

Vom Wellengipfel fallen wir ins nächste Wellental. Während der Körper die Reise in Echtzeit absolviert, verweigert sich ein Teil von mir dem freien Fall. Indem sie sich abspaltet, wehrt sich meine Seele, aus dem Leib gekotzt zu werden. Überhaupt scheint mein Innerstes ein bisschen rebellisch in letzter Zeit, hat sich seit Panama City immer wieder meinem körperlichen Tempo verweigert. Ist wie ein trotzendes Kind hinterhergeschlichen, hat sich hinter jeder Ecke versteckt, getrödelt, immer wieder andere Wege eingeschlagen als meine Beine. Während mein Körper staunte, fotografierte, das bunte Panama City in sich aufsog, konnte meine Seele immer wieder nicht fassen, welche Gegensätze hier nebeneinander existierten, wollte tiefer hineinspüren, genauer hingucken.

Als wir vor ein paar Tagen im Licht der Nachmittagssonne auf der Brücke Puente de las Américas über den Panamakanal fuhren, erinnerten wir uns alle, wie es war, vor einem Jahr über die Golden

Gate Bridge nach San Francisco zu rollen. So anders war der Anblick nicht. Auch in jenem Moment glitzerte vor uns die Sonne in der Skyline aus verspiegelten Wolkenkratzern. Das bis zu seiner Fertigstellung 1914 größte Bauwunder aller Zeiten wirkt von oben wenig spektakulär. Und doch sind der Panamakanal und die Registrierung von Schiffen die wichtigsten Einnahmequellen des Landes. Jedes fünfte Schiff der Welt ist aufgrund der unkomplizierten Verfahren in Panama registriert, macht Panama zum Standort der weltweit größten Handelsflotte. Ein Großteil der Schiffe allerdings ist in ausländischem Besitz. Aufgrund zahlreicher Freihandels- und Sonderwirtschaftszonen sowie geringer Steuern ist Panama ein interessanter Firmenstandort und weltweiter Hotspot des Bankwesens. Profitieren aber scheinen davon nur wenige Panamesen.

Panamas Altstadtkern, das Casco Viejo, wurde 2003 zum UNESCO-Weltkulturerbe ernannt. Viele der bis dahin bröckelnden Fassaden sind seitdem aufwendig restauriert worden oder werden renoviert. Überall wird gemauert, gepinselt, die Bauschilder verraten internationale Beteiligung. Hier wird viel Geld bewegt, und leider, das ist die Schattenseite der Entwicklung, verdrängt das die ursprünglichen Bewohner:innen des alten Stadtkerns in die Randgebiete.

Wir wanderten von der Plaza de la Independencia, wo Panama 1903 seine Unabhängigkeit von Kolumbien deklarierte, zur Iglesia San José, deren gigantischer goldener Altar durch einen Priester von der Plünderung durch Piraten gerettet werden konnte, indem er ihn schwarz anmalte. Wir bummelten durch europäisch anmutende, von zuckerbunten Stuckpalästen gerahmte Straßen und Pflastergassen, entspannten auf Parkbänken unter riesenhaften Bäumen, deren Luftwurzeln wie vergessenes Lametta von den Ästen baumeln. Neben uns drei Männer, ihr graues Haar beschattet von hellen Strohhüten. Gemeinsam lasen sie Zeitung, reichten jede gelesene Seite an den Nachbarn weiter, der letzte in der Reihe stapelte sie ordentlich neben sich auf der Bank. Zwischen zwei umgedrehten Colakisten spielten zwei Männer auf einem Klappbrett Schach, eine betrunkene Frau stritt mit der Büste eines Freiheitskämpfers, eine dicke Dame schleppte schwer an einer Kühltasche, die, wie sie verkündete, das beste Ceviche Casco Viejos enthielt. Amselartige Vögel zwitscherten gummientenartig von Baum zu Baum, es roch nach Abgasen, Urin, Waschmittel und trockenem Laub.

Jenseits der ehrwürdigen Stuckpaläste des Casco Viejo, nur ein paar Minuten entfernt vom Nationaltheater, den Kirchen und Bibliotheken, war nichts mehr von charmant bröckelnder Geschichte zu finden. In der Avenida Central, der Hauptfußgängerzone Panama Citys, sprang uns die Gegenwart mit der Eleganz einer abgetakelten Hafenhure ins Gesicht. Ein buntes Gewusel aus einem schaurigen Zuviel von allem: zu laut, zu viele Gerüche vor allem grauenhaften Ursprungs, zu viele Tauben, zu viel Müll und Dreck, zu viel Kram, den niemand kauft, zu viele Menschen, die mit Mühe und Not ihr Leben bestreiten müssen. Dass dies nicht immer auf ehrliche Weise geschah, lag als knistrige Spannung in der Luft.

Ein paar Blocks weiter landeten wir in einem Wohngebiet. In einer Sackgasse schimmerte ein Abwassergraben grinchgrün, die Bewohner:innen entsorgten ihren Müll direkt aus den Fenstern. An den Wäscheleinen auf den Balkonen trockneten Babywäsche und blendend weiße Hemden. Dort wohnten Menschen, die zur Arbeit gingen, die weiße, gestärkte Hemden trugen, hier lebten Babys und Kleinkinder. Das war kein Elendsviertel, in dem Drogenabhängige und Säufer vegetierten, sondern ein Wohnviertel, in dem Mütter ihre Kinder an der Hand zur Schule brachten. Eine Straßenkehrerin fegte mit selbst gebauter Schaufel und einem Besen den Müll von der Straße. Ich überlegte, ob Straßenkehrer hier aufgrund des unfassbaren Arbeitspensums an Burn-out erkrankten. Wo anfangen bei all dem Müll? Am besten gar nicht, dachte sich die Straßenkehrerin, setzte sich auf den Bürgersteig und rauchte eine Zigarette.

Verspiegelte Hochhäuser neben nur von bröselndem Putz und Farbe zusammengehaltenen Mietshäusern. Luxusyachten in Nachbarschaft zu rostigen Fischkuttern, Highend-Shoppingmalls, in deren Nähe von Abwässern verseuchte Gräben und Flüsschen faulten. Palmengesäumte Parks mit brandneuen unbenutzten Fitnessgeräten, Basketballcourts und Tennisplätzen, vollgekackte Rasenflächen, auf denen sich der Unrat stapelte – oh, wie schön ist Panama!

Ich machte denselben Fehler wie der kleine Tiger in Janoschs berühmtem Buch. Als der nämlich eine Bananenkiste mit dem Aufdruck «Panama» findet, beschließt er, dass Panama das Land seiner Träume sein muss, weil es dort überall nach Bananen riecht. Auch ich hatte ein bisschen von Panama geträumt – und bin nun froh, das Festland verlassen zu können.

INSELPARADIES

Panama: San-Blas-Archipel / Kuna Yala, Januar 2020

Dort, wo Panama schön ist, da riecht es nicht, wie Janoschs kleiner Tiger vermutete, nach Bananen, sondern nach salziger Meeresluft, nach geräuchertem Fisch und Kokosnuss. Jedenfalls nachdem ich am nächsten Tag Paulas und meine nächtlichen Eskapaden von Deck geschrubbt habe.

An der Nordwestküste Panamas in der Karibik liegt der Archipel San Blas, eine Kette aus Inseln, die sich über 180 Kilometer bis nach Kolumbien erstrecken. Kuna Yala, wie der heutige offizielle Name der San-Blas-Inseln lautet, bedeutet übersetzt «Land der Kuna». Die Kuna verwalten das sich über 2300 Quadratkilometer erstreckende Gebiet seit 1925 autonom, bewohnen knapp 50 der 378 Inseln, alle anderen sind unbewohnt. 300 000 Kuna leben heute vor allem in Panama, Costa Rica und Kolumbien, über 30 000 von ihnen in Kuna Yala. Anders als auf vielen anderen Karibikinseln findet man auf dem Kuna-Yala-Archipel nicht die Spur von Massentourismus. Die wenigen einfachen Herbergen, Restaurants oder Bars werden ausschließlich von Kuna geführt, westlichen Komfort sucht man hier vergeblich. Man schläft in Hängematten, gegessen wird das, was das Meer und die Inseln hergeben: vor allem Kokosnüsse und Fisch. Die Kuna sind ein stolzes Volk, pflegen ihre Traditionen, Gesetze und Bräuche. Es sind sanfte und freundliche Menschen, aber sie achten streng darauf, dass Touristen ihre Regeln nicht brechen. So ist es in Kuna Yala verboten, ohne zu fragen, eine Kokosnuss zu nehmen oder Fische zu fangen. Beachtet man dieses Verbot nicht, drohen saftige Strafen.

Als wir Kuna-Yala-Staatsgebiet erreichen, muss Kapitän Michel unsere Pässe alle offiziell in Panama ausstempeln und in Kuna Yala einstempeln lassen. Kurz möchte ich meinen Augen nicht trauen: Auf dem Dach des Zollgebäudes weht eine Hakenkreuzflagge. Erst auf den zweiten Blick sehe ich, dass die Haken, anders als beim Symbol der Nationalsozialisten, nach links zeigen. Michel scheint meinen Gesichtsausdruck schon in Hunderten Gesichtern gesehen zu haben, erklärt, dass dies die alte Flagge der Kuna sei und einen Oktopus darstellen soll.

Der Himmel ist bedeckt, die Sonne kommt nicht durch – weder am Himmel noch in meinem Kopf. Ich brauche einen ganzen Tag, um mich von der schlaflosen Nacht zu erholen und mich mit dem Meer anzufreunden, das jetzt, nachdem es sich ausgetobt hat, genauso wenig Wellenbewegungen aufweist wie mein dumpfes Hirn. Es ist spiegelglatt, so klar, dass wir die Zeichnung der Rochen erkennen, die die Santana umkreisen.

Die nächsten Tage wechseln wir jeden Morgen unseren Ankerplatz, verbringen den Tag zwischen traumhaften Inseln vor Anker, schwimmen, schnorcheln, spielen im Schatten der Kokospalmen Volleyball. Mit den Kuna einer Insel handelt Michel einen Preis aus, und wir dürfen sie betreten, ihre Küchenstelle für ein BBQ nutzen. Die letzte Woche war diese Insel überflutet, es war den Kuna nicht möglich, zu fischen oder Boote vom Festland zu empfangen. In solchen Zeiten hungern sie. Die Besuche der Charterboote sichern dann die Versorgung der Inselbewohner:innen. Michel bringt ihnen Reis, Kaffee, Öl, Zucker und Mehl. Alles außer Fisch und Kokosnüssen – manchmal wochenlang ihre Hauptnahrung – beziehen sie vom Festland. Selbst Frischwasser, da die Quelle auf ihrer Insel nur Brackwasser führt. Der Eintrittspreis für die Insel, den wir entrichten, ist eine der wenigen Einnahmequellen der Familien.

Den ganzen Vormittag beäugen Carl und Max zwei kleine Jungen, die mit ihrer Familie auf dieser Insel leben. Neugierig streifen sie umeinander herum, werfen sich immer wieder scheue Blick zu. Auf meine Frage, ob er nicht «Hallo» sagen wolle, entgegnet Max, dass er seine ganz eigene Strategie verfolge: «Wenn man mit jemandem spielen möchte, muss man immer vor dessen Nase herumlaufen und so tun, als hätte man was ganz Wichtiges zu tun.» Dunkel erinnert mich das an Timms frühere Eroberungsversuche, und genau wie die irgendwann zum Erfolg geführt haben, springen auch unsere Jungen kurze Zeit später mit den Kuna-Jungs im Wasser herum, rudern im Einbaum um die Insel, kicken leidenschaftlich einen Fußball. Einer der kleinen Kuna trägt ein Bayern-München-Trikot – ohne zu wissen, was das bedeutet. Die Kuna-Jungen sprechen weder Englisch noch Spanisch, Max und Carl kein Kuna. Ein Problem ist das nicht. Am Abend schenken sie sich gegenseitig Spielzeug und Kokosnüsse, tanzen ums Lagerfeuer, ärgern die Erwachsenen, deren Reaktionsvermögen unter zu vielen Coco Locos gelitten hat.

Am nächsten Morgen führen uns die Jungen zu ihrer Großmutter, die vor ihrer Hütte Kuna-Kunsthandwerk verkauft. Neben Perlenketten, die um Fuß- und Handgelenke geknüpft werden, verkauft sie vor allem Molas. Die weiblichen Kuna tragen diese kunstvollen Muster als Stickereien auf ihren Blusen, an Touristen werden sie jedoch nur als bestickte Stoffe verkauft, weil die Kuna nicht möchten, dass Fremde ihre traditionelle Kleidung tragen. Die auf den Molas dargestellten Muster gelten als das geistige Eigentum der Kuna. Niemand, der nicht ein Kuna ist, darf diese Stickereien anfertigen und verkaufen. Der Handel wird streng kontrolliert, und außerhalb der Länder, in denen Kuna leben, ist Molahandel nicht gestattet. Im Mai 2019 erwirkten die Kuna, dass Nike eine Sonderedition seines Air-Force-1-Schuhs noch vor der Markteinführung einstampfen musste, weil ihn Muster aus der Kuna-Tradition zierten. Auch wir erliegen der Schönheit der

Stickereien und kaufen der fast hundertjährig wirkenden Dame zwei Molas ab.

Als wir bei Sonnenuntergang die Anker lichten, laufen die Freunde unserer Jungs am Strand entlang, winken und entzünden ein Feuer, dessen Schein uns noch lange begleitet. Ein bisschen lindert es die Angst vor der 36-stündigen Überfahrt nach Cartagena. Auf dem Weg ins offene Meer begleitet uns eine Delfinfamilie, springt vor dem Katamaran aus dem Wasser, spielt mit unserer Bugwelle. Weil wir nicht wieder mit jeder Körperzelle unter dem Wellengang leiden wollen, nehmen wir dieses Mal Medikamente gegen Seekrankheit, verbringen die nächsten eineinhalb Tage in leichtem Dämmerzustand. Ab und zu klatscht uns ein fliegender Fisch ins Gesicht, ansonsten sehen wir nichts als wogendes Wasser und Wolken, einmal um die Mittagszeit ein anderes Segelboot und am frühen Abend ein Tankschiff in weiter Ferne. Als in den Morgenstunden nach der zweiten Nacht auf See die Lichter des vier Segelstunden entfernten Cartagenas am Horizont blinken, bin ich wider Erwarten nicht froh. Mit der Ankunft in Südamerika fühlt es sich an, als wären wir plötzlich auf dem Heimweg.

TEIL 3

HIER UND JETZT

Kolumbien und Ecuador

HIMMEL UND HÖLLE

Kolumbien: Santa Marta, Januar 2020

Himmel und Hölle liegen beim Reisen manchmal nah beieinander. Nachdem wir in den letzten Wochen ausgiebig in paradiesischen Gewässern geschwommen und uns von der angeblich schönsten Kolonialstadt Südamerikas haben bezaubern lassen, steigen wir nun hinab in das Bad des Teufels.

Das Erste, was wir vor etwas mehr als einer Woche von Kolumbien erblickten, war ein senffarbener Schimmer am Horizont. Nach mehr als dreißig Stunden auf See wieder eine deutlich sichtbare Horizontlinie, endlich etwas, auf das wir unseren Blick heften konnten, damit der Gleichgewichtssinn keine Purzelbäume mehr schlug.

Cartagena, «die Perle der Karibik», sei sinnlicher, romantischer und geheimnisvoller als alle anderen Städte Südamerikas. Seit ich Gabriel García Márquez' *Liebe in den Zeiten der Cholera* gelesen hatte, trug ich dieses Bild der dampfenden, betörenden Stadt in mir. Als uns dann im Morgengrauen die beleuchtete Skyline einer amerikanisch anmutenden Großstadt entgegenblinkte, war ich enttäuscht. Cartagenas Sinnlichkeit, die hatte ich mir weniger phallisch vorgestellt.

Das Herzstück der Stadt, das, was viele meinen, wenn sie von Cartagena sprechen, und welches die meisten Touristen besuchen, ist El Centro: Paläste in allen Schattierungen von Elfenbein bis Ocker. Kunstvoll geschnitzte, von Bougainvillea überwucherte

Balkone, Arkadengänge, palmbeschattete Innenhöfe mit Wasserspielen. Kirchen, Klöster, Edelrestaurants und Designerläden. Schattige Parks, auf deren Bänken greise Herren Zeitung lesen oder Domino spielen. Sonnenbeschienene Plazas, auf denen die Kleider der dunkelhäutigen Palenqueras mit den Obstkörben auf ihren Köpfen um die Wette leuchten, über die am Abend das Geklapper der Pferdekutschen hallt, die die Touristen durch die engen Gassen fahren. Hier lauschten wir den Gitarre spielenden Studenten, ließen uns von den penetranten Schmuckverkäufern nerven und konnten nicht genug bekommen von diesem bezaubernd restaurierten Altstadtkern, in dem jeder Stein Geschichten erzählt.

Wenn wir am Abend von unseren Streifzügen nach Hause kamen, zurück in das geordnete, vornehmlich weiß gestrichene und von modernen Wolkenkratzern bestimmte Bocagrande, vom Balkon aus auf den Hafen blickten, dann freuten wir uns über die Weite, über den Platz, der im Kopf entsteht, wenn man von oben auf das Gewusel schaut. Es war genau der richtige Ort, um sich auf den neuen Kontinent vorzubereiten. Wir fühlten uns unbesiegbar, so unbesiegbar wie die Stadt zu unseren Füßen.

Viele Male in ihrer Geschichte wurde sie von Seeräubern überfallen, ausgeraubt, hat man versucht, sie zu unterwerfen. Cartagena galt lange Zeit als das Verbindungstor zwischen Europa und der Neuen Welt. Von hier aus wurden die Schätze der indigenen Kulturen nach Europa verschifft, hier wurden Waffen, Pferde und Rüstungen entladen. Als die Spanier die Plünderungen ihres Kolonialhafens satthatten, begannen sie mit dem Jahrhunderte andauernden Bau einer aufwändigen Befestigungsanlage, die bis heute fast vollständig erhalten ist. Der Letzte, der versuchte, Cartagena einzunehmen, war der englische Vizeadmiral Edward Vernon. 1741 tauchte er mit einer Flotte von 186 Schiffen und einer Armada von 20 000 Mann vor der Küste Cartagenas auf. Auf spanischer Seite waren nur 3500 Soldaten, sechs Fregatten und ein halber Mann notwendig, um die Angreifer zu besiegen. Der «halbe Mann», der spanische Admiral Blas de Lezo y Olavarrieta, hatte in früheren Kämpfen bereits ein Auge, einen Arm und ein Bein eingebüßt, verlor in dieser Schlacht auch sein zweites Bein und in dessen Folge sein Leben. Der Ruhm Cartagenas als «unbesiegbare Stadt» aber ist für alle Zeiten mit seinem Namen verbunden.

Unbesiegbar fühlten wir uns auch, nachdem wir Roger ohne einen Kratzer vom Hafen abgeholt und festgestellt hatten, dass nichts gestohlen worden war. Leider halten solche Gefühle nie lange an. Während ich jetzt auf den braungrauen Modder zu meinen Füßen blicke, raufen in meinem Inneren 1001 Gründe, hier nicht baden zu gehen, mit Timms Totschlagargument: «No Limits!» Einst, das glauben die Einwohner:innen dieses kleinen Dorfes am Schlammvulkan Volcan de Lodo El Totumo, hat der Teufel in diesem gelebt, ihn Schlamm und Schwefel speien lassen. Dann, so die Legende, kam ein Priester, besprenkelte den Vulkan mit Weihwasser, und seitdem gilt er als heilbringend. Der ton- und mineralhaltige Schlamm, der aus 500 Metern an die Oberfläche blubbert und den zwanzig Meter hohen Vulkan bis zum Rand füllt, heilt jegliche Haut- und Rheumaerkrankungen. «Los, Mama, wenn du wissen willst, wie sich eine Fliege im Schokoladenpudding fühlt, dann komm endlich!» Nachdem ich das obligatorische Familienfoto «mit ohne Mama» geschossen habe, lasse ich mich schließlich in den warmen Schlamm gleiten. Sofort legt er sich wie eine zweite Haut um meinen Körper, ist pudrig zart, nicht greifbar. Es ist absolut unmöglich, sich aufrecht zu halten. Jedes Mal, wenn ich mich vergewissern will, ob es unter meinen Füßen tatsächlich 500 Meter tief in die Erde geht, werde ich wie ein Korken in die Waagerechte gezwungen.

Ein Schlammvulkan wie der El Totumo entsteht, wenn aufgeschlämmtes, tonreiches Sediment aufgrund der geringen Dichte und der Quellfähigkeit der Tonminerale an die Erdoberfläche steigt. Durch zahlreiche Ausbrüche wächst um den Vulkanschlot im Laufe der Zeit ein Kegel aus getrocknetem Schlamm. Weltweit existieren mehrere tausend dieser Schlammvulkane, der El Totumo aber soll der schönste an Kolumbiens Karibikküste sein.

So schwierig wie für eine Fliege die Befreiung aus dem Schokopudding gestaltet sich unser Ausstieg aus dem Vulkanschlot. Mit der Eleganz einer Made glitschen wir den Berg hinab, meine Bikinihose kann die Last des Schlammes nur schwer tragen, das Oberteil flutscht lustig hin und her und erfüllt seine Aufgabe nur leidlich. Der Modder ist überall, zwischen den Zehen und Fingern, klebt in Augen und Ohren. Ein Junge aus dem Dorf rät, dass wir uns beeilen sollten, den Matsch in der Lagune zu Füßen des Vulkans abzuwaschen. Ist erst die Sonne untergegangen, werden die Moskitos kommen. Viele.

Als wir das Ufer der flachen Lagune erreichen, hat sich hinter uns eine Traube älterer Damen gebildet, die mit kleinen Plastikschüsseln in der Hand mit uns in die braungraue Brühe steigen. Sie reichen uns jeweils ihre freie Hand, führen uns an die tieferen Stellen, und innerhalb von Sekunden ergießt sich die erste Ladung Wasser über unseren Köpfen. Ich habe links und rechts einen Finger im Ohr, der mir den Schlamm aus den Gehörgängen prokelt. Ein kurzer Blick auf meine Familie, und ich sehe, dass jeder von ihnen seine persönliche Waschfrau hat, dass bei Max und Carl schon wieder die natürliche Haarfarbe durchscheint. Ich bin den Frauen unendlich dankbar. Die Aussicht, meinen Jungs die Haare waschen zu müssen, hatte mein Schlammbad die ganze Zeit ein bisschen getrübt. Noch während die Dankbarkeit mir im Herzen kribbelt, kribbelt es überraschend auch über meinem Herzen. Meine Waschfrau macht sich an meinen Brüsten zu schaffen, zerrt an meinem Bikinioberteil, bedeutet mir, es auszuziehen. Dann ritscht sie mir die Bikinihose so lange durch den Hintern, bis ich auch die lieber ausziehe, um ihre Waschwut auf meine Textilien umzulenken. Die Frauen wissen, was sie tun, unter ihren geübten Handgriffen sind wir schon bald wieder blitzeblank, entsteigen etwas überwältigt der Lagune und schaffen es vor den Moskitos in den Truck.

Früh am nächsten Morgen fahren wir weiter nach Norden. Die sandige Ödnis weicht mangrovenbestandenen Lagunen, deren Schlick jetzt bei Ebbe in der Sonne glänzt. Zwischen den Städten Soledad und Ciénaga führt die Straße auf der Deichkrone entlang. Zu unserer Rechten blicken wir auf die flachen Lagunen der Ciénaga Grande, auf vereinzelte auf Pfählen gebaute Fischerhütten. Zur Linken auf den Pazifik, der hier nicht himmelblau, sondern verwaschen grau erscheint. Diese Region ist eine der ärmsten Kolumbiens, und nicht einmal Himmel und Sonne sind hier großzügig, sie haben keine Strahlkraft, alle Farben wirken verdünnt. Meine Augen tränen nicht mehr von Staub und heißem Wind, sondern von dem Anblick, der sich mir bietet: In den Pfützen, im von der Ebbe freigelegten Schlick, zwischen den grob gezimmerten Hütten, am Straßenrand, so weit das Auge reicht, modert Müll. Dazwischen Hunde und Geier, Menschen gehen spazieren, als sähen sie es nicht. Ein kleines Mädchen fährt auf einem zweirädrigen Dreirad. Es stinkt erbärmlich nach Fäulnis und Fisch. Vor uns hält ein Wassertransporter, füllt große blaue Plastiktonnen, die die Anwohner:innen von ihren niedriger gelegenen Häusern hoch an den Straßenrand geschleppt haben, mit Trinkwasser. Wir haben keine Chance, uns dem Anblick zu entziehen, müssen warten, mindestens zwanzig Minuten ist der Weg gesperrt. Ein paar Meter vor uns werden drei Särge über die Straße getragen, dahinter ein nicht enden wollender Strom Trauergäste. Schwarz trägt niemand. Alle sind jung, begleiten die Toten auf BMX-Rädern, mit Mopeds, manche spielen Musik. Als wir endlich weiterfahren dürfen, ist mein Herz randvoll mit Hoffnungslosigkeit.

Erst kurz nach Sonnenuntergang erreichen wir Santa Marta, die erste dauerhafte Siedlung der Spanier im heutigen Kolumbien. Gegründet wurde sie 1552, von hier aus starteten die Raubzüge gegen die Tayrona-Indianer, deren Goldschatz in den folgenden Jahren fast vollständig nach Spanien geschafft wurde. Die Indigenen flohen ins Hinterland, bedrohten die Stadt von dort aus mit Überfällen. Auf dem Meer trieben Piraten ihr Unwesen. Gegen all diese Angriffe konnte sich die Stadt nur schwer wehren. Schnell überholte die Nachbarstadt Cartagena, deren Hafen bessere Schutzvoraussetzungen erfüllte, Santa Marta als Handelszentrum und schickte sie in einen Dornröschenschlaf, aus dem sie heute erst mühsam erwacht.

Wir irren ohne Navigationsgerät auf den Umgehungsstraßen herum, landen bei Einbruch der Dunkelheit auf einem Truckerparkplatz. Seit wir mit Roger unterwegs sind, fühlen wir uns dieser Berufsgruppe in besonderem Maße verbunden. Mit ihnen teilen wir die rechte Fahrspur, kämpfen mit denselben Steigungen. Wir verfluchen dieselben engen Kurven, niedrig hängenden Kabel und Äste. Wie sie sind wir auf größere Parkplätze angewiesen und haben eine spezielle Bindung zu unserem Fahrzeug. Für viele Fahrer in Zentralamerika ist der Truck ein Statussymbol. Das Chrom glänzt stets frisch poliert, bunte Blinklichter stellen den Wiedererkennungswert auch im Dunkeln sicher. Meterbreite Airbrush-Bilder geben Auskunft über Familienstand oder Glaubensrichtung: Ein Jesus mit Dornenkrone, aber auch die Jungfrau Maria oder das Bildnis der eigenen Familie sind beliebt.

Dieser Truck Stop führt den euphemistischen Namen «Ecooasis». Das Einzige, das uns «ökologisch» erscheint, ist die Tatsache, dass alles hier frei vor sich hin rotten darf. Saubere Duschen hatte die Overlander-App angekündigt, und auf der Suche nach diesen verfranse ich mich zwischen dem Durcheinander aus Schrott, Ölfässern und baufälligen Gebäuden. Ein Mitarbeiter führt mich an die Rückseite eines solchen Gebäudes. Hier ragt ein Wasserrohr aus der bröckelnden Wand, ein Kantholz verhindert, dass man im Schlamm versinkt.

Als ich mir am nächsten Morgen hier die letzten Reste Vulkanmatsch aus den Haaren spüle, kann ich dabei durch die lichten Blätter eines Busches die Bauarbeiter auf der Baustelle jenseits des Zaunes bei der Arbeit beobachten. In den Ästen hängen – aus sehr offensichtlichen Gründen – zurückgelassene Unterhosen vorheriger Duscher. Zu meiner Rechten steht eine ausgemusterte Kloschüssel. Ein Platzwart luschert um die Ecke, versichert, dass er aufpassen wird, dass niemand kommt.

Ob etwas Himmel oder Hölle ist, entscheidet man manchmal selbst. Hier und jetzt, unter dem eiskalten Wasserstrahl, die Augen fest verschlossen, den Duft von Zitrusshampoo in der Nase, entscheide ich mich für Himmel.

HOFFNUNG

Kolumbien: Sierra Nevada de Santa Marta, Februar 2020

Die Sierra Nevada de Santa Marta, das höchste Küstengebirge der Welt, erscheint nicht nur von oben betrachtet herzförmig. In ihm, davon sind die Kogui-Indianer überzeugt, schlägt das kosmische Herz, hier befindet sich der Ursprung allen Lebens. Auf knapp 1000 Metern liegt das Kaffeedorf Palmor. Auf dem Weg dorthin haben wir mehrere Stunden auf Pisten verbracht, die mich wünschen ließen, dort oben die Hauptstadt der Baldriantee-Produktion zu finden. Meine Nerven flattern wie Kolibris, meine Beine sind Brei, als wir nach fast vier Stunden Fahrt bei Einbruch der Dunkelheit den rummeligen Dorfplatz erreichen.

Auf mal staubigen, mal matschigen Pisten führte der Weg in engen Kurven die Berge hinauf. Links und rechts begrenzt durch steile Abhänge, von oben durch niedrig hängende Äste und Wasserleitungen, musste Timm oft mehrmals vor- und zurücksetzen, um die engen Kurven, die bröselnden Böschungen und kleinen Mäuerchen zu umfahren. Den Großteil der Fahrt saßen die Kinder auf dem Dach, warnten vor Ästen und Leitungen, hatten einen Riesenspaß, wenn unter uns baufällige Brücken knarzten.

Der erste Mensch, der uns in Palmor begrüßt, ist ein Polizist mit blau-gelbem Papagei auf der Schulter. Woher wir kommen und wohin wir wollen, möchte er wissen. Wo wir einen ebenen Platz zum Übernachten finden können, ist unsere Hauptfrage. Der Blick auf das von steilen Gässchen durchzogene Dörfchen verspricht keine große Auswahl.

Unter den neugierigen Blicken des gefühlt vollständig versammelten Dorfes führen uns Polizist und Papagei mit den Füßen auf dem Trittbrett, von außen an Timms Tür hängend, zum Dorfplatz. In wenigen Minuten haben wir uns herumgesprochen, wir werden umringt und begrüßt. Zwischen all den wuselnden Kindern, die mit Carl und Max in einem Knäuel hinter einem Fußball herrennen, den Timm vom Dach geworfen hat, stechen ein paar Kinder hervor: In weiße, wadenlange Gewänder gehüllt, stehen sie bewegungslos in der Menge, blicken aus undurchdringlichen braunen Augen in unsere Richtung. Ihr tiefschwarzes Haar reicht bis auf die Schulter, sie tragen geknüpfte Taschen und schwarze Gummistiefel an den Füßen. Sie erwidern kein Lächeln, ihr Blick ist unbewegt, durchdringend, trifft mich dort, wo ich eigentlich ungern fremde Menschen hinlasse. Ich fühle mich durchschaut, bin verunsichert von der Intensität, die diese Kinder ausstrahlen. Jede Bewegung scheinen sie mit Bedacht auszuführen, sie kreischen oder hüpfen nicht, stehen still, beobachten aus wachen Augen.

Das sind Kogui-Indianer, erklärt mir Carlos, ein Fotograf aus Barranquilla, der als unser Guide fungiert und uns am nächsten Morgen zu einer der schönsten Kaffeeplantagen der Gegend führen möchte. Sie kommen ins Dorf, um einzukaufen und ihre Erzeugnisse zu verkaufen, und legen dafür oft mehrere Stunden Fußmarsch zurück. Sie versuchen, den Kontakt zu uns Nicht-Koguis auf ein Minimum zu reduzieren, sind aber freundlich und offen. Ob man sie in ihren Dörfern besuchen kann, fragen wir Carlos, und er verspricht zu sehen, wie er uns helfen kann. Normalerweise mögen sie keine Fremden in ihren Dörfern, leben zurückgezogen. Er aber pflege engen Kontakt zu ihnen, da er seit Jahren hierherkommt und eine Kogui-Schule unterstützt. Er würde die Verantwortlichen fragen, ob wir kommen dürften.

Die Nacht auf dem Dorfplatz ist alles andere als ruhig. Bis tief in die Nacht gucken Neugierige in unsere Fenster, klopfen, winken, und besonders die Jungs versuchen, Lottas Aufmerksamkeit zu gewinnen.

Am nächsten Tag sind wir früh wach. Ich packe meine Kamera ein, mache einen Rundgang durch den kleinen Ort. Dort, wo die Kinder gestern noch Fußball gespielt haben, liegen nun zwischen angetrockneter Maultierkacke Kaffeebohnen in verschiedenen Trockenstadien in der Sonne. Ein alter Mann sortiert diese und erklärt mir, dass sie drei Tage an der Sonne trocknen müssten. Die besten Bohnen verkaufe er, die minderer Qualität behielte er für sich.

Vor jeder Tür im Dorf stapeln sich prall gefüllte Säcke. Das Hufgeklapper der Maultiere, die die Säcke von den Fincas nach Palmor tragen, hallt in den Gassen. Sechzig Jahre alte Pick-ups röhren schwer beladen und rußend die steilen Sträßchen hinauf, ein Hund döst auf seinem Bett aus in der Sonne trocknenden Kaffeebohnen. Mulis warten geduldig vor dem kleinen Supermarkt, bis ihr Besitzer zurückkommt.

Nach einer weiteren nervenaufreibenden Fahrt verbringen wir die Nacht auf dem Gelände einer Bio-Kaffeefarm. Früh kann ich nicht mehr schlafen. Ein intensiver Blütengeruch weht durch das offene Fenster, die Luft vibriert vom Summen der Bienen. Fassungslos stehen die Kinder und ich im Gras, blicken auf das Meer weißer Kaffeeblüten. Nie haben wir so viele Bienen auf einem Fleck gesehen. Ich hätte es nicht einmal für möglich gehalten, dass so viele auf einem Fleck existieren können. Vielleicht, jedenfalls traue ich mich, das beim Anblick der Millionen Bienen zu hoffen, ist unsere Welt doch noch zu retten.

HÜTER DER WELT

Kolumbien: Sierra Nevada de Santa Marta, Februar 2020

Je länger wir unterwegs sind, desto brennender wird der Wunsch, so viel wie möglich von der Welt zu sehen, bevor wir sie eines Tages verlassen müssen. Es sind nicht nur die Wunder, die uns berühren, es sind vor allem auch ihre Wunden. Seit Jahren warnen die Kogui uns Industriestaaten, dass wir die Erde zerstören, dass wir aufhören müssen, sie so zu quälen. Sie verstehen die Natur als einen lebenden Organismus, und wie beim menschlichen Körper steht alles miteinander in Beziehung. Die Seen sind Augen, die Flüsse Adern, in der Sierra Nevada de Santa Marta schlägt das kosmische Herz. Schöpferin der Erde ist die «große Mutter», sie hat dem «großen Bruder», den Koguis, aufgetragen, aufzupassen. Sie sind als Hüter der Erde verantwortlich dafür, die Natur im Gleichgewicht zu halten. Wenn irgendwo auf der Welt Wirbelstürme, Trockenheit oder Hungersnöte herrschen, ist das für die Kogui ein Zeichen, dass sie versagt haben, die Welt im Gleichgewicht zu halten. Wir, der «kleine Bruder», haben vor langer Zeit den Stamm über das große Wasser verlassen. Mit unserem Auszug haben wir vergessen und verlernt. Wir kennen heute nur noch unsere eigenen Gesetze. Unsere Eingriffe bringen die Welt aus dem Gleichgewicht. Die Botschaft der Kogui an uns ist simpel und eindringlich: Wir müssen aufhören, der Erde mehr zu entnehmen, als wir zurückgeben können, wollen wir sie am Leben halten. Noch ist es nicht zu spät, noch ist die Erde fruchtbar, hat genug Kräfte zu heilen. Aber die Zeit drängt, ist sie erst trocken und unfruchtbar, können wir nichts mehr tun.

Das spirituelle Oberhaupt der Kogui ist der Máma. Seine Aufgabe ist es, die natürliche Ordnung der Welt durch Gesänge, Meditation und Opfergaben zu erhalten. Würde man den Vergleich zur westlichen Kultur ziehen, wäre ein Máma Priester, Lehrer und Arzt – alles in einer Person. Die Ausbildung zum Máma beginnt im Kindesalter und dauert bis zum 18. Lebensjahr. Hierfür werden die jungen Männer in die Berge gebracht, dort lernen sie, über die natürliche und spirituelle Welt zu meditieren und so in Beziehung zu Mutter Erde zu treten. Um die weltlichen Belange des Stammes wie Straßen- und Brückenbau, um kommunale, rechtliche, auch um strafrechtliche Fragen kümmert sich der «Jefe Civil», eine Art Bürgermeister. Mit ihm muss Carlos über unseren Besuch verhandeln. Kamerabeladene Touristen sind bei den Koguis nicht willkommen, und wir sind hin- und hergerissen zwischen der Angst, eine Grenze zu übertreten, und dem Wunsch, mehr von ihnen zu erfahren.

Früh am Morgen machen wir uns auf den Weg. Roger wird den Weg ins Kogui-Dorf dieses Mal nicht bezwingen können, und wir lassen ihn in Palmor zurück. Stattdessen fährt uns ein Fahrer, Leonardo, mit dem Geländewagen. Durch dichten Dschungel, über ausgewaschene Pisten und Gesteinsbrocken, auf Wegen, die nur selten ein Auto befährt, führt unser Weg die Berge hinauf. Ein umgestürzter Baum liegt quer auf der Straße, ein Stück, gerade so groß, dass wir hindurchpassen, ist herausgesägt. Auf halbem Weg passieren wir einen alten Kogui-Mann. Er hat seine Ernte in Palmor abgeliefert und ist auf dem Rückweg in sein Dorf. Die Maultiere, nun von ihrer Last befreit, laufen vorweg, kennen den Weg, knabbern am Wegesrand das üppige Grün. Sechs Stunden dauert der Fußmarsch, berichtet Carlos. Dem Kogui ist das nicht anzusehen, sein Schritt wirkt mühelos.

Im Dorf angekommen, warten wir zunächst im Auto. Carlos

steigt aus, überreicht in einem Begrüßungsritual unsere Gastgeschenke: Nahrungsmittel und Schulmaterialien. Das Dorf Zetaminaka ist das Hauptdorf der Kogui-Gemeinde. Es ist außerdem Verkehrsknotenpunkt, hier enden alle Straßen, von hier geht es nur noch zu Fuß weiter. Ungefähr zwanzig Familien leben hier, verbringen allerdings einen Großteil des Jahres auf ihren höher gelegenen Fincas, wo sie Landwirtschaft betreiben. Sie leben von dem, was sie anbauen, und vom Tauschhandel. Es ist still im Dorf, trotz der spaltbreit heruntergelassenen Fenster gelangt kaum ein Geräusch zu uns ins Innere des Wagens. Außer einem vorlauten Hahn und unserem Herzschlag hören wir nichts. Endlich, nach fast 20 Minuten, taucht Carlos mit einem Kogui-Mann, der ihm gerade bis zur Schulter reicht, hinter einer der Rundhütten auf. Er bedeutet uns auszusteigen.

Der Mann zu seiner Seite stellt sich uns als Martín vor. Das ist sein spanischer Name, der Name, den er nutzt, wenn er mit dem «kleinen Bruder» kommuniziert. Martín scheint der einzige Mann weit und breit zu sein, außer einer Schar Kinder und vier Frauen wirkt das Dorf verlassen. Die meisten, so sagt Martín, befänden sich auf den Fincas in den umliegenden Hängen. Hier im Dorf seien nur die Kinder, die zu klein sind, um auf den Fincas zu helfen, oder jene, die zur Schule gehen, welche sich etwas abseits des Dorfes befindet.

Zwischen ungefähr zwanzig runden, strohgedeckten Hütten scharren Hühner im Staub, eine Schweinemutter mit zwei kleinen Ferkeln liegt in der Sonne. Die Hütten, so erklärt Martín, verrieten schon von außen, wer in ihnen wohne. Gehörten sie zu einem höheren Würdenträger des Stammes, seien die Wände von außen mit geflochtenen Palmenmatten geschmückt, die der einfachen Familien bestünden aus Lehm und Zweigen. Sie seien so gebaut, dass sie, würden die Kogui weiterziehen, restlos in den Kreislauf der Natur eingehen könnten. Das allerdings, verrät ein kurzer Blick, ist auch hier inzwischen Wunschdenken – zwischen den Hütten verstreut liegen Plastik- und Metallteile. Die größte der Hütten im Zentrum des Dorfes sei die Versammlungshütte der Männer. Frauen wäre der Zutritt nicht gestattet. Ihre Zusammenkünfte beschränkten sich auf die kommunale Küche oder den Waschplatz, an dem sie gemeinschaftlich dem Staub in der blendend weißen Kleidung zu Leibe rücken. Versammelten sich die Männer in ihrer Hütte, dauerten Beratungen nicht selten die ganze Nacht. Um wach zu bleiben, kauten sie Kokablätter.

Das Blatt der Cocapflanze spielt hier eine zentrale Rolle im täglichen Leben und wird bei Opfergaben und Zeremonien eingesetzt. Frauen ist das Kauen der heiligen Blätter nicht gestattet. Treffen zwei Männer aufeinander, begrüßen sie sich nicht wie bei uns mit Handschlag, sondern tauschen als Zeichen des gegenseitigen Respekts eine Handvoll Cocablätter aus. Jeder Kogui-Mann trägt drei kunstvoll gewebte Taschen, Mochillas genannt, mit sich: eine große auf dem Rücken für alles, was zu tragen ist, eine kleine auf der Brust, in der sich getrocknete Cocablätter befinden, und eine für den «Popurro», den wichtigsten Besitz eines Kogui-Mannes.

Zum Abschluss unseres kurzen Dorfrundgangs bittet uns Martín in eine der wenigen Hütten, deren Tür nicht verschlossen ist. Noch immer ist die Stille im Dorf gespenstisch. Anders als in Afrika, wo wir meist innerhalb von Sekunden von einem ganzen Pulk Kinder begleitet wurden, halten die Dorfkinder hier Abstand. Der Boden der Hütte ist aus gestampftem Lehm, in der Mitte befindet sich eine Feuerstelle, an der Wand hängt eine zusammengefaltete Hängematte, ansonsten ist die Hütte leer. Wir setzen uns auf den staubigen Boden, Martín holt seinen Popurro aus der Mochilla: ein mit gebranntem Muschelkalk gefüllter, ausgehöhlter Flaschenkürbis. Aus der kleinsten Mochilla nimmt Martín ein paar getrocknete Cocablätter, steckt sie in den Mund. Dann feuchtet er einen dünnen Stab mit Spucke an, steckt ihn in den Popurro, leckt den daran klebenden Kalk herunter, beginnt rhythmisch zu kauen. Während der Kalk sich mit den Cocablättern in seinem Mund zu einem stimulierenden Brei vermengt, reibt Martín mit rhythmischen Bewegungen den Stab am Popurro ab, immer von oben nach unten.

Das leise Kratzen beruhigt mich, nimmt etwas von dem Unbehagen, das ich bei unserem Dorfrundgang verspürt habe. Hier, im Schutz der Hütte, trauen wir uns, offen mit dem nun sichtlich entspannten Martín zu sprechen. Wie vor gut einem Jahr bei den Mennoniten in Belize brennt mir vor allem eine Frage auf der Seele: Habt ihr keine Angst vor einem Identitätsverlust? Wie schafft ihr es, eure jungen Leute ohne Zwang oder Gewalt für eure Lebensweise zu begeistern? Sind sie nicht neugierig, wollen sie nicht hinaus in die Welt?

Martín lässt sich Zeit mit der Antwort, kaut ein paarmal, bevor er leise spricht: Nein, sie hätten keine Angst, ihre Kinder zu verlieren. Diese seien fest in ihrer Kultur verankert, wüssten um ihren Platz. Ihre einzige und größte Angst sei es, ihren Lebensraum zu verlieren. Sie hätten Sorge um die Zukunft der Welt, um die Zukunft ihres Volkes. Sie verstünden, dass es eine Notwendigkeit sei, sich uns zu öffnen. Aus diesem Grund lernten einige von ihnen Fremdsprachen und ein Handy zu bedienen. Ohne diese Fähigkeiten sei es in der Zukunft schwer, mit uns zu kommunizieren. Sie möchten verstehen, wie wir denken, nur so könnten sie ihre und unser aller Welt bewahren. Die Kamera gezückt, wage ich es doch nicht, Fotos zu machen. Zu groß ist die Angst, dass ich nur als neugierige Touristin in Erinnerung bleibe.

Wir erklären Martín, was der Grund unserer Reise ist. Dass wir den Kindern unterschiedliche Menschen, Kulturen und Lebensweisen zeigen möchten, damit sie fähig sind, sich ein eigenes Bild zu machen. Dass wir dankbar sind, ihnen auch einen Einblick in das Leben seines Volkes verschaffen zu dürfen. Mit großen Augen lauschen die Kinder Martín, als er vom Leben der Stammeskinder und ihren Familien berichtet:

Die meisten Familien lebten in zwei Hütten, eine zum Kochen

und eine zum Schlafen. Während der Vater in einer eigens für ihn angefertigten Hängematte schlafe, nächtigten die Mutter und die Kinder auf Kuhfellen und Strohmatten auf dem Boden. Kommen die Kinder in die Pubertät, ändere sich je nach Geschlecht der Kleidungsstil. Die Jungen tauschten die wadenlangen Kittel gegen weiße Hemden und Hosen ein, die Mädchen gegen Wickelkleider. Mit 18 Jahren würde im Durchschnitt geheiratet, oft auch früher. Hat ein junger Mann sich eine Braut ausgeguckt, dann ginge er bei dem Vater der Angebeteten in eine Art Lehre, damit sich der Brautvater von der Tauglichkeit des zukünftigen Schwiegersohnes überzeugen kann. Bestünde der junge Mann die Lehrzeit nicht, dann würde nicht geheiratet. «Eine sehr gute Regelung», Timm grinst. Er werde sie auch bei der Erziehung unserer Töchter in Erwägung ziehen. Aus den Augenwinkeln sehe ich in Lottas und Paulas Augen leichte Panik, die aber schnell wieder vergessen ist, als wir aus der schummrigen Hütte zurück ins Freie treten.

Max verteilt an die Kinder mitgebrachten Kuchen, und irgendwann vergessen diese ihre Zurückhaltung, spielen mit unseren Jungen Fingerspiele, lächeln verzagt. Sie wirken so klein und zart gegen unsere nordischen Riesenkinder, so sanft und feenhaft. Es ist unmöglich, ihr Alter zu schätzen, selbst die Erwachsenen wirken alterslos. Wieder fühle ich mich bis auf die Knochen durchschaut von den Frauen, die mich aus einigem Abstand anblicken.

Dann plötzlich geht alles sehr schnell. «Ins Auto, fix!» Carlos geht festen Schrittes Richtung Geländewagen. Winkend und dankend folgen wir ihm. Es scheint, als sei jemand im Dorf angekommen, dessen Erlaubnis Martín ebenfalls hätte einholen müssen. Um keine Probleme zu bereiten, fahren wir lieber. Und obwohl ich froh und dankbar über die Begegnung und die Möglichkeit, bei den Kogui gewesen zu sein, bin, legt sich ein Schatten über dieses Erlebnis: Das Gefühl, mehr geduldet als willkommen gewesen zu sein, mich aufgedrängt zu haben, mag einfach nicht weichen. Auch unsere Zugehörigkeit zum ignoranten, egoistischen Stamm des «kleinen Bruders», der, nur den eigenen Vorteil vor Augen, Mutter Erde vergewaltigt, lastet schwer. Die Kogui – vielleicht von vielen belächelt – haben in den Augen unserer Kinder recht: Uns bleibt nicht mehr viel Zeit, das Ruder umzureißen.

GLÜCK

Kolumbien: Santa Marta, Februar 2020

Es ist fünf Uhr morgens. Todmüde stehen die Kinder und ich vor Timms Bett, in meiner Hand ein dampfender Kaffee und ein Geburtstagskuchen. Timm muss früh aufstehen heute. Rogers Federung soll erneuert werden, die Fahrerkabine ist verrutscht, und der sechste Gang springt heraus. Sechzehn Bolzen, die den Wohnkoffer tragen, müssen erneuert werden.

«Happy birthday to you ...» So schön es unsere morgenrauen Stimmen zulassen, singen wir unser Geburtstagslied. Timm öffnet die Augen, lächelt. Jedenfalls bis sein Blick auf den Geburtstagskuchen fällt. Dann wird er schlagartig blass. Sein Blick wird starr, er springt aus dem Bett. «Ich muss kotzen», höre ich noch, dann fällt die Badezimmertür krachend ins Schloss.

Eine halbe Stunde später liegt er lakenweiß und zitternd im Bett. Ihm stehen Schweißperlen auf der Stirn, gleichzeitig friert er. Ich fühle mich schrecklich dabei, ihn und die Kinder so allein zu lassen, aber in wenigen Minuten wird mich Leonardo, der Fahrer, der uns auch zu den Kogui gebracht hat, abholen, um mit mir zu Roger zu fahren, der außerhalb Santa Martas geparkt ist.

Ich bin unendlich dankbar, Leonardo zur Seite zu haben. Er sorgt dafür, dass Timm die richtigen Fotos zur richtigen Zeit geschickt werden, spricht mit den Schraubern, fährt mich irgendwann zurück in unser gemietetes Haus, verbringt den ganzen Tag in der Werkstatt, um die Reparaturen zu überwachen. Timms für diesen Abend geplante Geburtstagsfeier müssen wir verschieben, zu wackelig fühlt er sich auf den Beinen. Am nächsten Abend holen wir sie nach, laden Leonardo und seine Familie zu Königsberger Klopsen ein. Am folgenden Morgen dann hängt Timm wieder kotzend über dem Klo. So geht das noch ein paar Tage. Zum Glück habe ich ein Antibiotikum in Cartagena gekauft, und nach ein paar Tagen ist Timm wieder so fit, dass wir an Aufbruch denken können.

Nachdem ein paar Tage zuvor die ELN – eine Rebellengruppe, die seit dem Friedensabkommen zwischen der Regierung und der FARC das Machtvakuum ausnutzt – alle nationalen Fernstraßen mit Waffengewalt blockiert hat, sind wir ein bisschen nervös. «Woher», frage ich Leonardo, «weiß ich, ob die vermummten, maschinengewehrtragenden Männer Rebellen oder Armee sind?» Rebellen erkenne man daran, dass sie statt Schnürstiefeln Gummistiefel trügen. Außerdem hätten sie neben dem Maschinengewehr häufig eine Machete dabei und trügen eine Banderole um den Oberarm. Er zeigt uns auf der Karte einen Weg, der als sicher gilt. Ein bisschen mulmig ist mir trotzdem, als wir durch Palmölplantagen und schließlich durch staubige Trostlosigkeit fahren. Es ist unerträglich heiß, an den Straßenrändern rottet Müll, Motorradfahrer, Straßenarbeiter und jeder, der sich länger draußen aufhalten muss, ist von Kopf bis Fuß vermummt. Obwohl diese Vermummung einzig gegen Hitze schützen soll, lässt sie mich beklommen zurück. Nie war mir bewusst, wie unheimlich es ist, den Menschen nicht in die Augen blicken zu können.

In einem kleinen Dorf parken wir hinter der Tankstelle, die über Nacht bewacht und somit sicher sein soll. Ob es hier am vergangenen Wochenende gefährlich war, ob sie eingeschränkt gewesen wären, fragen wir die Dorfbewohner:innen, die alle paar Minuten anklopfen, um einen Blick in Roger zu erhaschen oder um ein Foto mit uns zu machen. «Wie immer halt.» Sie zucken mit den Schultern, überlassen es unserer Fantasie, ob das ein gutes oder schlechtes Zeichen ist. Und wie so oft kann ich wieder einmal nicht fassen, wie die Menschen hier mit Katastrophen umgehen.

Eine meiner ersten Yogastunden wäre vor vielen Jahren auch fast meine letzte gewesen. Grund dafür war ein T-Shirt. In bunten Leggings begrüßte uns die Lehrerin, leitete durch die Affirmation der Stunde. Nach wenigen Worten hörte ich nicht mehr zu, alles, was ich wahrnahm, war die Aufschrift ihres T-Shirts: «Happiness is homemade». Allzu gern hätte ich in diesem Moment die Yogamatte gegen ein paar Boxhandschuhe getauscht, um dieser Eso-Arschgeige ihr erleuchtetes Grinsen aus dem Gesicht zu hauen. Meine Wut füllte an diesem Tag den ganzen Raum, auch fünfzehn Yogis konnten gegen diese Energie nicht anleuchten. Damals lebte ich in Kapstadt, war in keiner Weise unglücklich. Ein bisschen erschöpft vom Leben mit vier kleinen Kindern und einem überarbeiteten Mann, ein bisschen angespannt von der allgegenwärtigen Kriminalität, ein bisschen überfordert von der sozialen Ungleichheit und ihren Folgen. Trotzdem triggerte mich dieser T-Shirt-Spruch gewaltig. Ich las ihn als «Wer nicht glücklich ist, hat selbst Schuld» – und das kam mir in einem Land wie Südafrika, in dem so viele Menschen mit Leid, Gewalt und Perspektivlosigkeit leben müssen, unendlich anmaßend vor. Viele Jahre später stehe ich vor dem Scherbenhaufen einer sehr alten Freundschaft, unter anderem zerbrochen an der Unfähigkeit meines Gegenübers, das eigene Glück zu sehen. Und fast wäre mir zum Abschied genau dieser Satz entschlüpft: «Glück ist hausgemacht.»

Wie komme ich zu einer Haltung, für die ich mich noch vor wenigen Jahren fast geprügelt hätte? Ich habe in den Jahren zwischen besagter Yogastunde und dem Abschied von dieser Freundschaft eine Vielzahl inspirierender Menschen treffen dürfen, die mich gelehrt haben, dass das persönliche Glücksempfinden tatsächlich oft von der inneren Einstellung abhängt. Dass es sich, wenn man sich auf Positives im eigenen Leben konzentriert, sofort auf das subjektiv empfundene Glück auswirkt. Kleine Katastrophen anzunehmen, sich kurz zu ärgern, sich dann aber nicht weiter von ihnen beschweren zu lassen, ist etwas, das wir in den vergangenen Monaten ausführlich lernen durften. Ich weiß nicht, wie es uns gelingen würde, mit großen Katastrophen umzugehen, sehe aber am Beispiel einer Freundin, die ich über alle Maßen bewundere, dass auch das geht, wenn man mutig genug ist, sich seinem Leid zu stellen. Der unfassbare Schicksalsschlag, ihr Kind zu verlieren, hat sie befähigt, ihre Lebensaufgabe zu erkennen: Sterbende und ihre Angehörigen auf den letzten Metern ihres Lebensweges zu begleiten. Sie sieht viel Leid und Traurigkeit, wird immer wieder mit dem eigenen Schmerz konfrontiert und ist doch einer der zufriedensten und erfülltesten Menschen, die ich kenne.

Glück, das haben wir ebenfalls in den letzten Monaten gelernt, ist nicht das Maß aller Dinge. Nach dauerhaftem Glück zu streben, ist bestimmt der sicherste Weg ins Unglück. Damit sich eine Grundzufriedenheit einstellt, muss man auch weniger positiv bewertete Gefühle wie Wut, Traurigkeit, Scham oder Angst zulassen. Jedes Gefühl hat seine Schattenseite, aber auf der anderen Seite enthält es eine unglaubliche Kraft, die, wenn man es nicht verdrängt, Veränderung ermöglicht.

Schon die ersten drei Wochen in Kolumbien, auf dem neuen Kontinent Südamerika, schenkten uns einige Möglichkeiten, Situationen positiv oder negativ zu bewerten. Nach unserem Offroad-Abenteuer in der Sierra Nevada de Santa Marta war Roger etwas mitgenommen, musste in die Werkstatt. Klar wäre es schön, wenn uns das erspart worden wäre, aber welch ein Glück, dass es dort passiert ist und uns unser Freund Leonardo zur Seite stehen konnte. Timm lag während der wichtigsten Werkstatttage und an seinem Geburtstag mit einer Salmonellenvergiftung flach. Scheiße, im wahrsten Sinne des Wortes, aber zum Glück hatten wir ein Haus gemietet, und er konnte sich in klimatisierten Räumen auskurieren. Guerillas sperren für ein Wochenende alle Hauptverkehrsstraßen des Landes, man ist in erhöhter Alarmbereitschaft, gilt die ELN doch als Terrororganisation. Aber auch hier steht uns Leonardo zur Seite, erklärt uns die Hintergründe, gibt uns Verhaltensregeln mit auf den Weg und zeigt uns auf der Karte die sichersten Wege. Am Ende steht nach dieser anstrengenden Zeit unter dem Strich nur eine Erkenntnis: Welch ein Segen, Leonardo und seine Familie getroffen zu haben, ihn zum Freund zu haben. Alle anderen Ärgernisse lösen sich in Luft auf, und übrig bleibt ein warmes Gefühl im Bauch: Glück.

JEKYLL UND HYDE

Kolumbien: Medellín, Februar 2020

Medellín, das ist der Jekyll und Hyde unter den Städten. Von kaum einer Stadt haben wir so viel Gegensätzliches gehört und gelesen wie von der zweitgrößten Stadt Kolumbiens. «Ein absolutes Must-see», «die aufregendste Stadt des Landes», hören wir oft von jungen Kolumbianern, die wir unterwegs treffen. Eine Stadt wie jede andere lateinamerikanische Stadt, sagen andere, vor allem Overlander. Die «Stadt des ewigen Frühlings» nennen die Kolumbianer:innen sie, weil die Temperaturen hier auf einer Höhe von 1538 Metern selten über dreißig Grad klettern oder unter sechzehn Grad fallen. Weitere Namen sind «Hauptstadt der Berge» und «Hauptstadt der Blumen», weil neben Kaffee ein Hauptproduktionszweig der Anbau von Blumen ist.

Wir kommen von Norden. Aus dem Nichts wachsen luxuriöse Apartmentanlagen und Architektenvillen aus dem Kiefernwald. Glas, Stahl und gebürsteter Beton verdrängen jede Form provisorischer Bauweise. Hölzerne Verkaufsstände weichen riesigen, modernen Shoppingmalls, wir fühlen uns wie nach Kanada oder in die Schweiz gebeamt. Es ist ein Kulturschock rückwärts.

Medellín liegt im Aburrá-Tal zwischen grünbewachsenen Bergen. Während sich von Nord nach Süd, dem Verlauf des Flusses folgend, moderne Glas- und Betonbauten, Wolkenkratzer, Büro- und Shoppingkomplexe, Luxusapartments und Wohnanlagen erstrecken, wuchern im Osten und Westen die Armenviertel. Sie drohen mit ihrem Gewirr aus übereinandergestapelten Backsteinhütten, durchzogen von schmalen Gassen und Trampelpfaden, lawinengleich die Innenstadt zu ersticken. Früher war der Weg ins Stadtzentrum für die Bürger der «Comuna 13», einem der ärmsten und elendsten Viertel der Stadt, ein Tagesausflug, bis 2011 hier die längste Rolltreppe der Welt eingeweiht wurde. Sie überwindet einen Höhenunterschied von 130 Metern oder 28 Stockwerken. Ihre Benutzung ist gratis. Der Bau hat umgerechnet fünf Millionen US-Dollar gekostet, ein geringer Preis für den Nutzen, den die Freilufttreppe der Bevölkerung bietet. Außer der Rolltreppe hat sich Medellín mit weiteren Infrastrukturprojekten zu einer der fortschrittlichsten und lebenswertesten Städte Lateinamerikas entwickelt. So verfügt sie als einzige Stadt Kolumbiens über eine moderne Hochbahn mit insgesamt 42 Kilometern Schienennetz und über die «Metrocable», ein Seilbahnsystem, das weitere, über zahlreiche Hügel verstreute Armenviertel mit der Innenstadt verbindet. Weil das Seilbahnsystem jährlich etwa 20 000 Tonnen CO_2 einspart, kann die Stadt Emissionszertifikate verkaufen und mit den Einnahmen den weiteren Ausbau sowie ihren Betrieb finanzieren. Lange Zeit war Medellín die Mordhauptstadt Kolumbiens. In den letzten zehn Jahren war die Metropole auf der Rangliste der Städte mit den höchsten Mordraten nicht mehr unter den Top 50 zu finden. Stattdessen wurde sie 2013 vom Urban Land Institute mit dem Preis für die «innovativste Stadt der Welt» ausgezeichnet und hängte Mitstreiter wie New York und Tel Aviv ab. Grund für diesen Innovationspreis sind vor allem die seit 2004 umgesetzten Maßnahmen, die den Armen der Stadt Zugang zum öffentlichen Leben verschaffen.

Die Liste der Sehenswürdigkeiten in Medellín ist lang. Wir freuen uns riesig darauf, sie zu erkunden. Als wir im Entenmarsch vom Parkplatz marschieren, hält mich der Parkwächter zurück: «Bitte nehmt die Kinder an die Hand, und lasst sie keine Sekunde aus den Augen. Viel Spaß!»

Leider scheint die Stadt uns nicht zu wollen. Als wir die U-Bahn gefunden, einen Familienpass gekauft, den Fahrplan verstanden haben und am richtigen Gleis stehen, sind die Züge so voll, dass wir mehrere abfahren lassen in der Hoffnung, dass die Menschenmassen weniger werden. Leider geschieht das nicht, und nachdem in Europa die Menschen aufgrund des Corona-Virus beginnen, Abstand zu halten, fühlt es sich falsch an, uns in ein enges Zugabteil zu quetschen. Wir beschließen, mit einem Taxi in die Innenstadt zu fahren. Niemand aber will uns zu sechst mitnehmen. Wir teilen uns auf, ich verdränge alle Ratschläge des Auswärtigen Amts, in Medellín kein Taxi zu nehmen.

Bevor ich ein Taxi erreichen kann, ist das gelbe Taxi mit Timm und den Jungen im dichten Verkehr verschwunden. Ein alter Mann, im Begriff, in das nächste Taxi zu steigen, sieht die Panik in meinem Blick, will mir den Vortritt lassen. Da er in dieselbe Richtung möchte, schlage ich vor, zusammen zu fahren, auf unsere Kosten. Irgendwie fühle ich mich sicherer mit einem weiteren Fahrgast, und die Tatsache, dass er mir sein Taxi überlassen wollte, spricht dafür, dass der Herr grundanständig ist. Sagt mein Bauch.

Kurze Zeit später beginnt dieser allerdings sich zu verkrampfen. Der alte Herr und der Taxifahrer scheinen über die Strecke in Streit zu geraten. Während der Taxifahrer einsilbig antwortet, unbeteiligt wirkt, wedelt der alte Mann mit den Händen, deutet in verschiedene Richtungen. Ich schicke Timm meinen Live-Standort per WhatsApp. Er reagiert nicht, guckt vermutlich nicht aufs Telefon. Ich werde nervös. Angeblich ist es ein lukratives Geschäft, Touristen in kleine Nebenstraßen zu fahren, um sie auszurauben. Der alte Mann wird laut, fuchtelt, zeigt in die entgegengesetzte Richtung, der Taxifahrer sagt nichts, starrt stur geradeaus. Ob es Probleme gibt, möchte ich wissen. Der alte Mann lächelt, der Taxifahrer ignoriert mich, fährt weiter seinen geplanten Weg. Wir befinden uns in einer Einkaufsgegend, noch sind viele Leute um uns herum. Nicht vertrauenswürdig, aber belebt. Hinter einem

Bus kommen wir zum Stehen, und gerade als ich überlege, ob wir hier aussteigen sollen, grinst rechts von mir Timm durch die Fensterscheibe seines Taxis, Daumen hoch. Mein Zeigefinger schnellt einmal von links nach rechts über meinen Hals, den Stinkefinger verkneife ich mir. Wir kurbeln die Fenster runter, ich frage leicht ungehalten, warum er nicht auf sein Handy guckt. «Vergessen, sorry!»

Als wir uns in der Nähe des Plaza Botero, dem historischen Zentrum Medellíns, befinden, steigen wir aus. Der alte Herr mit uns. «Behaltet die Kinder im Auge, passt auf eure Sachen auf.» Es sind die ersten Worte, die der Taxifahrer an mich richtet, dann braust er grußlos davon. Der alte Mann weicht uns ab da nicht mehr von der Seite, schleust uns durch Menschenmengen, bis er sich am Plaza Botero nur widerwillig von uns verabschiedet.

Unser Reiseführer sagt über den Plaza Botero, dass er «der originellste» in Medellín sei, 2002 neu gestaltet. Er spricht von Palmen, Blumen, Springbrunnen, Parkbänken, Imbissverkäufern, Geisterbeschwörern, indianischen Tänzerinnen, Feuerspuckern, Schuhputzern und – als Attraktion – 23 monumentalen Skulpturen des Bildhauers Fernando Botero. Immer wieder blicke ich ungläubig auf den Stadtplan, kann nicht glauben, dass wir uns auf dem richtigen Platz befinden. Museo de Antioquia, Palacio de la Cultura Rafael Uribe Uribe, Iglesia de la Candelaria, die Einkaufsstraße Paseo Junín, alles scheint sich genau hier zu befinden. Auch ein paar der pummeligen Statuen Boteros kann ich sehen. Adam und Eva haben glänzend gegrabbelte Geschlechtsteile und Brüste, ansonsten aber glänzt hier absolut gar nichts. Jeglicher Glas- und Stahlglamour ist verschwunden. Stattdessen bröckelnde Fassaden. Ein verwahrloster Mann reißt schreiend sein T-Shirt vom Bauch, entblößt einen vollen Kotbeutel. Zugedröhnte Frauen mit aufgeknöpften Blusen und der Einfachheit halber tätowiertem Make-up versuchen, verführerisch zu lächeln, entblößen dabei rottende Zähne zu einer schrecklichen Grimasse. Der Griff der Kinder um meine

Hand wird fester. Die Bänke sind alle besetzt von Menschen, die augenscheinlich viel weniger stehen können als wir. Eine Gruppe Jungs mit Schirmmützen und dunklen Sonnenbrillen guckt in Lottas Richtung. Sie stoßen sich gegenseitig an und grabschen sich in den Schritt, ein paar andere kommen scheinbar gelangweilt näher. Wohin ich blicke, überall Elend und Verwahrlosung. Ich halte die Hände der Jungen fest, klemme meine Tasche unter die Achseln und blicke zu Timm, der ebenso verkrampft Lottas und Paulas Hand hält. Ich habe nur einen einzigen Gedanken: WEG, SOFORT!

So schnell es unauffällig geht, treten wir den Rückzug an, versuchen, niemanden zu berühren, als wir Richtung Metrostation gehen. Es riecht nach Marihuana, Scheiße und Müll. Aus dieser Richtung scheint niemand in die Metro einsteigen zu wollen, wir haben viel Platz, als wir die vier Stationen zurück Richtung Norden fahren. Es ist erst 15 Uhr, wir hätten Zeit, mit der legendären Seilbahn zu fahren, Medellín von oben zu sehen. Keiner von uns aber hat Lust. Es ist wie bei einem Blind Date, bei dem das Gegenüber in den ersten drei Minuten furzt: Egal, was noch kommt, der Eindruck ist versaut. Keiner von uns ist bereit, Medellín eine zweite Chance zu geben, am nächsten Tag fahren wir weiter.

Vielleicht lag es wieder an unseren Erwartungen, die viele mit der Aussage gefüttert hatten, dass das eine fantastische Stadt sei. Vielleicht waren wir zur falschen Zeit am falschen Ort. Vielleicht hätten wir Medellín eine zweite Chance geben sollen. Bogotá, das jedenfalls wissen wir, werden wir dick und fett von unserem Plan streichen. Uns steht gerade einfach nicht der Sinn nach Städten.

OHRWURM

Kolumbien: Calí, Ende Februar 2020

Timm und ich ergänzen einander in vielerlei Hinsicht. Eine Situation allerdings bringt uns in regelmäßigen Abständen an einen Punkt, an dem wir das vergessen: wenn Timm fährt und ich navigiere.

Schuld ist nicht meine Links-rechts-Schwäche, an die sich Timm in den dreiundzwanzig Jahren zusammen nach wie vor nicht gewöhnt hat, sondern sein rechtes Ohr. Ausgerechnet dem mir zugewandten Ohr hat die jahrelange Bassbeschallung der schrankgroßen Box seines ersten Autos das Gehör verkrüppelt. Seit gestern kann er gar nicht mehr hören, nachdem er zuvor einige Tage unter Ohrenschmerzen litt.

Wir sind auf dem Weg nach Calí, der drittgrößten Stadt Kolumbiens und nach Escobars Tod 1993 Drogenhauptstadt des Landes. Auch wenn das Calí-Kartell 1995 als solches zerstört wurde, ist die Stadt noch immer ein berüchtigtes Drogenhandelszentrum. Nach Medellín habe ich wenig Lust, mich erneut einer kolumbianischen Metropole zu stellen, aber Timm braucht einen Arzt. Es ist weniger Calís Reputation als zweitgefährlichste Stadt Kolumbiens, die mich abschreckt, als die Aussicht auf dichten Verkehr, auf viele Menschen, auf überpflastertes Grün und schlechte Luft. Sehnsüchtig denke ich im dichter werdenden Verkehr an die letzten Tage.

Zwei Wochen haben wir im Eje Cafetero, dem «Kaffeedreieck», verbracht, das von der Kultur der «Paísas», der Nachkommen meist baskischer Einwanderer, geprägt ist. Sie leben in weiß getünchten, mit dicken Tonziegeln gedeckten Landhäusern, deren mit kunstvollen Schnitzereien verzierte Türen und Fenster gummibärchenbunt bemalt sind. Wenn sie nicht bei ihren Kühen und Pferden sind, sitzen die Männer im Schaukelstuhl auf den blumenumwucherten Veranden, strecken ihre gummibestiefelten Füße unter dem Poncho aus, zwirbeln, den Cowboyhut auf dem Schoß, am Schnurrbart. Die kantigen Berge sind morgens meist nebelumhüllt. Die Sonne lässt sich Zeit, aus dieser gemütlichen Bettdecke zu schlüpfen, kitzelt, statt zu brennen, Sommersprossenwetter. Auf den saftigen Wiesen leuchtet Löwenzahn. Hier versinken mollige Kühe wiederkäuend im Gras, ganz so, als hätten sie sich in frisch aufgeschüttelte Kissen gekuschelt.

Wir übernachteten auf einigen Kaffeefarmen, in den Thermalquellen von Santa Rosa ließen wir uns von einem Wasserfall berieseln. Im Cocora-Tal bewunderten wir, wie sich die zarten Köpfe der Wachspalmen gegen steile wolkenumwobene Gipfel abzeichneten. Mit bis zu sechzig Metern Höhe sind sie die höchsten Palmen der Welt und nirgends in einer solchen Konzentration anzutreffen wie in diesem Tal. Ich wurde überschwemmt von einer Sehnsucht nach Landleben, nach Hühnerstall, nach erdschwarzen Fingernagelrändern und nach Kirschkuchen.

Dann, letzte Nacht, schwoll Timms Gesichtshälfte an, und er wurde von dem Gefühl wachgehalten, dass sich etwas in seinen Gehörgängen bewegt. Dr. Google versorgte uns mit fürchterlichen Bildern von in Südamerika vorkommenden Fliegen, die ihre Eier in die Gehörgänge ihrer Opfer legen. Die Larven schlüpfen nach kurzer Zeit und fressen sich dann fröhlich Richtung Hirn. Timm popelt sich am Ohr, während ich versuche, vorbei an allen Absperrungen den kürzesten Weg ins Krankenhaus zu finden. Es ist Sonntag, und wie in vielen anderen kolumbianischen Städten sind auch hier in

Calí die Hauptverkehrsstraßen für Autos gesperrt. Stattdessen ein undurchdringliches Gewusel von Spaziergänger:innen, Rollschuhfahrer:innen, Kindern und Hunden, Popcorn- und Eisverkäufern, Getränkeständen und Polizisten. Mitten im größten Gewusel ein Schrei aus Timms Richtung. Auf seiner Fingerspitze streckt er mir ein weißes Krümelchen entgegen. «Was ist das, guck mal, ist das ein Wurm?» Bevor ich den vermeintlichen Wurm genauer inspizieren kann, landet er im Fußraum. Timm wird hektisch, ich krabbele mit Taschenlampe und Lupen-App zwischen Gas- und Kupplungsfuß herum, niemand achtet mehr darauf, wo wir hinfahren. Wir verfahren uns, und der Wurm bleibt im Mikrokosmos der Fußmatte verschollen.

Als wir endlich an der Klinik ankommen, erwartet uns auf deren Parkplatz eine Großbaustelle. Wir parken im Halteverbot nahe des Haupteingangs im Fokus der Kameras, schließen die Kinder ein und betreten mit gemischten Gefühlen die Klinik.

Nach fünf Minuten kommt ein Arzt, um Timm zu untersuchen. Sichtlich überfordert mit der Funktion des Otoskops, bohrt und prokelt er, verschreibt Antibiotika und einen Entzündungshemmer. Eine Mittelohrentzündung, so sein Urteil. Wir sollen in drei Tagen wiederkommen. Ob dort auch wirklich kein Wurm zu sehen sei, möchte Timm wissen. Nein, kein Wurm zu sehen, aber mit Sicherheit könne er das erst sagen, wenn das Innenohr abgeschwollen sei.

Als wir wieder bei den Kindern sind, haben wir keine Kraft mehr weiterzufahren und beschließen, über Nacht zu bleiben. Als wir am Abendbrottisch sitzen, klopft es an der Tür. Davor steht ein privater Sicherheitsmann. Er patrouilliert hier nachts die Straßen um das Krankenhaus, gibt uns seine Telefonnummer und ringt uns das Versprechen ab, ihn anzurufen, sollten wir etwas brauchen. Die Gegend sei sicher, wir bräuchten uns keine Sorgen zu machen, er wollte sich nur vorstellen und seine Hilfe anbieten.

Den nächsten Tag verbringen wir im Zoo. Abends schaffen wir es gerade eben aus der Stadt heraus, parken an einer Tankstelle südlich von Calí. Die ganze Nacht hämmert der Regen gegen die Scheiben, ich kann nicht schlafen. Timms Ohr ist knallrot und heiß, seine Gesichtshälfte weiterhin angeschwollen, selbst Schlucken und Kauen verursacht Qualen.

Um 5 Uhr 30 hält er es nicht mehr aus, mit den schlafenden Kindern fahren wir zurück in die Stadt. Das Wasser auf der Fahrbahn ist knöchelhoch, von allen Seiten flitzen Mopeds, wir stehen im Stau, es geht nur schleppend voran. Mir schwinden die Kräfte. Unsere Wäsche stapelt sich stinkend, die Gasflaschen sind nach der Verschiffung von Panama noch immer leer, wir finden seit Wochen niemanden, der sie uns auffüllen kann. Es ist nur noch eine Frage der Zeit, bis wir nicht mehr kochen können. Der Ausblick auf einen Morgen Schule treibt mir Schweißperlen über den Rücken.

Wieder wird es ein Schulmorgen am Straßenrand sein, wir werden uns zu fünft quetschen müssen, niemand wird Ruhe haben. Es wird heiß und stickig werden, ich habe wenig geschlafen und werde all meine Kraft aufbringen müssen, geduldig zu bleiben. Lotta und ich fühlen uns beide überfordert mit der Nähe zum Rest unserer Familienmitglieder. So viel und eng zusammen zu sein, ist zugleich das Schönste und auch das Schwierigste an der Reise. Ich sehne mich danach, allein in meinem Kopf zu sein. Auch Timm ist überzeugt, dass er in seinem Kopf nicht allein ist. Er redet ununterbrochen von seinem neuen Mitbewohner, macht mich wahnsinnig mit seinen Wurmgeschichten.

Dieses Mal haben wir mehr Glück und bekommen für ihn einen Termin bei einem HNO-Arzt. Dieser diagnostiziert eine Außenohrentzündung, verschreibt Ruhe, ein anderes Antibiotikum und abschwellende Tropfen, gibt Timm zwei Spritzen in den Hintern und bittet uns, in drei Tagen zur Nachsorge zu kommen. Einen Wurm schließt er aus, möchte das Ohr aber trotzdem noch einmal kontrollieren, bevor wir weiterreisen.

Wir haben keine Energie für die Stadt, fahren in den südwestlich von Calí gelegenen Farallones-de-Calí-Nationalpark. Zunächst werden die Straßen breiter, die Häuser luxuriöser, Architektenwohnparks klettern die Hänge hinauf. Dann wird die Teerstraße zur Schotterpiste. Uns verschluckt das ganze Grün mit Haut und Haar. Augenblicklich befällt mich das Gefühl zu vermoosen.

Wir verkriechen uns im Dschungel, und es tut so gut, unsichtbar zu sein, frische feuchte Luft zu atmen. Die Vögel zwitschern im Dolby-Surround, der Río Pance rauscht beruhigend und ab und zu auch der Regen vom Himmel. Links und rechts türmen sich dschungelbewachsene Berge, in den höchsten hat sich der Nebel verheddert. Es riecht süßlich nach Blüten, nach Moder und Moos, nach überreifem Obst, nach Fäulnis. Es ist der Geruch der Tropen, der Geruch von Leben und Tod, so dicht beieinander. Alles wächst und gedeiht und stirbt und beginnt von Neuem. Schaue ich zu lange auf einen Punkt, beginnt er, sich zu bewegen. Hier ist so viel Leben auf einem Quadratzentimeter Boden, Grüngeraschel, Blättergezwitscher, Moosstille, Waldfrieden. Ich weiß nicht, wie ich in Zukunft ohne Dschungel auskommen soll.

Ich habe schon immer Wälder geliebt, hier aber, zwischen all dem Gekrabbel, kommt mir die Natur zu Hause so schrecklich gezähmt vor. Jedes Stückchen Grün ist unserem Willen unterworfen, von uns Menschen verändert, gestaltet, unseren Wünschen angepasst. Natur darf nicht wild sein, lässt sie sich nicht unterwerfen, bekommen viele Angst. Moderne Menschen haben oft den Bezug zur Natur verloren, viele Kinder auf dem Land können keine Buche von einer Esche unterscheiden. Alles wird eingedämmt und weggespritzt, wir bestimmen, wie viele Rehe und Wildschweine wo leben dürfen. Unsere Ökosysteme sind schon so gestört und von uns abhängig gemacht, dass sie sich gar nicht mehr selber reparieren können.

Während ich mir Gedanken um die Natur und unseren Bezug zu ihr mache, erreichen uns immer mehr Updates über das neue

Corona-Virus von zu Hause. Dort herrscht Ausnahmezustand. Zunächst denke ich noch, dass das übertriebene Ängste zivilisationsverweichlichter Mitmenschen sind. Dann, ohne dass ich etwas dagegen tun kann, liege auch ich nachts wach, mache mir Sorgen. Timm und ich beschließen, offline zu gehen, uns ein paar Tage nicht mit der wilden Welt jenseits unseres Dschungelrefugiums zu beschäftigen. Wir wandern entlang des Flusses, die Kinder spielen am und im Wasser. Am Wochenende kommen Scharen aus Calí, um hier ihre freien Tage zu verbringen, jetzt unter der Woche aber sind wir hier fast allein, allein mit Millionen Mücken.

Nach drei Tagen offline fahren wir wieder zurück in die Stadt, um Timms Ohren erneut untersuchen zu lassen. Wieder online, treffen uns die Nachrichten volle Breitseite. Menschen in Deutschland kloppen sich um Klopapier, der Goldpreis ist gestiegen, nicht wenige unserer Freunde sind in Panik. Bisher hat es das sich rapide ausbreitende Virus noch nicht auf den lateinamerikanischen Kontinent geschafft, wahrscheinlich aber ist es eine Frage der Zeit, bis es auch hier zum Thema wird. Wir diskutieren, wie es weitergehen soll, was wir machen würden, wenn auch hier Corona ausbricht. Die Kinder sind erstaunlich klar, viel klarer als ich: Wir sollten weiterfahren, aus dem Fenster schauen, beobachten, was um uns passiert. Nur weil Europa kopfsteht, heißt das ja noch lange nicht, dass auch hier das Chaos ausbricht. Wir sollten vorsichtig sein, aber erst einmal weitermachen wie bisher. Timm beruhigt, dass wir unser Haus quasi dabeihaben und uns jederzeit irgendwo in den Bergen oder im Dschungel verkriechen können, sollte es zum Ausnahmezustand kommen. Ich befürchte sozialen Unfrieden, merke das in der Diskussion an. Lotta lacht und sagt, dass wir uns seit Mexiko in politisch instabilen Ländern bewegen und mich das bisher auch nicht gestört hätte. Vielleicht hat sie recht, vielleicht sehe ich Gespenster. Wenn sich aber halb Europa im Ausnahmezustand befindet, kann das schon mal ein bisschen am Urvertrauen rütteln.

FLUCHT

Kolumbien: Südkolumbien, 14. März 2020

Es gibt Momente, da kann sich der Eiffelturm hinter meiner Furcht verstecken. Jetzt ist so einer. Wir sind den ganzen Tag durch das landschaftlich reizvolle Valle del Cauca gefahren. Dicht bewachsene Hügel, Baumwollfelder, sprudelnde Flüsschen, hübsche Dörfer. Aber immer wieder auch Militärkontrollen, aufgestapelte Sandsäcke am Straßenrand, hinter denen blutjunge Soldaten stehen, die weniger Haare im Gesicht haben als ich am Unterschenkel, winken. Wir werden nicht angehalten, andere allerdings haben weniger Glück, und ihr Gepäck stapelt sich am Seitenstreifen unter den gezückten Schnellfeuerwaffen der Militärs. An den Straßenrändern Gruppen ausgemergelter, in Lumpen gekleideter Menschen, die ihr in Plastiktüten verpacktes Hab und Gut in ausrangierten Kinderwagen durch den Unrat schieben. Ein kleiner Junge trägt links einen Flipflop, rechts einen Schnürschuh, drei Nummern zu groß. Es sind Flüchtende aus dem bürgerkriegsgeplagten Venezuela auf dem Weg nach Ecuador oder zurück Richtung Kolumbien.

Kurz vor Sonnenuntergang erreichen wir Pasto, die Hauptstadt des Departamento Nariño. Dieses Departamento ist auch heute noch das Hauptanbaugebiet von Kokain, gilt als berüchtigtes Sammelbecken für Narcos, Guerillas und Paramilitärs. Besonders das westliche Tiefland ist mit Antipersonenminen kontaminiert, die Zivilbevölkerung gerät immer wieder zwischen die Fronten. Es ist der gefährlichste Teil Kolumbiens, in dem man besonders vorsichtig sein soll.

Nach dem Abendessen sitzen Timm und ich auf der Dachbank und überlegen, ob wir uns trauen sollen, ins Departamento Huila zu fahren – ebenfalls traditionelles Guerillaherzland –, um uns die Tatacoawüste sowie die archäologische Fundstätte San Augustín anzusehen. In meiner Brust schlagen zwei Herzen: das der Abenteurerin, die nichts auf all die Warnungen geben möchte, und, etwas lauter und drängender, das des Hasenfußes. Es meint, es lohne sich nicht, für ein paar alte Steine die Familie durch Guerillagebiet zu kutschieren. Der Himmel über uns flammt in Orange, Rot und Gelb, auf einem Kreuz jenseits der Parkplatzmauer sitzen ein paar Geier, schwarze Umrisse vor Höllenglut.

«Ganz sicher», versuche ich mich zu beruhigen, «ist das kein Zeichen.» Die Geier sind wegen der Kampfhähne hier, von denen ein Großteil heute Abend den letzten Sonnenuntergang erlebt und noch einmal alles rausschreien muss, was die Stimmbänder hergeben. In das schrille Kikeriki und das Weinen der geflüchteten Kinder, denen das Wasser, das die Mutter mit einer Colaflasche über ihre Köpfe gießt, zu kalt ist, zwischen das Röhren der Mopeds, der Motorbremsen der Lkws und das bierschwere Grölen aus der Nachbarbar tönt ein leises «Pling». Das aufglimmende Display meines Telefons kündigt eine Pushnachricht von der «Safe-Travels»-App an:

> *Am 15. 3. 2020, 24 Uhr schließt Ecuador die Überlandgrenzen zu den Nachbarländern für alle Ausländer. Heimkommende Ecuadorianer haben 24 Stunden länger Zeit zurückzukehren.*

Danach sind die Grenzen zu. Auf unbestimmte Zeit. Corona ist offiziell auch in Lateinamerika angekommen. Uns bleiben achtundzwanzig Stunden.

Wollen wir versuchen, noch über die Grenze nach Ecuador zu kommen, oder bleiben wir lieber auf unbestimmte Zeit in Kolumbien? Die Entscheidung ist schnell gefallen. Wir wissen wenig über Ecuador und darüber, wie es um die Infrastruktur des Landes bestellt ist. In diversen Foren aber haben wir von Hans, einem Expatdeutschen, gelesen, der zwei Stunden hinter der Grenze ein Refugium für Overlander geschaffen hat. Bei ihm, das glauben wir fest, sind wir, komme, was wolle, erst mal sicher.

Obwohl unser Reiseführer unbedingt davon abrät, die Straßen Nariños bei Dunkelheit zu befahren, und rät, hin und wieder im Rückspiegel nach Verfolgern Ausschau zu halten, brechen wir morgens früh um vier Uhr auf. Grenzübergänge am Wochenende sind unangenehm, am Wochenende *und* dem letzten Tag vor einer mehrmonatigen Grenzschließung sicher die Hölle. Zwar ist die Grenze laut Google Maps nur vier Fahrstunden entfernt, für uns aber werden das mindestens sechs Stunden sein. Die Überfallquote sei auf diesem Straßenabschnitt in den letzten Jahren etwas zurückgegangen. An diese Nachricht klammere ich mich, während wir bei Nieselregen das Städtchen verlassen.

An den Straßenrändern reihen sich Lkws, ein Mann liegt quer auf einem Plastiktisch, um ihn verstreut die Spuren der letzten Nacht: sein Freund unter dem Tisch, eine Monatsration leerer Bierdosen und eine Lache halb verdautes Abendessen. Wir sind allein auf der Straße, die sich in engen Kurven durch die Dunkelheit windet. Einmal kommt uns ein Bus entgegen – er muss einem Steinschlag ausweichen, wechselt auf unsere Spur. Immer wieder liegen dicke Brocken auf der Straße. Im Lichtkegel der Scheinwerfer leuchtet zäher Nebel, der sich gnädig über den Abgrund zu meiner rechten Seite legt. Ich kaue Fingernägel, konzentriere mich aufs Atmen. Erst als langsam die von tiefen Tälern zerfurchte Hochebene aus der Dunkelheit krabbelt, kann ich mich etwas entspannen.

Am Vormittag bremst uns ein Baustellenstau zwei Stunden aus. Als wir endlich um die Mittagszeit die Grenze erreichen, sind wir erschöpft. Wir sind die Vorhut. Das Immigrationsgebäude ist weiträumig mit Absperrgittern umzäunt, die die erwarteten Menschenmassen in ordentliche Reihen sortieren sollen.

In nur wenigen Minuten stehen wir vor einer Zollbeamtin. Ich schiebe unsere sechs Pässe durch das kleine Loch in der Plexiglasscheibe. Sie trägt Mundschutz und Latexhandschuhe. Ebenso ihr Kollege, der mit seiner behandschuhten Hand in die Tupperdose eines weiteren Kollegen greift, sich eine Handvoll Trauben unter den Mundschutz schiebt. Mit einem prüfenden Blick wandern die Augen der Beamtin über die Gesichter meiner Familie, bleiben an Max hängen, ihre Stempelhand zögert. Sie fragt mich leise etwas, das ich durch den Mundschutz nur schwer verstehen kann. Ich beuge mein Ohr an das kleine Loch, bitte sie, ihre Frage zu wiederholen. Ob ich wirklich sicher sei, nach Ecuador ausreisen zu wollen. Ob ich mir das gut überlegt habe. Tatsächlich habe auch ich diesbezüglich mehr Fragen im Gepäck, als ich tragen kann, entscheide mich aber dafür, ohne Kopf zu denken. Der Bauch ruft: «Weiter geht's!» Anscheinend aber nicht so laut, dass seine Überzeugung auch mein Gesicht erreicht. Als wir uns mit den Ausreisestempeln im Pass von ihr verabschieden, blickt die Beamtin mich eindringlich an, erinnert mich, dass ich bis 24 Uhr heute Nacht die Möglichkeit habe zurückzukommen. Danach für sehr lange Zeit nicht mehr.

Auf der ecuadorianischen Seite der Grenze sind die Schlangen etwas länger. Ich werte das als gutes Zeichen. Auch hier sortieren Absperrgitter die Menschen. Wir sollen uns in der Schlange «physisch benachteiligt» aufstellen – wegen der Kinder. Mir atmet ein altes Mütterchen in den Nacken, vor uns brüllt ein Kleinkind, von oben quält sengende Sonne. Max wird erst rot, dann schneeweiß und genau in dem Moment, als wir die Gesundheitsinspektoren erreichen, grün im Gesicht. Während einer der Ärzte unsere Passnummern, Namen, Alter und Reisehistorie notiert, flüstert Max: «Ich muss kotzen.» Auf die Frage, ob wir in der letzten Zeit gesundheitlich eingeschränkt waren, ruft Timm ein bestimmtes «Nein, alle gesund!» über seine Schulter, bevor er mit Max im Waschraum verschwindet. «Zu viel getrunken», erkläre ich, während die Ärzte dem Rest unserer Familie Fieber messen und die Lunge abhorchen. Kurz bevor sie mit uns fertig sind, kommen Timm und Max zurück, Letzterer mit glücklicherweise gesünderer Gesichtsfarbe.

Die Ärzte zertifizieren unsere Unbedenklichkeit, wir stellen uns bei der Immigration an. Dieses Mal nicht in der sengenden Sonne, dafür aber in einer stickigen Halle. Wieder wechselt Max' Gesichtsfarbe von Rosa zu Eierschalweiß bis Salbei, ich halte ihn mühsam auf den Beinen, verspreche, dass gleich alles vorbei ist. Dieses Versprechen bricht eine Beamtin nach kurzem Blick auf unsere Pässe: «Tut mir leid, aber Deutschen ist die Einreise nicht gestattet.» Deutschland zähle seit dem extremen Anstieg an Coronainfektionen zu den Hochrisikoländern, und Staatsangehörige von Hochrisikoländern könnten in Ecuador nicht einreisen. Wir seien in den letzten achtzehn Monaten nicht in Deutschland gewesen, sie solle doch bitte auf die Stempel in unseren Pässen achten, versuche ich sie zu überzeugen. Sie glaube nicht, dass man da etwas machen könne, meint sie, würde aber mit ihrem Vorgesetzten sprechen. Wir sollen in einer Ecke des Raumes warten, laufen immer wieder mit Max zum Waschraum, während sich besagte Ecke mit weiteren Risikotouristen aus Frankreich, Spanien, Österreich, der Schweiz und Großbritannien füllt.

Nach fast einer Stunde schließlich winkt uns ein noch an seinem Mittagessen kauender Beamter zu sich, teilt, ohne weitere Fragen zu stellen, großzügig Einreisestempel aus und wünscht uns einen schönen Aufenthalt in Ecuador. Vielleicht blieben wir ja länger, zwinkert er zum Abschied.

GESTRANDET

Ecuador: Ibarra, Finca Sommerwind, März 2020

Ohrenbetäubendes Vogelgezwitscher reißt mich aus einem tiefen traumlosen Schlaf. Vor meinem Fenster schwirren Kolibris zwischen den gelben Blüten einer Hecke, für die ich noch keinen Namen habe. Für vieles fehlen mir derzeit die Worte. Die Spitze des Hügels vor dem Fenster ist in milchigen Dunst gehüllt, eine Agavenblüte zeichnet scharfe Schatten auf diese graue Leinwand. Es ist still. Ich höre nichts außer den Vögeln, dem leisen Tropfen von Morgentau. Seit Tagen habe ich kein Auto mehr gehört, seit Tagen keine Kratzer mehr im Himmelblau gesehen. Die Welt steht still.

Wir waren die Ersten von dreißig Reisenden, die vor dem totalen Grenzschluss auf der Finca Sommerwind ankamen. Seit ein paar Tagen ist der Strom an Overlandern, die aus allen Teilen Ecuadors und von der Grenze Perus kamen, um bei Hans Zuflucht zu suchen, versiegt. Die Grenzen nach Kolumbien und Peru sind zu, werden vom Militär bewacht. Nicht einmal heimkehrende Ecuadorianer:innen dürfen sie übertreten. Ohne eine Reisegenehmigung, ein «salvoconducto», das von einer öffentlichen Behörde ausgestellt wurde, darf niemand mehr fahren. Militär- und Polizeikontrollen haben alle Hauptstraßen abgeriegelt. Corona, bisher nur als Hersteller von Badezimmerarmaturen und Bier bekannt, ist auch in Lateinamerika angekommen.

Nach unserer ersten Nacht auf der Finca teilte Hans uns mit, dass wir ab dem nächsten Tag unter Quarantäne stehen würden und die Finca nicht mehr verlassen dürften, dass ab dann alle Geschäfte schließen müssten. Wir hatten keine Ahnung, wie es um die Infrastruktur des Landes bestellt ist, wussten nicht, wie wir uns würden versorgen können, und nutzten die letzten 24 Stunden Freiheit: Wir füllten unsere Gas- und Dieselvorräte auf, zogen so viel Geld, wie unser Tageslimit erlaubte, aus dem Automaten, kauften für einen Monat Lebensmittel ein. In einem Baumarkt deckten wir uns mit Lakierermasken ein, dem einzigen Maskenmodell, das hier außer Gasmasken erhältlich war. In der Stadt war nichts von Coronapanik zu spüren. Die Schlangen im Supermarkt schienen zwar länger als gewöhnlich, die Wagen und Hände der Kunden wurden im Laufe des Einkaufs und während des Bezahlvorgangs immer wieder von Sicherheitspersonal desinfiziert. Aber niemand schien so richtig zu wissen, wie man mit der Situation umgehen sollte. Immer wieder sah ich, dass Bekannte sich begrüßten und sich – wie in Ecuador üblich – auf die Wange küssen wollten. Mitten in der Bewegung hielten sie inne, um sich letztlich in Ermangelung von Alternativen doch fürs bewährte Küssen zu entscheiden. Die Panik war noch nicht aus Europa herübergeschwappt. Aber ich fühlte schon die Erschütterung, das Beben des Bodens, etwas, das unaufhörlich auf uns zuraste.

In den folgenden Tagen überschlugen sich die Ereignisse. Jeden Nachmittag um 15 Uhr trafen wir uns im Café auf dem Fincagelände zur Lagebesprechung, täglich besuchte uns das Gesundheitsamt, untersuchte uns. Sie maßen unsere Temperatur, die Sauerstoffsättigung des Blutes, den Blutdruck, horchten unserem Herzschlag und guckten uns in den Mund. Viele der Neuankömmlinge hatten mit der Höhe zu kämpfen, hatten einen zu hohen Blutdruck. Zu wenig Sauerstoff, zu viele Fragen – wir alle hatten Kopfschmerzen.

Was ist mit der Importgenehmigung für unsere Fahrzeuge?

Normalerweise ist diese nur drei Monate gültig, ebenso das Visum für Ecuador. Überschreitet man diese Frist, drohen Strafen von mehreren hundert Dollar pro Tag. Was geschieht mit den Autos, wenn man einen der Rescueflüge nach Hause ergattert, woher bekommt man die Papiere für mitreisende Haustiere? Welche Botschaft kümmert sich um die Staatsangehörigen von Ländern, die keine Auslandsvertretung in Quito haben? Wie ist Ecuador auf diese Krise vorbereitet? Wie stabil sind Versorgungslage und sozialer Frieden? Im Oktober 2019 war das gesamte Land aufgrund gewaltsamer Ausschreitungen für mehrere Wochen lahmgelegt, auf den Straßen herrschte Krieg. Wie sicher ist es hier während einer Pandemie? Gibt es überhaupt gerade einen sicheren Ort auf der Welt? Wäre Deutschland eine sinnvolle Alternative? Für fast alle Reisenden auf der Finca war die Antwort klar: so schnell wie möglich nach Hause.

Aus Peru hörten wir, dass dort gestrandete Tourist:innen angefeindet werden. Dass sie außerhalb von Ortschaften von Polizei und Militär festgehalten werden, tagelang, ohne Zugang zu Lebensmitteln. Die Ausländer:innen, so denkt man dort, sind schuld an der Seuche, haben sie eingeschleppt. Aus Chile und Argentinien berichteten Reisende Ähnliches. Noch bemühen sich die Regierungen der europäischen Länder, ihre Landsleute zurückzuholen. Diese Rückholflüge aber werden irgendwann aufhören. Nutzen wir jetzt nicht die Chance unserer Evakuierung, werden wir bald auf uns allein gestellt sein. Rettungsflüge zu einem späteren Zeitpunkt, da ist die deutsche Botschaft sehr deutlich, wird es nicht geben.

Abhängig zu sein von Nachrichten, die oft aus zweifelhafter Quelle zu uns gelangen, nicht rausgehen zu können, um sich selber ein Bild zu machen, ist gruselig. In Guayaquil, der größten Stadt im Süden des Landes, haben sich die Zustände in kürzester Zeit dramatisch zugespitzt. Leichen stapeln sich auf den Straßen, das Militär muss helfen, die Toten abzutransportieren.

Obwohl wir alle wussten, was in Europa passierte, haben uns und die meisten Reisenden die Grenzschließungen, der totale Lockdown, die Schließung von Flughäfen und Straßensperrungen ziemlich kalt erwischt. Wir stehen ein bisschen unter Schock, können nicht begreifen, wie unsere Welt uns so schnell abhandenkommen konnte. Und trotzdem bemühen wir uns alle um Fassung. Jeder findet Wege, mit der Anspannung umzugehen. In einer solchen Situation mit Menschen zusammen zu sein, die auf ihrer Reise schon häufig starke Nerven beweisen mussten, die es gewohnt sind umzuplanen und die bei der Aussicht auf Einschränkungen nicht sofort in Panik geraten, ist ein großes Geschenk. Ich bin dankbar für die Rollenvorbilder, die sich den Kindern hier zeigen. Denn unsere Reaktion auf eine solche Situation hat großen Einfluss darauf, wie sie in Zukunft Problemen begegnen werden. Ob sie sie anpacken, ob sie weglaufen oder in Schockstarre verfallen.

Ein Blick aus dem Fenster verspricht einen weiteren sonnigen Tag. Der Nebel hat sich verzogen, Morgentau glitzert auf den Blüten der Hecke, für die ich vielleicht gar keinen Namen brauche, vorerst. Vielleicht reicht es, zu wissen, dass sie sich nach jedem Regen wieder öffnen. Ich stehe auf, koche Kaffee. Bringe Timm, der schon lange wach ist, eine Tasse. Wir gehen zusammen den Hügel hinauf, setzen uns auf die Dachterrasse einer der Cabañas, die Hans vermietet. Der Imbabura-Vulkan reckt sich aus der Wolkendecke, es ist, als würde er sie abstrampeln, bereit, dem neuen Tag zu begegnen. Durch die schmelzenden Schwaden funkelt hier und da das Wasser der Yahuarcocha-Lagune.

«Fast wie zu Hause», sage ich, denke an unseren Steg, an den See, der an unser Grundstück in Deutschland grenzt.

«Hm, und Löwenzahn und Holunder wachsen hier auch …» Timm nimmt einen Schluck aus dem Kaffeebecher.

Wir haben gestern mit den Kindern gesprochen, sie gefragt, ob es nicht besser wäre, Roger stehen zu lassen und nach Deutschland zu fliegen. Wir blickten in verständnislose Gesichter: «Warum?»

Wir erklärten ihnen, dass alle sich um Rettungsflüge bemühten, es bald keine mehr geben würde und wir dann keine Möglichkeit mehr hätten, nach Hause zu fliegen. Dass wir nicht abschätzen könnten, wie sich die Lage hier entwickeln würde.

«Wir machen auch sonst nicht, was die anderen machen!» Damit war für sie die Diskussion erledigt.

Eine Nacht drüber schlafen ist Timms Lösung für fast alle Probleme. Und dann, nach dem ersten Morgenkaffee, eine Entscheidung treffen.

«Was denkst du?», frage ich.

«Dass Löwenzahn, Holunder und ein See vor der Haustür reichen, um mich hier sicher zu fühlen!»

Trotz der Ungewissheit können wir noch nicht aufgeben. Würden wir jetzt zurück nach Deutschland fliegen, wäre das nicht nur der Abbruch einer Reise, sondern der Abschied von einem Lebensmodell. Wir sind als Familie trotz all der Schwierigkeiten in den letzten Monaten so glücklich gewesen wie noch nie zuvor. Angst war noch nie ein guter Berater, ist ein noch lausigerer Beschützer. Plötzlich bekommt alles einen Sinn. Unsere Unfähigkeit, Wurzeln zu schlagen, es länger an einem Ort auszuhalten, hatte ich sonst immer als Systemfehler interpretiert. Nun stellt sich heraus, dass uns genau dieser Systemfehler, unser unstetes Leben, auf das vorbereitet hat, was wir in dieser Krise brauchen: Wir können es ertragen, ohne Sicherheitsnetz zu sein. Wir haben den Mut, uns Unbequemem zu stellen, sind flexibel genug, uns im Chaos zurechtzufinden. Unsicherheit und Ungewissheit sind auf Reisen normale Zustände. Sollten wir selbst für unser Essen sorgen müssen, dann können wir das. Mein Projekt Gemüsegarten in Deutschland war erfolgreich, Timm kann ein Schwein schlachten und es in appetitliche Happen zerlegen. Homeschooling und Enge sind wir inzwischen gewöhnt, ebenso, uns nicht frei bewegen zu können. Als wir vor zwei Monaten mit Roger über die steilen Pässe der Sierra Nevada de Santa Marta kletterten, hatte ich oft Angst, er würde mitten durchbrechen. Timm beruhigte mich jedes Mal, erklärte mir Rogers Bauweise, nämlich, dass er sich verdrehen muss. Dass es ein gutes Zeichen ist, wenn sich Fahrerkabine und Wohnkoffer in verschiedenen Richtungen neigen. Was flexibel ist, bricht nicht. Das gilt für alles Gebaute, auch für uns. Wir wissen nicht, was uns hier erwartet. Am Horizont stehen viele Fragezeichen. Aber besser Fragezeichen als ein Punkt.

IN ANDERE KÖPFE GUCKEN

Ecuador: Río Napo, nach zwei Jahren auf Reisen, 15. Juli 2020

Dumpf prasselt der Regen auf das Blechdach, hallt schmerzhaft in meinem Kopf. Eine Zikade, die sich unter dem Dachvorsprung vor den Regentropfen in Sicherheit gebracht hat, zirpt an meinen Nerven. Die Luft ist feucht und schwül, die im Bad zum Trocknen aufgehängten Handtücher werden minütlich feuchter. Ich schwitze, friere, mir ist übel, und mein Magen schmerzt. Es riecht nach feuchter Erde, nach Erdbeeren und Kotze. Der Erdbeergeruch stammt von einer Elektrolytlösung auf dem Nachttisch, Urheber des Kotzegeruchs ist irgendein Familienmitglied. Wir alle haben in den letzten 24 Stunden das Bett nur verlassen, um aufs Klo zu gehen.

Magen-Darm-Beschwerden sind im Amazonas-Dschungel Teil des All-inclusive-Paketes, man bestellt sie mit der Zimmerbuchung, beruhigt uns Gastgeber Norman. Er bringt in regelmäßigen Abständen einen bitteren Tee, dessen Hauptbestandteil das Harz des Drachenblutbaumes ist. Gestern noch hatte uns Normans Schwiegersohn Robert in die Geheimnisse der Pflanzenmedizin eingeführt: Zehn Millionen Farben kann das menschliche Auge wahrnehmen. Hier im Dschungel habe ich das Gefühl, das es allein zehn Millionen Grüntöne gibt. Es ist so schwindelerregend grün, dass ich den Wald vor lauter Grün nicht sehe. Unter Roberts Führung aber traten aus dem Blättergewimmel plötzlich einzelne Pflanzen hervor, an denen wir sonst vorbeigelaufen wären.

An vielem wären wir in Ecuador vorbeigelaufen, hätte uns die Pandemie nicht zum Bleiben gezwungen. Noch immer sind alle Grenzen geschlossen, es gibt keine Anzeichen, dass sie in nächster Zeit geöffnet werden. Seit ein paar Wochen reisen wir wieder. Als letzten Monat im Kanton Ibarra, in dem die Finca Sommerwind sich befindet, der Notstandstatus von «Rot» auf «Gelb» wechselte, fühlte es sich an wie die ersten Frühlingsstrahlen nach einem langen, dunklen Winter. Gleichzeitig stand ich angesichts der ersten Lockerungen und der neuen Freiheit wie eine verstörte Tierheimkatze am nun offenen Tor und konnte mich nicht entscheiden zwischen Rennen und Verstecken. Wenige Tage später dann saß ich auf der Dachbank des Trucks und blickte über den grüngelben Flickenteppich bestellter Felder. Vor mir das Massiv des so vertrauten Imbabura-Vulkans aus einer unvertrauten Perspektive. Am Horizont leuchtete arztkittelweiß der verschneite Gipfel des Cotopaxi-Vulkans – oder war es der Cayambe? Hans hätte es mir sagen können. Bei dem Gedanken an Hans und seine Familie krampfte mein Herz. Wenn man eine so intensive und bedrohliche Zeit wie den Ausbruch einer Pandemie mit anderen Menschen verbringt, wenn man Ängste, Nöte und Sorgen miteinander teilt, sich gemeinsam über Wasser hält, dann hinterlässt das Spuren. Ziemlich tiefe sogar. Hans und seine Familie sind mehr als Reisebekanntschaften. Sie waren uns in einer Zeit, in der wir verletzlich waren, nah gekommen, fühlten sich nun an wie Familie. Familie, die zurückzulassen wehtat.

Wir unternahmen vorsichtige erste Schritte in einer von einem Virus veränderten Welt. Kein Reiseführer, kein Traveller, nicht einmal hier lebende Menschen können uns mit Verhaltensregeln und Tipps helfen. Immer wieder habe ich mich in den letzten Monaten gefragt, wie es sich wohl anfühlt, als Erste an einen Ort zu kommen. An einen Ort, von dem man keine Vorstellung hat, weil ihn noch niemand dokumentieren konnte. Zum ersten Mal sind wir nun wirklich Pioniere, sind als Erste in einer Situation, in der niemand vor uns war. Es gibt keine Overlander mehr. Alle sind mit Rettungsflügen nach Hause geflogen. Überall werden wir überschwänglich und herzlich begrüßt, werden Fotos von uns auf Social Media gepostet: «Es geht bergauf, die Touristen kommen wieder.» Und jedes Mal fühle ich mich wie eine Hochstaplerin, wenn ich in die Kamera lächele. Wir sind nicht die Ersten, die kommen. Wir sind die Letzten, die noch hier sind. Sagen will ich das nicht.

Seit wir unterwegs sind, ist Corona allgegenwärtig. Noch immer gelten an manchen Orten Ausgangssperren, und oft dürfen wir schon vor Sonnenuntergang nicht mehr auf der Straße sein, quetschen uns bei schönstem Wetter zu sechst um den Esstisch.

Wir sehen die Armut der Menschen, ihre Bemühungen und ihre Gastfreundschaft, die verzweifelten Versuche, uns zu halten, ein Essen, eine Übernachtung oder ein paar landwirtschaftliche Erzeugnisse zu verkaufen. Wenn wir, die Kamera geschultert, durch die Straßen laufen, vorbei an einem Mütterchen, das im Regen versucht, die spärliche Ernte ihres Zitronenbäumchens in Dollars zu verwandeln, fühle ich mich schuldig. Immer müssen wir wählen. Kaufen wir bei einer Obstverkäuferin Äpfel, ist die Nachbarverkäuferin enttäuscht. Wir wollen die Menschen an unserer Reise teilhaben und von ihr profitieren lassen, gleichzeitig haben wir Angst davor, uns oder jemand anderes anzustecken.

Wie reist man verantwortungsbewusst, wie lässt man Kontakte zu, ohne Schaden anzurichten? Vor ein paar Tagen strahlte mich ein alter Mann an, streckte mir zum Gruß die Hand entgegen. Diese Geste fühlte sich so intim an, als wollte er mich küssen, mit Zunge. Auf die Nähe zu Menschen, den schönsten und wichtigsten Bestandteil unserer Reise, müssen wir nun verzichten, wollen wir niemanden in Gefahr bringen. Noch vor ein paar Monaten haben die Kinder in Kolumbien mit den Dorfkindern Fußball gespielt, zusammen Bilderbücher angesehen, und nun müssen wir dieser Offenheit wieder Grenzen setzen. Besonders Max, der stets innerhalb von wenigen Minuten Anschluss findet, den weder fremde Sprachen noch unbekannte Gepflogenheiten daran hindern,

Freundschaften zu schließen, treffen die Abstandsregeln hart. Sein angestammter Platz ist normalerweise mittendrin.

Dennoch sind wir auch dankbar, diese Krise nicht aus der Wohlstandsblase heraus zu erleben und dass die Kinder sehen, dass es hier um mehr geht als um die Frage, ob man Masken trägt oder nicht. Hier in Ecuador hat Corona eine andere Dimension. Hier sterben die Menschen, während sie vor dem Krankenhaus in der Schlange stehen, hier leiden sie Hunger, weil sie nicht arbeiten können. Vor Corona keine Angst zu haben, es sich leisten zu können, die Gefährlichkeit des Virus infrage zu stellen, ist ein Privileg. Ein Privileg, das darauf gründet, in einem Land zu leben, das sich kümmert. In Ecuador ist das einzige Sicherheitsnetz, die einzige Möglichkeit, den Schaden gering zu halten, sich solidarisch zu verhalten. Staatshilfen, ein Gesundheitssystem, Lohnfortzahlungen, Versicherungen – all das existiert hier nicht. Und trotzdem scheint den Ecuadorianer:innen das Herz nicht in die Hose gerutscht zu sein. Es sitzt noch da, wo es hingehört. Wir sind nur Zaungäste, und sicherlich habe ich keinen umfassenden Blick in die Tiefen der Gesellschaft, aber im Alltagsleben wirken die Menschen auf uns flexibel, großzügig, hilfsbereit und unendlich freundlich. Sie sind Chaos und Katastrophen gewöhnt. In der Vergangenheit haben instabile Regierungen, soziale Aufstände, Vulkanausbrüche, Erdbeben und sonstige Naturkatastrophen die Bürger:innen des Landes immer wieder aufgefordert, sich selbst zu helfen, sich zusammenzuschließen und das Beste aus der Situation zu machen. Das tun sie auch jetzt. Ich bin dankbar, von ihnen lernen zu dürfen. An keinem Ort der Welt wäre ich gerade lieber, trotz Magen-Darm.

Heute sind wir seit zwei Jahren unterwegs. Zwei Jahre, 730 Tage, 446 Nächte in Roger, siebzehn Länder, 30 000 gefahrene Kilometer, 4064 überwundene Höhenmeter, ein Motorschaden, eine Rücken-OP, eine Pandemie. Neue Freundschaften, alle Klimazonen von Norden bis zum Äquator, bitterkalte Nächte, brütend heiße Tage,

Glück, Verzweiflung, eine neue Sprache. Dreimal standen wir vor der Entscheidung, weiterzureisen oder abzubrechen. Und mit jedem Entschluss weiterzumachen, wuchs unsere Überzeugung, das Richtige zu tun. Alle Zweifel, die mich noch vor zwei Jahren gequält haben, haben sich in Luft aufgelöst. Viel hat sich verändert. In uns und in unserem Leben. Aus schulmüden Kindern sind interessierte, neugierige Forscher:innen geworden. Sie haben verstanden, dass sie für sich lernen. Sie können selbstverantwortlich mit YouTube-Videos Wissenslücken schließen. Sie stellen Fragen, nutzen jede Chance, Neues in sich aufzusaugen. Weniges bleibt ihnen fremd. Sei es eine neue Sprache, eine fremde Kultur, unbekannte Landschaftsformen oder Lebensweisen – alles interessiert sie. Innerhalb weniger Stunden haben sie sich in einem Indigenen-Dorf, in einer mittelamerikanischen Kleinstadt oder auf einer Forschungsstation im Regenwald eingewöhnt. Sie sind offen, ohne Scheu und – was uns am meisten freut – ohne Vorurteile. Ihre Welt ist groß, bunt und vielfältig, ihr Zuhause ist um viele Orte bereichert worden. Weder Polizeisperren noch wilde oder giftige Tiere, weder karge Wüsten noch dichter Dschungel oder aktive Vulkane machen ihnen Angst. Sie haben gelernt, genau hinzuschauen, sich den Umständen entsprechend zu verhalten, ohne dabei sich selbst zu verlieren. Nachdem mich das Homeschooling monatelang regelmäßig an meine Grenzen gebracht hat, mich die Anzugträger in meinem Kopf gequält haben, ist nun endlich Frieden eingekehrt. Wir haben unseren Rhythmus gefunden, streiten nur noch selten, haben Wege gefunden, mit denen wir alle glücklich lehren und lernen. Ich habe keine Angst mehr, dass die Kinder schulisch etwas verpassen könnten, und an den meisten Tagen lernen die Kinder gern und sind motiviert. An manchen nicht, und auch das ist in Ordnung.

Ausgebremst zu sein, hat wieder, zum dritten Mal, viel bewegt. Ins alte Leben zurückzuschlüpfen, scheint uns allen, solange es noch Hoffnung auf Alternativen gibt, unmöglich. Ruhezeiten und Zwangspausen, so unerwünscht sie manchmal waren, haben für uns jedes Mal positive Veränderungen bewirkt. Wir brauchen Pausen, nehmen sie uns aber zu selten. Sie sind notwendig, damit Erfahrungen und Gedanken fermentieren können. Die Tatsache, dass wir uns nun zum dritten Mal auf unserer Reise fürs Weitermachen entschieden haben, verfestigt eine wichtige Erkenntnis: Die Reise soll noch viel weiter gehen als bisher gedacht. Vor fast zwei Jahren haben wir unsere Reise von Kiel nach Argentinien als Projekt begonnen. Mit dem Ziel, nach bestandenen Abenteuern wieder Frieden in Deutschland zu finden, einen neuen Anlauf zu starten und endlich Wurzeln zu schlagen. Dieser Plan ist nicht aufgegangen. Carl sagte neulich zu uns, er hoffe, dass wir statt nur von A nach B von A nach Z fahren können. Der Wunsch nach Veränderung ist größer als jemals zuvor. Dennoch können wir nicht planen, leben von Tag zu Tag, von Monat zu Monat. Statt in die Zukunft zu schielen, darauf zu hoffen, dass die Nachbarländer ihre Grenzen öffnen, wollen wir uns von dem Druck befreien, ein bestimmtes Ziel zu erreichen. Heute ist heute, morgen ist morgen. Und heute möchte ich nichts lieber tun, als unterwegs zu sein. Timm und den Kindern geht es ähnlich.

MAX (9)

Toll finde ich am Reisen, dass man neue Sachen sieht und Kulturen kennenlernt. Wir machen immer tolle Sachen zusammen. Ich liebe Reisen so sehr. Doof finde ich, dass ich nicht so viel Spielzeug habe und dass ich meine Freunde manchmal vermisse.

CARL (11)

Seit zwei Jahren sind wir jetzt auf Reisen, und diese zwei Jahre sind bis jetzt die beste Zeit meines Lebens. Wir alle zusammen als Familie haben so viele tolle und neue Sachen erlebt, ausprobiert und entdeckt. Als Reisender sieht man jeden Tag andere Dinge, die man in Deutschland nie hätte finden können. In Deutschland war jeder Tag mehr oder weniger gleich bei uns, aber während des Reisens ist jeder Tag anders. Besonders gemerkt habe ich das während Covid. Als wir vier Monate bei Hans waren, hatte man wieder so einen Alltag, wo alles gleich war: Wir haben Schule gemacht, Mittag gegessen, gespielt und dann ab ins Bett. Auch besonders toll finde ich, dass wir uns als Familie viel näher gekommen sind. Man kann einfach man selbst sein und mit seiner großen Schwester mit Puppen spielen, weil man von niemandem ausgelacht wird. Ich möchte später unbedingt auch mit meinen Kindern reisen.

PAULA (13, fast 14)

Jetzt sind wir schon zwei Jahre auf Reisen! Irgendwie fühlt es sich länger, aber auch kürzer an. Länger, wenn man bedenkt, was wir alles in dieser Zeit erlebt haben, und kürzer, wenn man sich vorstellt, wie lange einiges schon her ist. Jeden Tag bin ich froh darüber, was ich schon alles erleben durfte und was für eine Chance ich habe, reisen zu können. Ich liebe das Leben, wenn man jeden Tag woanders aufwacht, wenn man weiß, dass es wieder ein ganz neuer Tag wird, anders als der davor. Ich genieße es auch, so viel mit meiner Familie zusammen sein zu dürfen, auch wenn einem manchmal (natürlich!) Gleichaltrige fehlen. Auch habe ich das Gefühl, vollkommen ich selbst sein zu können. Ich bin total frei, werde von niemandem beeinflusst. Ich kann selbst entscheiden, ob ich Lust habe, mit den Jungs zu spielen, ohne dass es kindisch oder uncool ist. Oft, wenn man in eine Schule geht und mit Freunden zusammen ist, gibt es einen Gruppenzwang. Man versucht ständig (auch unbewusst) dazuzugehören. Auch der Druck, zum Beispiel was im Moment im Trend ist und was nicht, belastet ein wenig. Oft denkt man oberflächliche Dinge, etwa wie man auf die anderen wirkt, und ich habe das Gefühl, dass so etwas ein bisschen benebelt. Man fühlt sich oft unwohl, und auch wenn man voll man selbst ist, ist es schwer. Man ist dann immer irgendwie anders, sticht raus, denkt sich: «Lieber dazugehören und nicht auffallen.» Jetzt, da ich von niemandem mehr beeinflusst werde, kann ich solche Dinge mehr von außen betrachten. Mein Horizont hat sich total erweitert, und ich stecke nicht mehr in meiner kleinen früheren Welt. Ich bin froh, dass ich Zeit habe, ich selbst zu sein und mir meine eigene Meinung über alles zu bilden. Ich finde, draußen in der Natur sein zu können, ist die beste Therapie der Welt. Reisen wird jetzt wahrscheinlich für immer zu meinem Leben gehören. Ich kann mir vorstellen, dass lange an einem Ort zu wohnen auf Dauer zu langweilig für mich wäre. Ich brauche einfach die Abwechslung und die Abenteuer, die ich jeden Tag erlebe.

LOTTA (17)

Viele meiner Freunde fragen mich, wie ich es aushalte, seit zwei Jahren meine Freunde nicht sehen zu können, und ob ich mich nicht einsam fühle. Meine Antwort darauf lautet: «Es ist zwar nicht einfach, aber wenn man lernt, seine eigene beste Freundin zu werden, ist alles nur noch halb so wild!»

Ich glaube, dass die Eigenschaft, sich selbst genug zu sein und sich selbst beschäftigen zu können, in der heutigen Welt nur noch selten zu finden ist, jedenfalls in meiner Generation. Alle sind ständig in Kommunikation miteinander, ob über WhatsApp, Instagram oder Facebook. Wann verbringen Teenager denn noch ihre Zeit einfach mal alleine, ohne ständig alles von den Freunden mitzukriegen? Diese Allein-Zeit ist meiner Meinung nach aber sehr wichtig. Wie soll man denn herausfinden, wer man wirklich ist, was die eigenen Werte oder was Stärken und Schwächen sind, wenn man ständig die Meinung der anderen um die Ohren geschmissen bekommt? Man kann sich aussuchen, entweder dazuzugehören und sich anzupassen oder ein Freak zu sein, wenn man es nicht tut.

Wenn man zwei Jahre lang dauerhaft mit seiner Familie zusammen war und mal aus allem rausgekommen ist, merkt man erst, wie einzigartig man wirklich ist. Und dass man gar nicht in irgendeine vorgeschriebene Box der Gesellschaft passen muss. Ich bin halt anders, na und? In meiner Familie werde ich so akzeptiert, wie ich bin, und keiner schreibt mir vor, wie ich zu sein habe. Ich habe mich in den zwei Jahren ganz frei entfalten können. Zum Beispiel habe ich mich künstlerisch weiterentwickelt. Ich habe Aquarell- und Ölmalerei sowie Bleistift- und Buntstiftzeichnungen ausprobiert. Ich habe neue Gitarrenlieder gelernt und schreibe Tagebuch. Dazu habe ich das Filmen noch mal ganz neu kennengelernt. Und solche Dinge können sich nur entwickeln, wenn man Zeit für sich hat und vielleicht auch mal ein bisschen einsam ist.

Auf der Reise habe ich die unterschiedlichsten Menschen kennengelernt. Einschließlich meiner eigenen Familie, die ich noch nie in meinem Leben so gut kannte wie jetzt. Das hat mir eine andere Sicht auf alles gegeben. Ich betrachte die Welt nicht mehr von einem Punkt aus, sondern von tausend verschiedenen Punkten gleichzeitig. Und das macht mich glücklich. Ich bin dankbar für alles, was ich erlebt habe und noch erleben darf, und dafür, dass ich eine so tolle Familie habe, die mir das alles ermöglicht.

TIMM (44)

Zwei Jahre sind wir jetzt unterwegs. Dreimal standen wir in der Zeit vor der Frage, ob wir das ganze Projekt beenden und Richtung Deutschland gehen. Beim Motorschaden in San Francisco, bei der bevorstehenden Rücken-OP in Costa Rica und jetzt, wo die Welt aufgrund von Corona dichtgemacht hat. Jedes Mal haben wir uns als Familie für das Weiterreisen entschieden. Wir haben uns alle an das Leben auf Reisen gewöhnt, können uns nicht vorstellen, einfach zurück nach Deutschland zu fliegen und die Rollen einzunehmen, die dort auf uns warten. Auch wenn das Reisen zum Alltag geworden ist, sind wir uns jeden Tag bewusst, was für ein Geschenk es ist, als Familie zusammen die Welt erkunden und erleben zu dürfen. Auch ist uns klar, dass diese Zeit endlich ist und unsere Kinder irgendwann eigene Wege gehen möchten. Ich glaube fest daran, dass wir unseren Kindern mit unserem jetzigen Leben viel Wertvolles auf den Weg geben. Es ist eine wunderbare Zeit.

Am nächsten Tag machen wir den ersten zögerlichen Versuch, etwas zu essen, frühstücken zum Sonnenuntergang, der den Río Napo in blutrotes Licht taucht. In den Baumwipfeln um die Gaia-Lodge hüpfen Äffchen durch die Baumkronen, Norman unterhält uns mit abenteuerlichen Geschichten. Eine handelt von einem Schweizer, mit dem er vor zwanzig Jahren ein Floß gebaut hat und den Río Napo entlang bis nach Iquitos in Peru gefahren ist. Sofort kehrt Farbe in Timms Gesicht zurück. Schwacher Kreislauf und Übelkeit sind vergessen, wie von unsichtbaren Fäden gezogen schnellt er in die Senkrechte. Ob Norman sich vorstellen kann, dass man auch jetzt zu Coronazeiten mit dem Floß über den Río Napo nach Peru einreisen könnte. Schon als unsere Reiseplanung in den Babyschuhen steckte, war es Timms großer Traum, unser Reisegefährt auf ein Floß zu laden und so das Amazonasdelta zu bereisen. Den Rest des Abends verbringen Norman und Timm über Karten, planen, wie, wo und mit wem eine solche Expedition möglich wäre. Schnell haben sie jemanden gefunden, der sich in Coca, dem Ausgangshafen, auskennt, der uns helfen könnte, einen Weg nach Peru durch den Dschungel zu finden. Drei Wochen wären wir ungefähr unterwegs, wir müssten genügend Essen und Wasser einkaufen, Strom könnten wir mit dem Generator erzeugen. Wir bräuchten einen Fährmann, genügend Mückenschutz und müssten bald anfangen, die Malariaprophylaxe zu nehmen. Sehnlichst wünsche ich mir die Rückkehr der Magen-Darm-Grippe.

NO LIMITS

Ecuador: Cumbayá, Quito, März 2021

Ich sitze am Schreibtisch in meinem Arbeitszimmer, blicke über im Wind rauschende Palmenwipfel auf den Gipfel des Ilaló. Es ist still. Gespenstisch still für einen Samstagnachmittag in Lateinamerika.

Seit einem Jahr sind wir in Ecuador. Nach wie vor hat uns die Pandemie fest im Griff. Gerade wieder etwas mehr. Kurzfristig hat der scheidende Präsident Lenín Moreno auf die wieder stark steigenden Fallzahlen reagiert und ein Dekret verhängt: Es verbietet den Menschen in den am meisten betroffenen Provinzen in den nächsten vier Wochen, von Freitag 20 Uhr bis Montag früh 5 Uhr das Haus zu verlassen. Unter der Woche herrscht ab 20 Uhr Ausgangssperre. Nach mehr als einem Jahr Pandemie befinden wir uns in einer ähnlichen Situation wie im März 2020: überfüllte Krankenhäuser, Wartelisten für Intensivbetten, geschlossene Schulen bzw. Onlineunterricht für unsere Kinder und ein Virus, das nach wie vor breite Schneisen durch alle Bevölkerungsschichten frisst.

Vor zwei Wochen hat Ecuador einen neuen Präsidenten gewählt. Mit ihm, das hoffen viele, werden bessere Zeiten anbrechen. Hoffnung ist etwas, das sich in Ecuador so hartnäckig hält, wie der Giersch im heimischen Garten. Auch in uns.

Im Juli 2020 begannen wir, das Land zu bereisen, von Nord nach Süd, von Ost nach West und von oben nach unten. Wir reisten auf den Spuren Alexander von Humboldts durch alle Klima- und Vegetationszonen des Andenstaates. Wir erkletterten den Cotopaxi bis zur Schutzhütte. Wir umwanderten den eisvogelblauen Kratersee des Quilotoa-Vulkans, ich ließ mir ein bisschen von der Höhenkrankheit Angst einjagen. Wir verbrachten einige Tage auf einer Forschungsstation im Dschungel, jagten nachts Giftschlangen und Glasfrösche. Mit erkalteten Lavaflüssen teilten wir uns das Wohnzimmer eines verschütteten Hauses. Wir beobachteten die Arbeit illegaler Goldwäscher in den Flussbiegungen des Amazonastieflands. Wir zogen für sechs Wochen auf die Galápagosinseln. Wir besuchten das Dorf der Hundertjährigen, durchwanderten viele Male das ecuadorianische Páramo. Wir kämpften uns oft über Andenpässe, durch Nebel- und Regenwald, campten an unzähligen Stränden, beobachteten Wale am Pazifik, schlossen viele Freundschaften entlang der ecuadorianischen Küste. Immer wieder fuhren wir an die Grenze zu Peru, suchten nach einem Weg, unsere Reise südwärts fortzusetzen. Immer wenn wir dachten, dass wir einen Weg gefunden, einen neuen Plan gefasst hatten, türmten sich wieder Hindernisse auf. Alle Überlandgrenzen, sogar die Flussgrenzen, blieben unpassierbar. «No Limits?!», schien das Schicksal zu denken: «Das wollen wir mal sehen!»

Ende 2020 wurde uns schließlich klar, dass sich das in naher Zukunft nicht ändern würde, dass wir trotz erteilter Visa und bestätigter Schulplätze auch keine Einreisegenehmigung in Australien bekommen würden. Müde, immer neue Kreise durch Ecuador zu ziehen, wünschten wir uns irgendwann nichts sehnlicher als ein Ziel. Wir beschlossen das bis dahin Undenkbare: Wir würden nach Deutschland zurückkehren.

Um der Reise ein würdiges Ende zu verschaffen, buchten wir Flüge und eine Verschiffung in das sich gerade öffnende Chile. In Argentinien waren noch alle Grenzen geschlossen, aber die Möglichkeit, in Chile bis an die Südspitze des südamerikanischen Kontinents zu fahren, genügte uns. Hauptsache, ankommen.

Als Timm kurz vor Weihnachten mit Roger am Hafen von Manta stand, die Kinder und ich in Quito warteten, von wo aus wir nach Santiago de Chile fliegen wollten, erreichten uns die ersten Nachrichten von Virusmutationen. Was wäre, wenn in den zwei Wochen, die Roger auf dem Schiff unterwegs sein würde, plötzlich wieder alle Grenzen schlössen und uns die Einreise verweigert würde? Dann wären wir von Roger auf unbestimmte Zeit getrennt gewesen, niemand hätte ihn am Hafen auslösen können. Das Risiko war zu groß. Wir stornierten die Verschiffung, unsere Flugbuchung hatte sich merkwürdigerweise von ganz allein gelöscht, unser Konto war nie belastet worden.

Nachdem nichts von dem, was wir unter enormer Kraftanstrengung und unter extremem Organisationsaufwand versucht hatten anzuschieben, funktionieren wollte, hörten wir Weihnachten 2020 auf zu kämpfen, beschlossen, nicht mehr den Kopf durch meterdicke Betonwände zu rammen.

Was, wenn es einen Weg gab, den wir bisher nicht sehen konnten, weil wir zu sehr mit unseren Plänen beschäftigt waren? Was, wenn nichts klappte, weil etwas viel Besseres auf uns wartetet? Was, wenn das Universum permanent versuchte, uns den Arsch zu retten, und wir zu fokussiert auf die falsche Richtung waren, um es zu merken? Wir lehnten uns zurück, hörten auf zu planen, feierten Weihnachten und Silvester, stornierten unsere Schulplätze in Sydney. Wir beschlossen, uns zwei Monate Pause in einem Apartment in der Innenstadt Quitos zu gönnen, um zur Ruhe zu kommen. Und in dem Moment, in dem wir aufhörten, uns mit dem Schicksal ums Steuerrad zu kloppen, passierten plötzlich wundersame Dinge.

Über Instagram kontaktierte mich eine deutsche Familie, die in Argentinien lebte und in Ecuador Urlaub machte. Eva und ihr Mann Jörg arbeiteten als Lehrer an der deutschen Schule in Buenos Aires, hatten vor einigen Jahren auch an der deutschen Schule in Quito, dem Colegio Alemán, unterrichtet. Sie schwärmten so sehr von ihrem alten Arbeitsplatz, dass wir einen Gedanken, der schon eine Weile in Timms Kopf herumspukte, in die Tat umsetzten: Wir sahen uns das Colegio Alemán einmal genauer an. Die Kinder waren begeistert. Von da an öffneten sich alle Türen wie von selbst. Nicht ein einziges Mal mussten wir an einer Klinke rütteln. Innerhalb von nur drei Wochen hatten wir Plätze an der deutschen Schule, ein wundervolles Haus mit Garten gemietet, ein Auto gekauft und einen ganzen Schwung netter Menschen getroffen, die wir heute, nur zwei Monate später, unsere Freunde nennen dürfen. Alles, was uns in den letzten Monaten fehlte, was wir uns für Australien erträumt hatten, haben wir völlig unverhofft hier in Quito gefunden. Ecuador ist nicht mehr nur der Ort, an dem wir unwillig gestrandet sind, es ist der Ort, an dem wir eine der intensivsten Zeiten unseres Lebens verbracht haben. An dem wir uns sicher und geborgen fühlen, auch wenn sowohl Kriminalitätsstatistik als auch Gesundheitswesen und das Auswärtige Amt uns bezüglich dieses Gefühls laut ins Gesicht lachen.

Warum, das habe ich mich in den letzten Wochen fast täglich gefragt, waren wir so blind für die naheliegendste Lösung? Weil wir uns verrannt hatten in unseren Plänen, weil wir nicht fähig waren, außerhalb unserer gesteckten Ziele zu denken. Wir hatten «No Limits!» falsch interpretiert, dachten, der ultimative Weg sei der, sich durch nichts aufhalten zu lassen. Manchmal aber bedeutet «No Limits!» nicht, dass man jedes Hindernis überwindet, sondern genau das Gegenteil: Um Gegenwind in Rückenwind zu verwandeln, braucht es einen Blick in die entgegengesetzte Richtung. Dafür aber muss man sich vom Ziel lösen.

Helikopter zerreißen die Stille. Wie wütende Hornissen kreisen sie über unserem Viertel. Vielleicht überwachen sie die Ausgangssperre, vielleicht denke ich mir das aus. Häufig hat mir die Pandemie in letzter Zeit das Gefühl für Raum, Zeit und Richtung genommen.

Immer wieder verlaufe ich mich in meinen eigenen Gedanken, weiß nicht, was ich glauben soll, kann und darf. Nie in meinem Leben habe ich so oft in so kurzer Zeit meinen inneren Kompass verloren. Gleichzeitig aber war ich noch nie so dankbar dafür, die Orientierung zu verlieren. Orientierung ist auch eine Komfortzone. Sie verhindert, dass wir nach links und rechts schauen. Hat man sie verloren, ist man gezwungen, genauer auf den Weg zu achten, in sich hineinzuhorchen. Gerade bleibt uns nichts anderes übrig, als die wichtigen Fragen zu formulieren, darauf zu vertrauen, dass sie im Hintergrund arbeiten und dass zum richtigen Zeitpunkt die Lösung kommt. Ohne einen von Orientierung verschleierten Blick gelingt es uns endlich, das Geschenk dieser Zeit zu erkennen: das Abenteuer jenseits von «wohin».

Mein ganzes Leben war ich im Entweder-oder-Modus gefangen. Reisen oder bleiben, Wurzeln oder Flügel – in mir tobte ein ständiger Kampf. Plötzlich ist Frieden eingekehrt. Wir brauchten die Zwangspausen, um zu verstehen, was für uns am besten funktioniert: sowohl als auch. Reisen und Bleiben im Wechsel.

Die nächsten zwei Jahre werden wir in Ecuador leben, werden warten, bis die Pandemie die Welt nicht mehr allzu fest im Griff hat. Und erst dann, wenn uns die Lage wieder erlaubt, den größten Schatz der Reise, menschliche Kontakte, nicht mehr auf ein Minimum zu reduzieren, werden wir wieder aufbrechen. Dann beginnen wir neu. Weil es das ist, was wir am liebsten tun.

DANK

Eigentlich bin ich richtig gut im Dankesagen. Jetzt aber fehlen mir die Worte. Wie soll ich mich bei all den Menschen angemessen bedanken, die dieses Buch möglich gemacht haben? Ohne unsere Reise gäbe es «Weltwundern» nicht. Ohne all die Begegnungen, die vielen Menschen, die uns begleitet, geholfen und an ihrem Leben haben teilhaben lassen, hätte es wenig gegeben, worüber ich hätte schreiben können. Einige von ihnen habe ich im Buch genannt, viele nicht, weil ich oft nicht ihre Namen kannte. Danke – jedem / jeder Einzelnen, der / die uns auf unserem Weg begleitet, der / die an uns gerüttelt, uns bekocht oder ermutigt hat. Danke für jede neue Perspektive, für jedes Lächeln, für jede Spur, die das in uns hinterlassen hat, auch für die Kratzer.

Danke an all die lieben Menschen, die dafür sorgen, dass unser Zuhause auch ohne uns funktioniert: unsere Familien, Freund:innen und Mitarbeiter:innen.

Danke, Timm – für dich und überhaupt alles. Mit dir ist mir das Ende der Welt nicht weit genug. Danke, Lotta – du warst der Anfang von allem. Mit dir und der Möglichkeit, die Welt durch deine Augen zu sehen, bekam erst alles einen Sinn. Danke auch für deine wunderschönen Zeichnungen in diesem Buch. Paula, dir danke ich für deine Unerschütterlichkeit, deine felsenfeste Beständigkeit, deinen Gerechtigkeitssinn. Ich kann so viel von dir lernen. Carl, ohne deinen besonderen Blick auf die Welt, ohne deine Weisheit und Empathie bliebe mir so vieles verborgen. Und Max, dir möchte ich danken, dass du uns allen immer wieder zeigst, dass es «mittendrin» am allerbesten ist.

Danke, liebe Julia Suchorski, dass du gefragt hast, ob ich dieses Buch schreiben möchte. Ich dachte immer, vor Lektor:innen müsse man sich fürchten – wie falsch ich lag. Danke für dein Vertrauen und die Überzeugung, dass ich meinen Text im Griff hatte. Daran bin ich gleichermaßen verzweifelt wie gewachsen. Ohne dich, liebe Katja Baltzer, hätte ich dieses Buch nicht schreiben können. Danke für jeden Rat, jedes Feedback, jeden Kaffee – überhaupt für jeden Moment, den ich mit dir verbringen kann. Schreiben lernt man am besten von denen, die man gerne liest. Welch ein Glück, liebe Susanne Kaloff, dass du dich entschieden hast, dein Wissen in Schreibkursen weiterzugeben. Danke für alles, was ich von dir lernen durfte, und danke für den Pep Talk, ohne den ich den Mut zu diesem Buch vielleicht nicht aufgebracht hätte. An Tagen, an denen der Kopf zu schwer und der Rücken zu krumm wurden, wenn die ganze Welt in Schieflage rutschte, haben mich Isa Ribadeneira und Elisa Artega von Soul Yoga Cumbayá wieder zurechtgerückt. Ich danke euch beiden von Herzen.